남근선망,
내 안의
나쁜 감정들

# 남근선망과 내 안의 나쁜 감정들

penis envy & other bad feelings

마리 루티 지음 | 정소망 옮김

앨피

# 프로이트가 여성혐오자?

오랫동안 지그문트 프로이트Sigmund Freud는 여성혐오자라는 비난을 받았다. 여성들이 '남근선망Penis Envy'으로 고통받는다고 주장했기 때문이다. 대학교에 들어가 이 주장을 처음 접했을 때 나는 프로이트 책을 방구석에 집어 던지며 외쳤었다. "미친 새끼!"

누가 이런 반응을 비난할 수 있을까. 어린 소녀가 오빠나 남동생의 페니스를 보았을 때 자신의 열등함을 깨닫고 즉시 그걸 갈망하게 된다는 주장에는 분명 터무니없는 점이 있다.

그러나 지난 30년간 페미니즘 이론과 관련 분야를 공부하면서 나는 프로이트의 주장을 다른 방향에서 이해할 수 있음을 알게 되었다. 즉, 페니스 소유자에게 명백한 정치적·경제적·문화적 이익을 주는 사회에서 여성이 페니스를 부러워하지 않는다면 그것이 오히려 둔감한 것이 아닌가? 특히 그가 백인인 경우, 페니스 소유자에게 자동적으로 누적되는 사회적 이점들을 원하지 않는다면 그런 여성이야말로 정말 둔감한 사람 아닌가?[1]

프로이트는 다른 부분에서는 획기적인 사상가였지만, 노골적인 성차별이 만연했던 19세기의 문화적 배경 아래서 그의 주장은 페니스가 상징하는 사회적 특권이 아니라 말 그대로 페니스 자체가 선망의 대상인 양 받아들여졌다. 여기서 당시의 억압적 문화나 여성의 비애를 통찰할 단서를 얻을 수 있다. 당시 여성들은 본인의 여성성femaleness이 남성성maleness 같은 사회적 자산이 되지 못한다는 사실을 인식했으며, 그에 대한 분노나 좌절감을 표출할 공적인 발산 수단도 없었다는 점을 말이다. 다시 말해 여성들에게 몹시 굴욕적으로 들릴 프로이트의 남근선망 개념을 재해석하면, 이를 여성들이 느끼는 불만족의 초기 징후로, 페미니즘이라는 정치적 의식의 선도자로 볼 수 있다는 것이다.[2]

서구 사회나 다른 여러 사회에서 여성들이 역사적으로 경험한 굴종적인 지위를 고려할 때, 남근선망이 왜 존재하는지보다 왜 그것이 더 확연하지 않은지가 더 의문이다. 오늘날까지도 우리 사회는 음으로 양으로 페니스 소유자(남자)를 무언가를 '가진' 자로 코드화하는 반면, 페니스가 없는 자(여자)는 무언가 결여된 존재로 코드화한다. 따라서 남자는 능동적인 주체subject이고, 무언가 '결여'된 여자는 주체(남자)를 통해 완성되어야 할 수동적인 대상object으로 인식된다. 그러면 왜 여성들은 "이 망할 놈의 세상!"이라고 외치지 않는가? 왜 모든 여자들이 열렬한 페미니스트가 되지 않는가 말이다.

이 책의 후반에서 여자들이 복종을 성애화eroticize하도록 길들여졌을 가능성을 비롯하여, 관련한 여러 현상의 이유들을 따져 볼 것이다. 그 전에 먼저 남성 독자들에게 위안이 될 한 마디를 전하자면, 이 책의 독자층에는 여성뿐 아니라 남성도 포함된다. 이 책은 남근선망 외에 우울과 불안 같은 기타 나쁜 감정들bad feelings*도 다루기 때문이다.

또한, 남근선망으로부터 고통받는 건 남자도 마찬가지기 때문이다.

그렇게 이해하기 어려운 이야기도 아니다. 남근선망 개념이 가리키듯 페니스가 사회적으로 가치화된 남근 및 이성애가부장제적 권위의 상징 역할을 한다면, 이 신체기관을 소유한 이들도 그렇게 느껴야 하는데 현실은 그렇지 않기 때문이다. 페니스를 소유했는데 이 기관이 지녔다는 권위를 누리지 못한다는 느낌, 이 아이콘이 상징하는 원기 왕성한 자신감과 실제 현실 간의 괴리. 이런 의미에서 문화적으로 형성된 페니스 신화는 여성들은 부족한 존재처럼 느끼게 하는 반면에, 남성들은 스스로 사기꾼이 된 것처럼 느끼게 할 수 있다.

하지만 남근에 부여된 권위가 단지 환상으로 주입된 문화적 신화에 불과하다면, 이것을 소유하지 못했다고 누가 바보처럼 감정이 상하겠는가? 사실 남근에 부여된 신화적인 신분은 남근의 매력을 한층 증가시킨다. 흔히 사람들은 여유롭고 걱정도 고민도 없는 삶, 행복, 마음의 평안, 순조로운 인간관계, 난방 문제 없는 큰 집 등등 다른 사람들이 가졌으리라 상상하는 것들을 욕망한다. 비록 그들의 실제 현실이 남들이 부러워할 정도는 아니더라도, 더 나아가 부러워할 것이 전혀 없다고 해도 선망의 대상이 아닌 것은 아니다. 마찬가지

---

* 'Bad feeling'은 말 그대로 '나쁜 감정'이다. 저자인 루티는 이 말을 통해 합리화되지 않은 가장 원초적인 감정을 표현하고자 했다고 밝혔다. 실제로 최근 북미 학계의 정동affect이론에서 'bad feeling'과 같은 일상어들이 자주 쓰이고 있다. Sianne Ngai의 《Ugly feelings》, Ann Cvetkovich의 《Depression: a Public Feeling》 등. 여기서 중요한 것은, 이 감정들이 개인의 차원이 아니라 사회병리학적으로 생산된다는 점이다.

로 남근에 부여된 권위 역시 실증적으로는 실재하지 않더라도 선망의 대상으로 작용할 수 있다. 남근이 누리는 사회적 특권이 환상에 불과할지라도, 이 특권을 열망하도록 우리를 길들이는 이성애가부장제적 사회에 우리가 살고 있다는 현실은 변하지 않는다.

페니스가 남근 권력의 기표인 것은 일종의 집단적 물신fetish이며, 이 기표는 '국가의 적'을 비롯하여 각종 위험으로부터 우리를 보호하는 일종의 신화적·마술적 토템 기둥 같은 것이다. 그래서 지금도 미국 정부와 그 상대들 간의 '오줌 멀리 누기' 대결은 끝이 보이질 않는다. 이 대결은 내가 앞서 언급한 순전히 환상에 근거한 남근의 본질을 선명하게 보여 준다. 즉, 미 정부가 아무리 미사일로 위협해도, 상대방이 뒷마당에 오줌 누는 걸(컴퓨터 시스템을 해킹하는 걸) 막지 못한다.

이는 자신의 페니스가 자동적으로 권력을 더해 준다고 상상하는 많은 남자들이 (물론 모든 남자는 아니지만) 처하게 되는 개인적 곤경이기도 하다. 그들의 권력은 때때로 흔들릴 것이며, 인간의 삶이란 본디 연약하고 불안정하며 취약하다는 것을 깨닫지 않을 수 없을 테니까. 이런 이유로 남근 권위의 가상적인 본질을 인식하고 있는 우리는 그들의 빨간색 스포츠카와 번쩍거리는 벨트 버클, 커다란 카우보이 모자와 호사스러운 헤어스타일, 금박을 입힌 고층 아파트, 번드르르한 몸짓과 과장된 몸놀림을 비웃을 수 있다. 그들이 권력의 망상에 사로잡혀 있음을 아는 우리는 그들의 가식적인 행위 뒤에 불안한 현실이 감춰져 있음을 안다.

이성애가부장제heteropatriarchy를 지탱하는 신화적이고 환상적이며 공허한 본질을 강조함으로써 그것이 여성들에게 끼치는 영향까지 부인하려는 게 아니다. 길거리를 걸을 때든, 사무실에서 근무할 때나 심지어 연애를 할 때에도 여성들은 이 가상의 권력을 너무나도 현실처럼 느낀다. 그래서 이 책은 성평등이 이루어진 사회로 추정되는 포스트페미니즘 시대의 전제와 달리 이성애가부장제가 지속되는 현실에 대해 할 말이 많다.

책 제목을 '남근선망…'이라고 붙인 것도, 아직까지 지속되는 여러 나쁜 감정들 가운데 특히 남근선망을 부지시키는 이성애가부장제적 사회를 페미니즘의 관점에서 통렬히 비판하기 위함이다. 때론 프로이트와 엮이기 싫어 '남근선망'이라 하지 않고 여성 혹은 페미니스트의 격분이나 짜증, 분노로 표현하기도 하지만, 우리는 안다. 진심으로 격분하게 되는 여자는, 실제로 그렇게 하지는 않아도 적어도 수사적으로는 거세의 비유를 쓰지 않을 수가 없다는 사실을 말이다. 그 새끼의 고추를 잘라 버리고 싶다! 비록 극한 분노의 순간에만 여성들이 인정할지 몰라도 지극히 짜증 나는 이 특권의 기표는 많은 여성들의 삶을 괴롭힌다.

그래서 여성들이 불평등하게 부담해야 하는 사회적으로 생산된 나쁜 감정들과 남근선망 사이의 연관성을 바로 알아챈 여성 또는 남성 페미니스트들은 이 책의 제목을 보고 웃었을 것이다. 페미니스트만 그럴까. 비남근주의 남성들을 비롯하여 기존의 젠더 이분법에 반대하는 이들을 포함하여 이성애가부장제가 요구하는 '정상적' 남성성과 여성성에서 벗어난 삶을 살아가는 이들도 이와 비슷한 나쁜 감정들을 짊어지고 살아야 한다. 수많은 퀴어 동성애자, 젠더퀴어, 트랜스젠더들도 이 신화에 반항하며 심리적·감정적·실제적 비용을 치른다. 남근 권력이 아무리 가상의 것이라 하더라도 그것이 사회적으로 지배적인 남성성의 근본이라는 사실은 변하지 않는다. 이런 점에서 어느 누구도, 세계에서 가장 거대한 고추를 지닌 남자라도 남근 권력의 이상에 부응할 수 없다는 사실을 인식하는 일은 유용할 수 있다. 바로 이것이 남자들도 여자들처럼 남근선망에 시달릴 수 있는 이유이다.

이 책에서 종종 언급될 프랑스의 정신분석학자 자크 라캉Jacques Lacan은 사회적 권력의 기표인 남근phallus과 신체기관인 페니스를 단호히 구분한 최초의 학자로 꼽힌다.[3] 라캉은 페니스에 씌워진 신화적인 영광은 실증 세계에서는 찾을 수 없으며(그 오글쪼글 말라붙은 모양을 보라), 성기 자체가 아니라 페니스가 상징하는 사회적 특권이 선망의 대상이라는 점을 분명히 하면서 프로이트의 남근선망 개념을 해체했다.[4] 이런 이유로 페니스는 그것이 감춰졌을 때에만, 은근한 상태에서만 권력을 유지할 수 있다고 보았다. 옷이나 관심을 돌릴 소품의 중재 없이 그 애처롭도록 무기력한 살덩어리를 보는 순간, 그것에 덮어씌워진 환상적인 권력은 순식간에 벗겨진다는 말이다.

내가 성인이 될 때까지 살았던 유럽의 가장 북쪽 지역들이 전 세계에서 가장 높은 성평등을 자랑할 수 있는 이유는 분명, 핀란드·스웨덴·노르웨이 사람들이 주기적으로 사우나라는 지독히도 더운 공간에서 벌거벗는 야릇한 의식에 주기적으로 참여하기 때문일 것이다. 페니스의 품격 같은 건 미결의 문제로 치워지고, 그것이 단지 남성 신체에 달린 흔들흔들한 한 부위가 되는 상황에서 거기에 씌워진 환상을 유지하기란 너무 어려운 일이 되는 것이다. TV를 통해 아무리 정기적으로 워싱턴 기념탑을 보더라도, 사우나에서 목격한 축 늘어진 페니스의 착실한 피레이드가 각인시킨 이미지를 쉽게 떨쳐 내지 못하기 때문이다.

|차례|

## 3장 성별에 대한 집착

## 4장 이성애가부장제의 재발명

## 결론 그래, 인정하자

# 좋은 삶?
# 그게 뭔데?

## 젠더강박장애

∶

내가 축 늘어진 페니스와 가장 인상적으로 조우한 것은 일곱 살 때이다. 나는 사우나에서 아빠에게 죽을병에 걸렸느냐고 물었다. 아버지는 깜짝 놀라며 왜 그러냐고 했다. 나는, 선망은커녕, "다리 사이의 종양이 꽤 심각해 보인다"고 대답했다. 그 이후로 발기된 페니스들을 충분히 본 결과, 그때 했던 걱정이 쓸데없이 심각했음을 알게 됐됐지만 어린 시절의 인상들 때문에 이 기관을 진지하게 받아들이기 어렵게 되었다. 대부분의 여자들한테 볼록 튀어나온 부분들이 있는 것처럼, 대부분의 남자들에게 있는 페니스 또한 특별히 대단치 않다는 것을 일찌감치 깨달았달까.

당연히 신체기관 그 자체에는 의미가 없다. 의미는 그 집단의 문화가 부과하는 신화에서 나온다.

"Don't be a pussy." 계집애처럼 굴지 마.(여성의 질을 비하하는 표현)
"Grow a pair." 남자답게 굴어.(여기서 한 쌍은 당연히 불알)

흔히 쓰이는 이 표현들에서 드러나는 것은, 여자가 가지고 있는 것에는 결함을 상정하고 남자가 가지고 있는 것에는 가치를 부여하는 미국문화의 신화이다. 성기를 중심으로 성립되는 이 같은 이분법은 심각한 결과를 가져온다. "Don't be a pussy" 같은 모욕적인 말을 반복적으로 들었을 때 그것이 여성의 심리에 어떤 영향을 미칠지 생각해 보라.

"여자애처럼 (공을) 던진다(You throw like a girl)"는 말도 흔히 사용되는 여성 비하 표현이다. 아무리 장난처럼 발언되더라도 그런 말이 남녀를 평등한 존재로 바라봐야 할, 어린 여자애 혹은 차세대 여성들의 능력을 얼마나 손상시킬지 상상할 수 있다. 텔레비전에서든 일상에서든, 심지어 딸이 곁에 있는데도 불구하고 아빠가 그런 말을 아들에게 사용할 때, 여자한테 어떤 결함이 있음을 암시하는 것으로 해석되지 않을까.

나도 어렸을 때 소프트볼이 아닌 야구를 하면서 "여자애처럼 던진다"는 말을 들었지만, 그 말이 도대체 어떻게 공을 던진다는 말인지 이해하지 못했다. 왜냐하면 우리 여자야구 팀원들 중에는 그런 방식으로 공을 던지는 아이는 한 명도 없었기 때문이다. 젠더화된 이러한 추론에 따르자면, 우리는 "남자애처럼" 공을 던졌다. 그리고 이것은 우리가 어떤 유전적 돌연변이어서가 아니라 "남자애들의 운동"인 야구를 했기 때문이다.

이는 미국 여자애와 남자애들이 공을 어떻게 던지는지는 생물학적으로 구성되는 것이 아니라, 미국에서는 두 개의 운동에 각각 다른 공 던지기 방식을 요구한다는 사실을 가리킨다. 다시 말해, 여성 또는 남성의 신체가 아니라 여자애와 남자애들은 다른 운동을 해야 한다는 사회적 주장이 이들의 공 던지는 방식을 결정한다. 설혹 신체적인 이유가 있더라도 여자애가 던지는 방식이 왜 열등한 것으로 간주되어야 하는가?

스무 살에 핀란드에서 미국으로 이주했을 때 나는 빠르게 미국과 사랑에 빠졌다. 놀라울 정도로 너그럽고 따뜻하게 나를 반겨 준 미국 사람들 덕분에 오래지 않아 미국을 집같이 느끼게 되었다. 지난 30년 동안 미국 국토안보부(DHS)가 지옥의 맛을 보여 줬지만(2장에서 다룰 주제이다), 난 늘 미국에서 살아야 한다고 느꼈다. 그 느낌은 미국 땅에 첫발을 내딛는 순간부터 있었다. 그러나 옥에 티가 있었다. 미국 사람들은 젠더 차이에 대한 이상하고 섬뜩할 정도의 강박 관념이 있었다.

내가 자란 핀란드 문화에서는 젠더가 크게 중요하지 않았고 개인의 기질을 결정하는 요인이라고 간주하지 않았기 때문에 미국에서 젠더를 가지고 개인의 동기, 행동과 성격까지 통찰할 수 있다는 사고방식을 접하고 깜짝 놀랐다. "뭐, 남자니까, 뭘 기대하니?(well he's a guy—so what do you expect?)", "남자들은 원래 그래(that's a guy thing)", "남자들은 생각할 때 고추를 쓰지(머리를 쓰지 않아)(men think with their penises)", "남자들은 감정 같은 건 모르니까 이해시키는 데 시간낭비하지 마(men don't get emotions, so don't waste your time trying to explain it to him)", "결혼은 당연히 해야지. 너 여자 아니야?(Of course you want to get married—you're woman, aren't you?)", "그냥 무시해. 쟤 지금 생리 중이야(Ignore her—she's PMSing)" 등의 발언들을 들었을 때

난 충격을 먹었다.

누가 백인이라서, 가톨릭 신자라서, 노동자계급 출신이라서, 오하이오주에 거주한다고 해서, 자동차 정비소에서 일한다는 이유로 그 사람의 행동 방식을 추정하는 것과 무엇이 다른가. 물론 이렇게 생각하고 말하는 사람들도 많다. 하지만 이런 말을 할 때 사람들은 자신이 공정하고 정확한 사실이 아니라 고정관념에 의존하고 있다는 것을 어느 정도 인식한다. 그런데 남녀 젠더 고정관념에 대해서는 재론의 여지가 없는 진리인 양 말한다.

요즘 성별 불쾌감gender dysphoria, 즉 트랜스젠더 혹은 불분명한 젠더 정체성 소유자들을 비롯하여 자신의 젠더 정체성에 소위 혼란을 겪는 이들이 많다고 한다. 그러나 난 이러한 완전히 이분법적인 젠더 구조에 따르지 않는/못하는 이들이 병적이라기보다 이 구조가 흐트러지는 것을 감당하지 못하는 이들에게 문제가 있다고 본다. 오히려 젠더 분열/성차에 대해 광적인 근본주의적 태도를 유지하게 하는, 즉 남자와 여자는 누구나 즉시 알아볼 수 있게 "남성적이고" "여성적"이어야 한다고 주장하는, 내 친구 스태프 가우첼의 표현대로 "젠더 강박관념"이라고 부를 수밖에 없게 만드는 상황과 사람들이 문제 아닌가. 엄격한 젠더 구별이 전통적인 이성애의 토대였던 점을 고려할 때, 이와 같은 광적인 열정 뒤에는 분명 동성애 혐오homophobia가 도사리고 있을 수밖에 없다.

남성은 "가진have", 여성은 "가지지 못한/않은have-nots" 존재라고 규정하는 이분법적인 사고는 현재 이성애가부장제적 사회질서를 유지하는 기초 중 하나이기 때문에, 이성애가부장제 옹호자들은 이 이분법이 조금이라도 건드려지면 위협을 느낀다. 내 친구 중에도 얼핏 봐서는 젠더 정체성을 짐작하기 어려운 친구가 있다. 그 친구는 처음 보는 낯선 사람들에게 뚜렷한 젠더 정체성을 강요받는 일이 너무 많다고 푸념한다. 일례로 그 친구가 레스토랑에 가면 서빙 직원들이 내 친구에게 여성 정체성을 고정시키고자, 조금은 초조한 태도로 "사모님ma'am"의 호칭을 강요한다. "ma'am, 다른 필요한 건 없으세요?" 그는 뉴잉글랜드 패트리어츠 야구팀 선수만큼이나 "부인"처럼 보이지 않는데도 말이다. 그리고 솔직히 말해, 이 나라에서 어떤 30대가 자신이 "부인"처럼 보이기를 원할까. 문제는 겉보기에 남녀 구분이 안 되는 내 친구가 아니라 불분명한 젠더 소유자들을 꼭 "남성"과 "여성"이라는 단순하기 짝이 없는 틀 안에 억지로 집어넣으려고 하는, 젠더 변이gender variance(성별 비순응자)를 마주하면 너무 불안해져서 바로 발끈하여 그것을 고치려 드는 이들이다.

그런데 유감스럽게도 그 피해는 대부분의 미국인들이 속할, 젠더 강박관념에 감염된 사람들이 아니라 이 병이 생산하는 불편함(때론 분노)의 대상이 되는 이들이 본다. 트랜스젠더 같은 성전환자들이 정치적 혼돈을 일으키는 이유는, 그들이 명목상 세속적인 정치 시스템에서 종교적 편협성에 새로운 생명과 이상한 정당성을 되찾아 주는 것 외에, 남성성의 이상화와 여성성의 평가절하로 이루어져 있는 전통적 이성애가부장제적 젠더 질서를 무너뜨릴 수 있기 때문이다. 이 질서의 붕괴를 어떻게든 막고자 하는 이들에게는 남자와 여자 간의 차이가 생물학적으로 결정된 사실이 아니라 문화적 구성물이라는 생각, 따라서 역사 흐름에 따라 변할 수 있다는 사실보다 더 공포스러운 것이 없다.

이러한 이유로 2016년 오바마 대통령이 각급 공립학교에 트랜스젠더들이 본인이 선택한 젠더 정체성에 맞는 화장실을 이용할 수 있게 하라는 공문을 보냈을 때 많은 정부 공무원들과 평범한 미국 시민들은 분개했다.

"가진 자haves"가 자신이 소유하고 있는 것을 포기하고 여성성, 혹은 페니스가 특권이 되지 않는 정체성 및 체현 형태로 이행하겠다는 생각은 페니스 중심 사회 옹호자들을 당황스럽게 만든다. "갖지 않은 자have-not"가 페니스를 획득할 수 있다는 아이디어는 공포 그 자체이다. 이들에게 이보다 더 무서운 사실은, 이 "갖지 않은/못한 자"들이 성관계를 나눌 때 자연적 페니스는 자칫 비틀거릴 수 있는 절정의 순간에(6부에서 더 자세히 다룰 주제) 결코 흐물거리지 않을 인조 페니스를 휘두를 수 있다는 것이다. 이는 이성애가부장제 옹호자들을 정말이지 공포에 몰아넣는다.

1980년대, 내가 미국 문화에서 강조되는 이분법적인 젠더 규범을 처음 접했을 때, 나는 이것이 얼마나 은밀하게 퍼져 있는지를 이해할 지적 도구가 없었기 때문에 이 규범에 적응하려고 노력했다. 그러면서도 누가 "넌 여자니까…"라고 말할 때마다 괜히 내가 무시당한다는 느낌을 받았다. 그 사람은 내가 여자인 것이 싫어서가 아니라, 그냥 나를 인격체로 이해하려는 노력이 귀찮아서 쉬운 문화적 클리셰에 의존하는 것 같았다. 내가 움직이는 캐리커처로 단순화되는 느낌이었다.

언젠가 누군가 내게 말했다. "네가 고등학교 때 외국어보다 수학을 어려워했던 것은 당연해. 넌 여자니까." 그러나 내가 고등학교 때 수학을 어려워했던 이유는 그때 날 가르친 수학 선생님의 교습 방식 때문이었다. 그 선생님은 단편적인 형식으로 세부 사항을 하나하나 알려 주셨지만, 난 추상적인 개념과 큰 그림을 보면서 생각하는 것이 더 편했다. 즉, 내 머리는 전통적인 사고에 따르자면 철학자 또는 이론가들처럼 개념적인 형식으로 생각하는 "남성적 뇌"처럼 작동했던 것이다.

새로운 언어를 배울 때에도 난 회화용 단어들을 몰라도 문법 교과서를 읽고 소화할 수 있었다. 언어의 기초적인 구조를 이해하면 그 언어를 쉽게 배울 수 있었다. 난 이 같은 방식으로 6주 만에 파리대학교 입학에 필요한 프랑스어 실력을 획득했고, 아이스킬로스를 읽고자 비슷한 기간 안에 고대 그리스어를 습득한 적도 있다. 그런데 고등학교 때에는, 시골 변두리 학교여서 그랬는지는 몰라도, 수학의 기초 구조 따윈 들어 보지 못했다. 그래서 내가 수학을 어려워했던 것이다. 내가 여자여서가 아니라.

## 휴대용 남근
:

많은 사람들에게, 특히 여자들과 불분명한 젠더 정체성을 가진 이들에게 이분법적 젠더 사고는 분노, 불안, 자신감 상실과 같은 여러 나쁜 감정의 근원이 된다는 사실을 우리는 잘 안다. 그러면서도 이를 무시하는 게 현실이다. 강박적 젠더 이분법은 우리를 이렇게 소리 지르고 싶게 만든다.

"도대체 그게 왜 그렇게 중요한가? 다리 사이에 있는 그까짓 것에 누가 그리 신경을 쓴다고!"

남녀가 중요한가, 사람이 중요한가. 그 사람에게 어떤 매력이 있는지, 생각은 깊은지, 남을 배려할 줄 아는지, 유쾌한지, 마음의 상처를 많이 입었는지 등등이 중요하지 그 사람이 남성인지 여성인지 혹은 그 중간인지 그 밖인지가 뭐가 중요한가.

하지만 세상은 이 의견에 동의하지 않는 듯하다. 아직까지도 페니스 소유자에게 사회적 권력을 축적해 주는 걸 보면 말이다. 프로이트의 시대에 비해 서구 여성들이 받는 대우가 비교적 개선된 것은 사실이지만, 아직도 세상의 권력은 페니스와 동일시된다. 남자들이 여자들보다 더 쉽게 권력을 잡을 수 있다는 점은 부인하기 어렵다. 물론 여자들도 잡을 수 있다. 하지만 그 과정은 조금 더 복잡하다. 여성 교수로서 난 이 부분에 대해 어느 정도 아이러니한 태도로 접근해 볼까 한다. 난 강의할 때마다 꼭 펜을 손에 쥐고 있다. 사무실에 펜을 두고 온 경우에는 학생한테 빌린다. 실제로 펜이 필요한지는 중요하지 않다. 잉크가 있든 없든, 그것은 액세서리처럼 내 의상을 완성하는 데 필요한 소품이다.

나에게 펜은 필요할 때 바로 손에 쥘 수 있는 휴대용 남근이다. 지난 30년 동안 학생들뿐만 아니라 동료 학자들 앞에서 강의할 때에도 나는 내 권력을 행사하기 위해 펜을 꼭 쥐곤 했다. 특히 경력 초기, 아무런 '자격'이 없던 시절에는 종종 관절이 하얗게 보일 정도로 펜을 꽉 쥐었다. 다행히 경력이 쌓인 지금은 훨씬 여유로워졌다. 어쩌다 펜을 떨어뜨려도 강의할 자격 따위를 불안해하지 않고 "어머, 내 팔루스를 떨어뜨렸네"라고 농담을 던질 수 있게 되었다. 그러면 학생들은 나의 상황을 완벽히 이해하고 너그러운 웃음소리로 상황을 훈훈하게 만든다. 남근 권력이 단지 거짓 위장에 불과하다는 걸 학생들도 잘 알고 있다는 사실을 조금 더 일찍 깨달았더라면.

내가 라캉을 좋아하는 이유 중 하나는, (그는 항상 이해하기 쉽지 않을 때가 많아서) 동료 페미니스트들이 곧잘 오해하는 부분인데, 그는 남근 권력이 그걸 누가 과시하든지 간에 항상 거짓 위장일 뿐임을 보여 준 점이다. 남자들은 페니스를 가졌다고 그 권력을 소유한 것처럼 허세를 부려도, 실제로는 페니스가 없는 여자들만큼이나 취약하다. 실제로 남성도 여성만큼이나 '실존적으로', 또 심리적·감정적으로, 물리적으로도 취약하고, 근본적으로 쉽게 상처 입을 수 있는 존재이다. 라캉은 이 같은 취약함을 묘사하고자 '거세castration'라는 용어를 유의어로 가져다 쓴다. 거세야말로 인간이 처한 조건이라는 것이다. 라캉은 비록 페미니스트와는 거리가 멀었지만, 남성 역시 여성과 똑같이 '거세된' 존재라고 단언했다는 점에서 페미니즘에 중요한 기여를 했다.

동시대인이던 장 폴 사르트르처럼 라캉도 인간 삶의 기반을 야금야금 축내는 이 결여lack 내지 무nothingness에 관심이 있었다.[1] 별 문제 없이 사는데도 종종 우리 존재 속으로 스며드는 이 공허함은 무엇인가. 라캉은 이것이 우리의 발달 과정과 관계 있다고 보았다. 인간 주체성의 핵심인 이 공허함은 아이가 사회화 과정을 거칠 때 생겨나는 어쩔 수 없는 부작용이라는 것이다. 아이는 애초에 여러 신체적 기능들이 합쳐진 개별적인 생명체이지만, 사회적 환경이 기대하는 기초적인 행동 규칙들을 이해하게 되면서 문화적인 자립체, 즉 사회의 한 구성원으로 성장하게 된다. 라캉에 따르면, 이 과정에는 대가가 따른다. 이미 고안되어 있어 전혀 관여할 수 없는 의미의 상징적 세계를 맞닥뜨리게 된 아이는, 이 복잡하고 불가해한 기표의 바다에 내던져지면서 거기서 자기 자리를 찾도록 요구받는다. 이와 같은 경험은 본질적으로 아이를 겸손하게 만들어 해야 할 일을 할 때조차 자신감을 잃게 한다.

부모가 무슨 말을 하는지, 주변에서 어떤 말이 오가는지, 그들이 무엇을 원하는지, 왜 어떤 것은 이렇고 저래야 하는지…자신을 둘러싼 기표들을 완전히 이해할 수 없는 아이로선 본인이 살아가야 하는 세상을 완전히 통제할 수 없다고 느끼게 된다. 이 같은 패배감은 성년기에도 사라지지 않는다. 그리하여 새롭게 탄생하는 모든 인간은 소중한 어떤 것을 잃어버렸다는, 존재의 중요한 일부가 사라진 듯한 느낌을 갖게 된다. 이와 같은 존재(내)결여lack-in-being를 라캉은 '거세'라고 불렀다.

그런데 결여에는 그것을 채우려는 갈망이 따르고, 이 과정에서 욕망이 탄생한다. 이는 1장에서 자세히 다룰 것이다. 여기에서 중요한 것은, 이와 같은 결여를 감추기 위해 우리가 '완전함'이라는 환상에 의존하게 된다는 것이다. 스스로 연약하고 불안정하다는 공포를 몰아내고자 장엄과 안정이라는 집단적 환상을 고안하는 경향이 있다는 말이다.

그런데 이성애가부장제는 남성들이 의존하는 똑같은 대응 기제를 여성에게는 허락하지 않는다. 따라서 남근선망은 논리적인 감정이다. 페니스가 온전함을 상징한다면, 페니스가 없는 여성으로선 당연히 페니스를, 더 정확히 말하자면 그것이 상징하는 바를 원하지 않겠는가? 남자들도 전능의 기표인 팔루스, 구체적인 개념의 페니스를 원한다. 상상으로 만들어 낸 다른 남성의 고추를 선망하는 것이다. 물론 남성의 전지전능을 확신하는 이성애가부장제적 환상에 몰입하는 남성들은 이런 선망을 차단할 백신을 이미 맞은 것이나 다름없다. 그러나 도널드 트럼프 같은 사람도 언젠가는 죽음을 맞이하는 순간이 오고, 그러면 그토록 확신하던 본인의 전능도 한낱 환상일 뿐임을 깨달을 것이다.

남근선망의 또 다른 이름은 분함 혹은 억울함일 수 있다. 니체는 이러한 감정은 약자들이 의지한다고 했다.[2] 맞다. 남근 권력에 대한 이성애가부장제적 환상에 빠진 이들에 비하면 많은 남자들을 포함하여 우리는 약한 존재이고 충분히 분하고 억울하다. 어디 억울함뿐인가. 우울과 불안은 가장 흔한 감정이고, 원통함과 외로움, 불만과 좌절감, 괴로움, 짜증, 환멸감 등등 우리가 의지할 나쁜 감정들은 넘치고 남는다.

그런데 내가 지적하고자 하는 것은, 페니스를 문화적으로 물신화한 경향이 역사적으로 우울과 불안 등 여성의 나쁜 감정들을 더 폭넓게 강화시켰다는 점이다. 이런 상황에서는 전능의 환상 뒤에 숨지 않는 한 좋은 감정good feeling을 갖기 어렵다. 창의적인, 예술적인, 영적인, 지적인 남자들은 남근 권력의 기둥으로서 별 설득력을 얻지 못하며, 이처럼 '여성적인' 남자들은 여성과 비슷한 처지에 처할 때가 많다. 다른 한편, 남근 권력을 모방하고 싶어 하지 않는 남자들도 많다. 그들은 존재의 심연을 있는 그대로 마주한다. 남근 권력과 그것이 제공하는 환상적 보호막이 아니라 본질적으로 불안정한 인간 삶을 정면으로 대면하는 남자들도 많다. 말로 표현할 수 없는 고통이 만들어 낸, 말로 표현할 수 없는 아름다운 작품들은 바로 그 결과물이다.

남근 권력을 숭배하는 남자(일부 여자)들이 불신자들을 상대로 전투를 벌이고 성전을 짓고 제국을 세우는 동안, 덜 남근적인 남자들과 공적 생활에 참여할 수 있는 기회를 얻었던 예외적인 여자들은 인간 존재의 본질이자 핵심인 무nothingness를 용기 있게 마주하는 의식의 유산을 창조했다. 남녀 간의 분열이 아니라, 남근 권력의 환상을 따르는 이들과 이러한 환상을 넘어 존재의 취약함을 자발적으로 혹은 강압적으로 깊이 고민하는 이들로 나뉘게 된 것이다. 흔히 역사에서는 남근 권력을 좇은 이들이 영웅으로 그려지지만, 남근선망을 포함한 나쁜 감정들이라는 훨씬 더 무거운 짐을 짊어졌던 이들이야말로 진정한 영웅이 아닐는지.

# 불평은 사치

권력을 뺏긴 이들이 나쁜 감정을 안고 사는 것이, 지배적인 사회구조(현상 유지status quo)의 관점에서는 바람직한 일일 수도 있다. 자기 고통에 집중하는 사람들은 반항할 힘이 없을 테니까. 그러나 우울함과 같은 나쁜 감정은 사람을 무력하게 만들어 일상의 요구들조차 수행하지 못하게 한다. 생산성을 중시하는 실용주의적인 사회구조 측면에서는 곤란한 행동이 아닐 수 없다. 더 나아가, 분노와 불만, 환멸과 같은 나쁜 감정은 사람을 순종하지 않게 만들기도 한다. 단지 나쁜 감정에 머물지 않고 페미니스트 또는 트랜스젠더 운동가, 흑인인권운동가가 된다면? 권력을 쥔 세력은 당연히 이런 결과를 원치 않기 때문에 '남근의 전능함'이라는 환상 뒤에 숨지 못하는 이들에게 다른 대응 기제를 제공하려고 한다.

그중 가장 효과적인 기제는 나쁜 감정을 잠시 잊게 하는 대규모 엔터테인먼트 시스템일 것이다. 넷플릭스Netflix 사이트에 들어가는 것만큼 우리의 불안을 성공적으로 마비시키는 것이 또 있을까. 가장 좋아하는 캐릭터가 거대한 어려움에 맞서 투쟁하는 걸 보면 내가 겪는 어려움 따위는 하찮게 보인다. 〈굿 와이프The Good Wife〉(CBS TV 시리즈)의 주인공 알리샤 플로릭도 저렇게 남편의 고추를 자유자재로 다루는데 나를 에워싼 이 수많은 고추들쯤이야! 몇 시간만 이 마법 같은 화면을 쳐다보고 나면 다음 날 아침에 일상의 어떤 어려움과도 맞설 준비가 된다. 이런 이유로 사회비평가들이 자본주의가 원활하게 돌아가는 데 대중 엔터테인먼트는 필수적이라고 말하는 것이다.[3]

드라마 여주인공 말고도 소비주의 문화는 우리 안의 공허를 채워줄 매혹적인 물건들을 끝없이 생산한다. 이는 물건이 가득 쌓인 대형마트나 윤기가 흐르는 슈퍼마켓만 걸어 봐도 알 수 있다. 저 군침 도는 치즈며 과자, 포테이토칩을 보라! 지금 턱 밑까지 차올라 폭발 직전인 불만족을 당장이라도 치유해 줄 것 같다. 그러나 이 해독제 는 그 물건들을 살 수 있는 사람들, 이 대응 기제에 비교적 성공적으 로 참여하는 이들에게나 효과가 있다. 어떤 사람들? 높은 생산성과 끊임없는 자기계발, 끈질긴 발랄함을 지향하는 개인주의적이고 긍 정적인 사회적 에토스에 참여하는 이들이다. 이런 사람들에게는 소 비주의 문화가 제공하는 해독제가 유용할 수 있다.

이 에토스는 우리가 우울해지거나 불안 또는 환멸을 느낄 때마다 돈을 지출하도록, 즉 경제적 삶에 참여하여 인간의 삶 속에 내재하 는 반이성적 측면들을 억제하게 한다. 그러나 이 에토스는 절대로 자애롭지 않다. 사회적 에토스가 우리를 불쌍히 여겨 우리의 부정적 인 감정을 눌러 주려는 것이 아니다. 우리가 더 열심히, 더 빨리, 더 잘, 오랫동안 일하기를 바라기 때문이다. 그래서 사회는 우리의 나 쁜 감정들을 원치 않는다.

나보다 경력이 짧은 남자 동기들이 나를 보고 승진하기엔 아직 부 족하다고 말할 때, "이제 조금 남근선망 하고 싶어지네" 생각할 수 있다. 내가 열심히 논문을 쓰고 학생을 가르치고 대학원생 논문을 지도할 때, 나의 절반도 하지 않은 남자 동기들이 나보다 더 높은 급 여를 받는다는 사실을 알았을 때, "지금 투덜대도 되는 거지?" 생각 할 수 있다. 건물 관리자가 내게는 "과분하다"며 내 연구실을 나보 다 열다섯 살 어린 남자 후배에게 넘겨줄 때, "지금 이걸 학과장에게 말해야 하나?" 생각할 수 있다. 그러나 난 이런 성차별 따위에 쏟을 시간이 없다며 이런 생각들을 눌러 버린다. "망할, 마감일이나 맞춰야지" 혼자 중얼거리고, 늘 그랬듯 이 성차별 시스템을 애써 모른 척 비껴간다.

성과와 생산성, 자기계발, 억지 쾌활함을 규정하는 이 시스템은 놀라울 정도로 능숙하게 이성애가부장제가 생산하는 여러 나쁜 감정들을 억압한다. 내가 연구하는 포스트휴머니즘 또는 광범위한 비판이론 학자들은 이 시스템을 '신자유주의'라고 부른다.[4] 신자유주의는 자기 시스템의 구조적 문제로 인해 발생하는 각박한 삶의 리듬, 그로 인한 만성적인 불안감과 동요 같은 나쁜 감정들을 열외 취급하는 데 기똥찰 정도로 유능하다. 내가 왜 이런 감정을 품게 되었는지를 질문할 시간은 없고, 그저 현실의 목표에만 집중하도록 만들어버린다. 심지어 부정적인 감정을 느끼는 것을 부정적으로 느끼도록만든다. 이 시대의 공리적 실용주의는 불면증조차 시간 낭비로 보고, 이런 나쁜 감정 자체를 수치스럽게 그리고 부정적으로 느끼게끔한다. 그래서 마음속에서 나쁜 감정이 싹트려고 하면 우리는 잽싸게이런 감정의 목을 졸라 버린다.

## 아메리칸 드림의 유혹
⋮

내가 이 책에서 나쁜 감정들을 수면 위로 끌어올리려 하는 이유가여기에 있다. 구박받느라 지친 이 감정들을 한번 공정하게 들여다보

자. 물론 효율과 성과 중심의, 가식적인 긍정으로 포장된 신자유주의적 에토스와 나도 공범 관계다. 지쳐 죽을 때까지 성과에 매달리고, 생산적으로 열심히 살려고 동동거리고, 나 자신을 끝없이 개발하고, 긍정적으로 생각하고자 최선을 다했다. 웃기는 또 얼마나 잘 웃고, 아파 죽을 것 같아도 괜찮다고 말했던가. 그렇게 지친 마음을 달래려 TV 화면에 딱 붙어 앉아 비판적인 인문학자로서 본다고 말하기에 낯부끄러운 스릴러와 액션영화, 청춘드라마에 탐닉했던가. 이 글을 쓰는 순간에도(2017년) 〈프리티 리틀 라이어Pretty Little Liar〉와 〈오펀 블랙Orphan Black〉, 〈엘리멘터리Elementary〉, 〈고담Gotham〉, 〈스콜피온Scorpion〉과 〈애로우Arrow〉에 빠져 있다.

미국의 경우에는 신자유주의와 여러 측면에서 유사한 아메리칸 드림의 영향도 빼놓을 수 없다. 내가 내 운명의 주인이고, 인생이 아무리 끔찍한 패를 돌렸더라도 결국에는 내가 승리의 패를 쥐게 될 것이라는 이 꿈은 매력적으로 들릴 수밖에 없다. 긍정적인 자세로 열심히 살면 인생에서 성공할 수 있다. 내가 어떤 인물이 될지는 오로지 나에게 달렸다. 어떤 어려움을 겪더라도 더 밝은 미래를 기대할 힘이 내 안에는 있다. 아메리칸 드림은 처음엔 모든 것이 절망적으로 보이더라도, 나중에는 내가 노력하는 만큼 성공을 거둘 것이라고 주장한다. 시작이 절망적일수록 마침내 쥐게 될 승리도 더 대단할 거라고.

나의 시작도 절망적이고 보잘것없었다. 아메리칸 드림이 제공하는 구원의 환상에 설득되기에 최적의 상황이었다. 나는 러시아(당시 소련) 국경과 가까운 외떨어진 작은 시골 마을에서 실내 화장실도 중

앙난방도 없는 가난한 집에서 자랐다. 겨울에 사우나에서 집까지 미친 듯이 뛰면 20초가 걸렸는데, 그 20초 안에 머리카락이 고드름으로 변했다. 공장 컨베이어 벨트 앞에서 시들어 가는 엄마와, 수면 부족과 태산 같은 걱정에다 어느 누구도 그렇게 하면 안 될 정도의 과도한 노동에 시달리는 아빠를 보면서 컸다. 매일 새벽 5시에 일어나 얼음물에 목욕을 했고, 학교를 오가는 데에는 왕복 5시간이 걸렸다. 학교에서 돌아오면 창문 안쪽까지 얼어 있는 내 방을 따뜻하게 데우고자 밖에 있는 헛간에서 장작부터 가지고 와야 했다. 그런 뒤에야 숙제를 시작했다.

나에게 자상한 아빠와 요리하기를 좋아하는 따뜻한 엄마가 있었다면 내 삶은 〈초원의 집〉(70~80년대 방영된 미국 드라마) 같았으리라. 그러나 그렇지 않았다. 나는 주로 빵과 치즈를 먹고 아빠의 끊임없는 비난 가운데 살았다. 하지만 엄마나 아빠를 원망할 수는 없었다. 내가 그나마 빵과 치즈라도 먹을 수 있었던 건 그 먼 곳까지 일하러 나간 엄마 덕분이고, 아빠가 그렇게 험악하게 굴었던 건, 나중에 상담을 받으며 든 생각인데 아빠를 옥죈 가혹한 삶 때문이다.

이러한 배경에서 브라운대학에 입학하고, 하버드대학원에서 학위를 받고 교수가 되어 열 권의 단행본을 출간하고, 나의 부모님은 누리지 못한 문화적 자본의 휘장을 두르게 된 주된 원동력이 아메리칸드림의 기둥들, 즉 성실함과 인내심, 감정적 탄력성에 충실한 덕분이 아니라고 부인하기는 어렵다. 내가 미친 듯이 성실했던 이유는, 내게 주어진 삶에서 벗어나는 길은 나의 노력밖에 없다고 믿었기 때문이다.

그리고 그렇게 되었다. 노력은 결국 내게 주어진 삶에서 나를 끌어내 주었다. 나는 아메리칸 드림의 계략, 즉 많은 사람들이 성공하는 것을 불가능하게 하는 사회적 불평등이 아니라 어려움을 견디고 극복하는 개인의 능력에만 초점을 맞추는 음모를 간파했지만, 그렇다고 해서 어렵고 힘든 삶의 경험들을 마주할 때 필요한 유연성이 전혀 가치가 없다고 주장하려는 것은 아니다. 가식적인 긍정을 위해 나쁜 감정들을 억누르는 것이 심리적인 강압이라고 보면서도, 솔직히 고백하자면 날이 갈수록 점점 더 소중하게 느껴지는 미국인들의 너그러운 미소가 사라진다면 그 또한 슬플 것이다. 이성애가부장제가 사라진다고 슬퍼하진 않겠지만, DVD 플레이어 화면이 무너지면 난 틀림없이 슬퍼할 것이다. 그래서 난 다른 포스트휴머니즘 이론가들처럼 신자유주의의 모든 측면에 독설을 퍼부을 수가 없다.

내가 연구하고 가르치고 글을 쓰는 포스트휴머니즘 이론은 대륙철학과 심리분석학, 문화학, 정치·경제 논의, 인종학, 정동情動,[5] 페미니즘과 퀴어 등의 이론을 융합하는 학제간 학문이다. 이 융합이론은 현대 자본주의 및 신자유주의 문화에 격렬한 비평을 쏟아 낸다. 이 책에서도 이 같은 비평을 포함하겠지만, 나 또한 이 시스템의 공범이라는 인식은 때로 나의 칼날을 무디게 하고 망설이게 할 수도 있다.

이런 망설임을 어떻게 해석해야 할까. 정치적으로 보수적인 성향 같은 것에서 나온다고 하기는 어려울 듯싶다. 그보다는 내가 참여하고 있는 시스템과 현재 내 삶을 지탱하는 많은 이득들, 애초에는 성실하게 추구했고 최근 10년 동안에는 어느 정도 자의식적으로 취한 특권들을 도매금으로 고발하는 게 위선적으로 느껴질 뿐이다. 이런 이익들과 함께 내가 여태껏 힘들여 쌓은 삶까지 포기한다면 몰라도, 그렇게 하지 못하면서 시스템만 비판하는 것은 너무 안이하고 형식적인 태도가 아닐까. 물론 이런 갈등이 진보적 비평가들에게는 자극이 될 수 있다. 그러나 우리는 딱히 해결책이 없다는 걸 알기 때문에 이를 아예 언급조차 하지 않을 때가 더 많다.

하지만 내가 불평등한 사회구조에 몸담고 있다고 해서 그 구조를 비판하는 능력까지 무효화시켜야 할까. 그래선 안 된다는 걸 알지만, 공모 사실은 더 복잡한 고민을 불러일으킨다. 게이, 레즈비언, 퀴어를 비롯해 어느 누구도 이데올로기의 자장에서 완전히 벗어날 수 없듯, 나 역시 이성애가부장제에 어쩔 수 없이 참여하기는 해도 그것 때문에 이득을 본 게 없기 때문에 연루되었다고 말하기 어렵다. 내가 이 시스템을 맹렬히 비난한들 누가 나에게 손가락질하랴. 그러나 신자유주의(아메리칸 드림)의 분투 덕에 현재 나는 어릴 적엔 꿈도 꾸지 못할 정도의 물질적 안락함을 누리고 있다. 그래서 신자유주의가 서구 복지국가 시스템을 무너뜨리고, 서양의 정치적·경제적·군사적 패권을 강화한다는 걸 알면서도 다른 포스트휴머니즘 이론가들처럼 단호하게 공격하기가 어렵다.

## 회상의 조각들

⋮

내가 신자유주의 에토스를 해부하겠다면서 객관적인 시각이나 말투를 쓰지 못하는 이유가 여기에 있다. 나라는 개인과 사회의 관계를 무 자르듯 분리해서 말할 수가 없는 것이다. 사회 분석에는 나의 개인적인 경험이 계속 스며들고, 그 결과 그 어떤 이론이나 비평도 나의 사적인 일화와 완전히 동떨어진 것은 없었다. 모든 분석이 내게 회상의 조각을 제공했다. 어떻게 보면 이 분야에서는 드문 일이 아니다. 페미니즘 이론에는 이론의 특성상 개인적인 것을 정치적인 것으로, 정치적인 것을 개인적인 것으로 바꾸는 긴 역사가 있다. 폴 프레시아도Paul Preciado의《테스토 정키Testo Junkie》, 매기 넬슨Maggie Nelson의《디 아르고넛츠The Argonauts》, 다이앤 엔스Diane Enns의《러브 인 더 다크Love in the Dark》같은 최근의 비평서들은 발터 벤야민Walter Benjamin이나 롤랑 바르트Roland Barthes, 크리스 크라우스Chris Kraus의 전통을 따라 이론적인 것을 자전적인 것과 결합한 책들이다.[6]

철학자이자 트랜스젠더 운동가인 프레시아도는 이 장르를 '자전 이론autotheory'[7]이라고 명명했다. 넬슨 역시 장르와 학문 분과를 넘나드는 이런 이론적 집필을 '와일드 이론wild theory'이라고 표현했다.[8] 내가 이런 집필 유형에 끌리는 것은 너무 당연하다. 내 업무가 학문 분과를 넘나드는 일이고, 이성애가부장제의 '이성애straight' 문화 패턴을 끊는 것과 '올바른straight' 학술 집필의 틀을 깨는 것은 명백하게 평행하기 때문이다.

난 오랫동안 최고의 이론은 개인적인 경험에서 생겨난다고 생각했다. 넬슨은 시인인 아일린 마일스Eileen Myles의 말을 인용한다. "나의 더럽고 사소한 비밀은 늘 당연히 나에 대한 것(이야기)이다."[9] 이러한 입장은 지난 수십 년간 포스트휴머니즘 연구를 지배한, 집필 과정이 집필자의 정체성을 지운다는, 저자의 정체성이 저자의 죽음과 글로써 대체된다는 바르트와 미셸 푸코Michel Foucault의 저 유명한 주장과 배치된다.[10]

난 그토록 지극히 개인적이며 그토록 아름다운 책들을 쓴 바르트가 그렇게 주장했다는 것이 항상 특이하다고 생각했다.[11] 물론 휴머니즘과 의식의 계몽적 주체, 자율성과 행위성 비평이 지배한, 기표의 놀이와 의미작용으로서의 텍스트를 저자의 몸과 마음 저편 위에 위치시킨 포스트구조주의와 데리다적 해체의 맥락에서 보면 이해 못 할 바는 아니지만 말이다.

일부 페미니즘 학자들은 일부 인종·민족 학자들처럼 개인적이고 일화적인 집필[12] 방식을 끈질기게 고집했지만, 포스트휴머니즘 이론에선 자서전체는 한심할 정도로 순진한 의미 창출 양식으로 소외됐다. 개인적인 경험은 소위 '고급 이론high theory' 영역에서는 유효한 토대가 되지 못했다. 그런데 최근 들어 이런 경향이 바뀌고 있다. 개인적인 것이 이론 집필의 정당한 요소로 다시 떠오르고 있는 것이다.

이것이 글을 쓰는 사람이 글 속의 '나'와 동일하다는 의미는 아니다. 필립 세이어스Philip Sayers(저자의 동료 학자)는 이 통찰에 대해 뤼스 이리가레이Luce Irigaray를 인용한다. "당신에게 내가 누군가인 것과 나에게 내가 누군가인 것은 같지 않고 그 차이는 극복될 수 없다."[13] 나도 동의한다. 특히 서술(언어)로 중재되는 한 우리는 우리의 경험에 직접적으로, 조정되지 않은 상태로 접근할 수 없다. 과거의 어떤 기억도, 우리에게 일어난 일들에 대한 어떤 이야기도 간단명료하게 정확하지 않다. 모든 개인적인 이야기에는 항상 환상과 상상의 요소가 들어간다. 이 책도 자전적인 요소를 포함하지만 자서전이라고 말하기는 어렵다. 자서전을 썼다면 내 과거를 구성하는 세부 사항들을 떠올렸어야 했을 텐데 나는 대부분 기억하지 않았다.

나에겐 내 성장 과정에 대한 단절된 기억밖에 없다. 아빠에게 매일같이 느꼈던 공포를 기억하지만 나에게 상처가 되었던 말들은 기억하지 못한다거나, 엄마의 우울한 무관심은 기억하지만 구체적인 말이나 행동은 기억하지 못하고, 첫 키스의 상냥함은 떠올라도 어디서였는지는 모르며, 브라운대학에 입학할 때의 감동은 기억하는데 지원서에 뭐라고 썼는지 또 부모님 모르게 어떻게 SAT를 봤는지는 기억 못 하며, 대학원 시절 룸메이트를 싫어했던 기억은 나는데 그녀의 이름은 모르고, 나의 첫 책에 대한 뼈아픈 평가가 안겨 준 굴욕감은 기억해도 그 동료가 대체 뭐라고 했는지는 잘 모르겠고, 수년간 학생들을 가르치면서 느낀 피로는 생생해도 내가 했던 강의들의 세부 내용은 기억하지 못한다. 한 마디로, 나의 공적인 이력을 만든 세부 사항은 떠올리기 어려워도 내가 경험한 감정적 이력에는 쉽게 접속할 수 있다.[14]

지금은 나의 소중한 친구가 된 엄마(세상일이란 참)는 내가 방문할 때마다 말한다. 오랫동안 너무 많은 생각을 해서 내 머릿속이 뒤죽박죽이 된 거라고. "새로운 생각들이 자리 잡을 공간을 만들기 위해 예전 기억들을 밀어내고 있는 거지." 난 이 말이 사실이 아님을 안다. 나는 그저 계속 살아가기 위해 능동적으로 기억들을 잊으려 하는 것이다. 이 문제는 책의 끝부분에서 다시 다룰 것이다. 이처럼 숭숭 구멍 난 기억에 기대어, 단편적인 회상의 조각들만으로 어떻게 회고록을 쓰랴. 게다가 견딜 수 없을 정도로 지루할 게 뻔하다. 가난뱅이가 부자가 되는 이야기에서 부자 부분만 빠진 몹시 따분한 이야기. 그러니 회상의 조각들을 약간의 이론과 버무려 조합하면 좀 더 흥미로운 이야기가 되지 않을까.

## 해내지 못하면 어쩌지?
⋮

비평과 단편적인 회상의 조합이라. 확실한 건, 내 이야기가 아메리칸 드림의 윤곽을 따르더라도 그 목적은 "나는 해냈다"가 아니라는 점이다. 꿈을 좇고 실패하는 진 빠지는 과정과 거기서 느낀 나쁜 감정들을 이야기하고 싶다. 난 아메리칸 드림이 멋진 일이라거나 누구에게나 가능하다고 말하려는 게 절대 아니다.

오히려 그 반대다! 이 꿈은 거기에 꾀인 사람들에게 피해를 주고, 심지어 그들의 삶까지 무너뜨릴 수 있다. 앞에서도 말했다시피, 꿈으로 포장된 이 이데올로기는 그 안에 인종차별과 가난, 기회의 불균등 같은 사회적 부조리를 숨기고 있기 때문이다. 그래서 성공을 꿈꾼 사람들이 실패의 원인을 사회 시스템이 아니라 개인에게서 찾게 한다.

난 가난하게 자랐지만 인종차별은 겪지 않았다. 더 나아가, 내가 백인으로서, 개인적인 의사와는 상관없이 구조적 차원에서 그 시스템에 간접적으로 연루되어 있다는 사실을 안다. 거기에다 핀란드의 확고한 공교육 시스템 덕분에 가난한 노동자의 딸로서 의사나 법률가의 딸들과 조금도 다르지 않은 교육을 받았고, 괜찮은 고등학교에 이어 풍부한 교육적 기회를 누렸다. 물론 불안정한 이민자 신분이 안전감과 영속감, 합법적 소속감 같은 것을 차단해 미국 생활에 독이 되긴 했지만, 제도적 인종차별에 가로막힌 사람들이 입는 상처에 비하면 아무것도 아니다.

내가 말하는 남근 권력은 꼭 그렇지는 않아도 대부분 백인 남성, 그중에서도 정치적·경제적·사회적 힘을 누리는 사람들에게 적용된다. 모든 인종의 여성들만 이 힘에 접근하는 걸 거부당할까. 그렇지 않다. 인종과 빈부, 시민권, 성적 지향 등 차별의 매개는 다양하다. 심지어 가난한 백인 남성도 사회적으로 '거세당했다'고 느낄 수 있다. 흑인들은 역사적으로 거세당했으며, 실제로도 그랬다! 공공장소에서 흑인과 백인의 분리와 차별을 규정한 '짐 크로우Jim Crow법'이 통용되던 시절(공식적으로는 1876~1965년)에는 백인 여성과 성적 관계를 가진 것으로 의심되는 흑인 남성이 실제로 거세당하는 일들이 있었다. 거세가 유색인종의 성범죄를 처벌하는 수단이었다는 것은 분명 우연이 아니다. 그것은 우리 문화의 페니스(와 남근 권력) 집착에 대한 잔혹한 암시일 뿐만 아니라, 누가 그것을 가지고 못 가지는가에 대한 질문이다.

이러한 문화적 배경에 반기를 들며, 흑인 남성 래퍼들이 대담하게 반항의 제스처로 자신들의 사타구니를 잡는 것은 사소한 일이 아니다. 그것은 가난과 실업, 경찰의 만행과 감금 등 그들을 계속해서 '거세'하는 사회 속에서 주체성을 주장하는 상징적인 행위다. 난 여기서 라캉이 말한 존재(내)결여, 유아를 사회적으로 이해 가능한 개인으로 만드는 결여 같은 존재론적 의미의 거세를 말하려 함이 아니다. 나는 다만 특정한 맥락에서 일어나는 폭력 형태, 이 경우엔 인종차별의 맥락에서 일어난 거세라는 폭력처럼, 일부 개인을 체계적으로 부인하여 결여 상태로 만들어 버림으로써 다른 이들의 번창을 도모하는 폭력 형태에 주목하는 것이다.

이렇게 말해 보자. 현재 미국은 공식적으로 더 이상 인종차별을 용납하지 않지만, 교도소를 메운 다수의 흑인 남성과, 저임금직 또는 무직 상태인 흑인 남녀의 존재는 사실상 흑인들을 사회에서 분리하고 있다. 더 넓혀 보면, 차별을 당하는 모든 성별의 객체들 역시 일상에서 나쁜 감정을 불러일으키는 수많은 방법으로 차별과 거세를 당하고 있다. 이 주제에 대해서는 이미 여러 연구자들이 탐구했다.[15] 비단 인종차별만이 아니라 미국 사회가 근본적으로 '차별'로 형성되어 있음을 인식하는 것은 남근선망 연구에서 중요하다.


# 노력이 보상받는 '좋은 삶'?
### ⋮

인종차별과 남녀 차별은 무슨 관계가 있는가? 이를 통해 어떤 결론에 도달할 수 있을까? 내가 원하는 목적지에 도달하려면 좋은 성과와 높은 생산성, 지속적인 자기계발과 끊임없는 쾌활함으로 이루어진, 겉보기엔 바람직하지만 심리적으로는 사람을 갉아먹는 이 조합에 가치를 두는 신자유주의의 문화적 흐름과 이 흐름이 우리의 감정에 미치는 영향부터 살펴봐야 한다. 젠더화된 사고방식의 폭력성 외에 내가 관심을 갖는 주제는, 끝없이 멀어지기만 하고 절대 실현되지 않을 '더 좋은' 미래를 추구하도록 우리 행동에 동기를 부여하고, 그 미래를 약속하는 삶의 시나리오에 충실하도록 우리를 이끄는 '좋은 삶the good life'에 대한 환상이다. 영문학자 로렌 벌랜트Lauren Berlant는 이를 "잔혹한 낙관주의cruel optimism"라고 이름 붙였다. 실제로는 우리를 해치는 생활 방식이 언젠가 우리를 성공시키고 행복하게 해줄 것이라고 믿는 것이다.[16]

벌랜트가 적절하게 명명한 이 개념은 아메리칸 드림의 요지를 간단명료하게 나타낸다. 열심히 부지런히 노력하면 언젠가는 그 수고를 보상받을 것이다. 이것이 왜 잔혹한 낙관주의 또는 거짓된 희망인지에 대한 논평이 이 책에서 내가 다루고자 하는 주된 내용이다. 더 나은 미래에 대한 기만적인 환상으로 가득 찬 이 희망에서 생겨나는 나쁜 감정들이 현재 미국인들을 지배하고 있다. 먹고살려고 이리 뛰고 저리 뛰는 사람은 말할 것도 없고 비교적 특권적인 직종에 종사하는 사람들조차 열심히 일하느라 삶을 누릴 여유가 없고, 그래서 막상 기회가 왔을 땐 너무 지쳐 있는 것이다.

이는 가까운 동료나 친구, 학생들의 말을 들어 봐도 알 수 있다. '좋은 삶'은 미꾸라지처럼 잡힐 듯 잡히지 않는다. 하지만 우리는 안다. 뭐가 문제인지 정확히 알 수는 없지만, 그것이 잔혹할 정도로 낙관적인 우리의 태도와 관계가 있음을. 그래서 그것의 실체를 깨달을 기회가 생겨도 고집스레 이 잔혹한 낙관주의를 밀고 나간다.

2017년 봄에 하버드에서 '나쁜 감정들'을 주제로 한 세미나 수업이 있었다. 14명만 받기로 한 수업에 48명이 몰렸다. 이는 대학생들도 나쁜 감정과 공명하는 무언가를 일상적으로 느낀다는 것이다.[17] 14명 중 절반이 우울증, 불안증, 거식증, 정신병원 입원과 자살 시도 등의 개인적인 경험을 바탕으로 졸업논문을 작성했다. 그중에는 좌절감 외에 '추함'의 감정에 초점을 맞춘 논문들도 있었다. 학생들은 확실히 자신들이 느끼는 나쁜 감정에 깊은 관심을 보였다. 그러나 이제 고작 20대 초중반 청년들이 자살 시도와 입원까지 할 정도로 나쁜 감정들에 휘둘렸다는 사실, 그 감정들의 심각성이 나를 안타깝게 했다. 특권층으로 여겨지는 아이비리그 학생들에 대한 일반적인 고정관념과 달리, 그들 중 다수가 가난과 인종차별, 가정불화 등의 어려움을 겪고 있다는 사실은 의미심장하다.

한번은 이런 일도 있었다. 낙관주의와 나쁜 감정에 대한 공개강의 후 한 남성이 허둥대며 쫓아와 오늘 강의의 필사본 같은 것이 있느냐고 물었다. 그는 나의 강의를 듣고, 노력으로 점철된 지난 삶이 자신을 절망으로 몰아갔음을 깨달았다고 했다. 지난 10년간 나도 똑같은 느낌이 들곤 했다. 내가 살아 있음을 느끼게 해 주는 지적인 탐구 따윈 생각할 겨를도 없이 서둘러 해치워야 하는 받은편지함을 가득 채우는 여러 업무 요구들…. 나는 왜 이 일을 그만두지 않는가? 왜 교수직에 목을 매고 있을까? 그때마다 나는 고민했다. 왜? 왜냐하면 다른 사람들처럼, 공들여 짜맞춘 이 삶 외에는 어떻게 살아야 할지, 뭘로 먹고살아야 할지 모르기 때문이다.

오늘날 서구의(혹은 서구적인) 삶을 특징짓는 심리적·감정적·육체적 부식과 만성적인 짜증, 귀가 먹먹해질 정도의 피로와 삶의 진로를 바꾸는 데 겪는 어려움을 얘기하려면 전제부터 달아야 한다. 지금이 과거 시대보다 더 암울하다고, 노예제와 종교재판이 있던 시대나 식민지 시대 사람들보다 지금 우리가 더 억압당하고 있다고 말하려는 것은 아니라고 말이다. 하지만 그럼에도 불구하고 '좋은 삶' 운운하는 우리 사회의 지배적인 내러티브를 좇는 우리의 태도, 바로 그러한 경향이 실은 우리의 번영을 방해하고 삶의 질을 떨어뜨리는 방식을 이해해야 한다.

노력은 보상받을 것이라는 우리 문화의 신념이 수많은 여성들의 삶 속에 은밀히 젠더화된 형태로 자리 잡았음을 인정해야 한다. 여성은 실적 중심 사회에서 살아남기 위해 아직도 남성보다 더 열심히 일해야 하고, 어떤 종류의 인간관계에서든 매력적으로 보이도록 비상한 노력을 기울이고, 그리고 싶지 않을 때에도 미소를 유지해야 하기 때문이다. 내가 신자유주의 사회의 네 기둥으로 지적한 성과, 생산성, 자기계발, 긍정은 여성들에게 무례와 폄하가 유발하는 나쁜 감정들은 제쳐 놓으라고 요구한다. 우리를 둘러싼 성과 중심의 에토스는 내가 받는 대우에 대해 불평하기 시작하면 성공하지 못할 것이라고 말한다. 어엿한 시민은 불평 따위 하지 않는다. 범죄영화 주인공처럼 피를 흘리며 다리를 절고, 총알이 쏟아지더라도 임무를 완수할 따름이다.

# 두 종류의 나쁜 감정

⋮

당연히 이 책에서 다루는 나쁜 감정들은 의료적 개입이 필요한 화학 물질의 불균형이나 다른 물리적 요인들로 유발된 감정이 아니다. 평등한 사회구조였다면 심각하지 않을, 성과 중심의 문화적·사회적 환경이 만들어 낸 나쁜 감정들이 우리의 관심사이다. 인간 정신의 복잡한 특성에서 생겨나는 나쁜 감정이 아니라, 사회의 정치적·경제적·문화적 불공평이 낳은 감정들 말이다.

프로이트의 남근선망 논의를 라캉으로 시작한 이유는, 라캉의 재해석이 권력과 능동적 행위성agency의 불평등한 배치로 생산된 '사회적인' 나쁜 감정들을 순전히 개인적이고 심리적인 문제로 잘못 해석하는 구체적인 사례를 보여 주기 때문이다. 앞에서 설명했다시피, 여자애들은 남자애들 다리 사이에 붙어 있는 살덩어리를 선망하는 것이 아니라, 그 살덩어리가 나중에 그 남자애들에게 부여할 특권을 부러워하는 것이다.

이 책의 전반부 4장은 이처럼 사회적으로 형성된 나쁜 감정들에 대한 분석을 이어 갈 텐데, 특히 성 불평등과 스스로 재탄생을 거듭하는 이성애가부장제의 기이한 능력에서 비롯되는 나쁜 감정들에 초점을 둘 것이다.

모든 상처를 치유한다는 '사랑의 힘' 운운하는 비현실적인 사탕발림이 만들어 낸 연애에 대한 환멸과, 점점 심각해지는 이성애 문화의 포르노화와 관련된 나쁜 감정들도 다룰 것이다. 가족사를 포함해 나의 개인적인 경험이 남긴 트라우마 때문에 치른 감정적 대가도 이야기할 것이다. 가슴 아픈 과거는 빨리 잊고 초월하는 게 바람직한데 왜 우린 그 일들을 쉬이 잊지 못하고 그 안에 머물까. 그 실상을 밝히고 싶다. 사회 불평등과 마찬가지로 불행한 개인사도 순전히 개인적 심리 작용의 결과물이 아니다. 격렬하고 때로 상처가 되는 거친 환경적 요인들 역시 나쁜 감정의 원인이 된다.

물론 인간이기 때문에 느끼는 존재론적 감정과, 특정한 구조적 결여가 만들어 낸 감정은 조금 다르다. 어떤 나쁜 감정은 인간의 조건과 분리할 수 없는, 즉 인간으로서 피할 수 없는 '실존적인' 감정이기 때문이다. 사실 라캉의 분석은 사회적으로 형성되는 나쁜 감정들을 설명하는 데도 도움이 되지만, 해결책이 없는 나쁜 감정들을 다루는 데 더 유용하다. 그래서 이 책의 마지막 5장과 6장에서는 라캉의 통찰에 기대어 우울과 불안을 논할 것이다.

그렇다고 우울과 불안의 사회적 요인을 무시하는 것은 아니다. 다만 슬픔과 불안이 인간 삶의 전제 조건이 아닐까 싶다는 것이다. 그런데 쾌활함을 강권하는 우리 사회는 이를 부인하려고 하고, 우리가 부인할수록 실존적 불안은 대책 없이 우리를 감싼다. 그래서 난 책의 마지막 부분에서 나쁜 감정을 만드는 환경적 요인들을 몰아내고 피해야 한다고 주장하는 한편으로, 어떤 나쁜 감정은 그냥 안고 살아야 한다고 말할 것이다. 라캉의 말마따나 "최고의 선Sovereign Good"[18]은 존재하지 않기 때문에, 실존적인 나쁜 감정을 없앨 방법은 없다.

내가 이런 말을 하는 건 당연히 절망감을 더하기 위함이 아니다. 어떤 건 피할 수 없다는 걸, 그 이유를 이해하면 그것을 견디기가 좀 더 수월해진다고 말하는 것이다. 내 마음이 왜 상하는지 그 이유를 모르는데 어떻게 거기에 대응할 방법을 알아낼 수 있겠는가. 감정이 상할 때마다 그 사실을 모른 척하거나 회피하는 것은 결코 효과적인 대응 방법이 아니다. 일부 나쁜 감정은 나뿐만 아니라 모든 인간이 느낀다는 걸, 우리 인간은 애초에 그렇게 생겨먹었다는 걸 인식하면 그런 감정 때문에 괴로워할 일도 없고, 무엇보다 같은 감정으로 고통받는 타인들을 연민의 시선으로 바라볼 수 있게 된다.[19]

## 소리 내어 생각하기
:

이 부분은 아마도 이 책에서 유일하게 진단하거나 진술 혹은 분석하지 않고 (잠정적으로) 지침을 제공하는 부분일 것이다. 비판이론과 비판인문학을 연구하는 학자로서 나쁜 감정들을 어떻게 다뤄야 할지를 포함해 인생을 어떻게 살아가야 할지 조언하는 일은 생각만 해도 낯이 간질거린다.

인문학자는 집단적 부정의 근절을 촉구하는 일에 익숙하다. 나를 비롯해 비판이론가들은 우리 사회가 당연히 여기는 정해진 틀을 의심하고, 뻔하고 예상 가능한 것에 우려의 눈초리를 보낸다. 사회구조가 집단적으로 '사실'이라고 주장하는 것이 실은 인위적으로 만들어진 것, 사실상 허구적인 본질을 숨긴 문화적 신화라고 생각하는 경향이 있다.

그렇기 때문에 나는 대부분의 경우에 "이렇게 하세요" 같은 권위적인 서술을 피한다. 나의 접근 방식은 광범위하게 관조적이다. 실증적 연구나 실험실 혹은 통계적 결과에 의존하지 않는다. 잘사는 법 따위를 내가 어찌 알랴. 나는 그저 철학자의 방식대로 글 위에서 소리 내어 생각할 따름이다. 복잡한 집단적·실존적·심리적·감정적 쟁점들을 더 선명하게 드러내어 독자들이 스스로 결정할 수 있도록 자기성찰을 촉진하고, 사람들이 때론 미해결로 남겨질 수 있는 문제들을 마주할 수 있도록, 그 사고의 여정에 기꺼이 참여하도록 호기심을 유발하는 것이 내 역할이다.

독자들은 조금 더 실용적인 자기계발서 스타일에 익숙할 것이다. 바로 이런 경향이 내가 비판하는 시스템의 작품이다. 신자유주의적 실용주의는 엄연한 사실들에 기초한 과학적 접근 방식을 요구하고, 이를 실제 삶의 딜레마에 적용시킨다. 만약 나쁜 감정을 누그러뜨릴 구체적인 조언을 원한다면 정신과 전문의나 자기계발서 저자의 책을 보는 편이 나을 것이다.

물론 그렇다고 해서 이 책이 학술 텍스트란 말은 아니다. 요즘 많이 선보이고 있는 융합적 스타일 중에서도 개인 경험을 자유롭게 인용하는, 일상적이고 보편적인 주제에 초점을 맞춘 비학술서에 가깝다. 이론 취향의 독자라면 바르트와 매기 넬슨 같은 '자전이론적 authotheoretical' 저자들처럼 더 암시적이고 불투명한 스타일을 선호할 수 있다. 이론에 발 담근 사람들은 이런 스타일에 꽂히는 경향이 있다.

솔직하게 말하면, 나도 언젠가는 이론에 익숙한 독자들도 즐길 수 있는 글을 쓰고 싶다. 바르트 같은 저자들의 글 속에는 현대이론의 세계와 친숙한 이들만이 완전히 이해할 수 있는 아이디어들이 간결하지만 함축적으로 언급된다. 그런 책은 운명처럼 느껴진다. 그러나 지금은 그 운명과는 멀리 떨어져 있다. 이 책은 일반인 독자 및 이론에 아직 익숙하지 않은 대학(원)생 및 동료 교수들이 주 대상이다.

글을 일부러 명쾌하게 써서 현재 학계에 걷잡을 수 없이 번지고 있는 '이론 공포증theory phobia'을 진정시키려 한 의도도 있다. 일부 동료들은 내 연구 분야가 현대이론이라는 사실만으로 나를 싫어하기도 한다. 솔직히 이해하기 어렵다. 나는 나보다 문학적이거나 역사적이거나 실증적인 접근 방식을 취하는 학자들을 싫어하지 않는다. 학계 내에서 다양한 연구가 이뤄질 수 있다고 믿는다. 왜 이론이 미움을 받는지 잘 모르겠다.

프로이트의 남근선망이라는 이 책의 주제를 고려할 때, 이와 같은 미움은 이론가가 여성인 경우에 더 심할 수 있다는 가능성을 언급하는 게 중요할 것 같다. 전통적으로 이론은 '남성적'인 것으로 코드화되어 있기 때문에, 여성 이론 연구자는 부당한 남근 권력을 발휘하는 사람으로 미움을 살 수 있다. 4장에서 상세히 다루겠지만, 이 말은 하고 넘어가야겠다. 이론가, 적어도 나와 같은 종류의 이론가는 남근의 완전한 지배라는 환상을 포기했음을 뜻한다. 그러므로 여성과 이론을 짝 지워 적대하는 태도는 방향이 잘못되었다. 이론을 연구하는 사람은 모름지기 어떤 것도 확신하지 않으며, 모든 것을 의심하고 질문해야 한다.

오늘날 대부분의 여성 이론가들이 페미니스트라는 사실은 이 문제를 악화시킨다. 해체주의를 비롯해 제2차 세계대전 이후 프랑스를 중심으로 발생한 이론들은 대부분 1970~80년대에 페미니즘 이론가들[20]을 통해 미국에 정착했기 때문에 현대이론의 많은 부분은 본질적으로 페미니즘적이다. 그러니 여성 이론가들을 겨냥하는 포비아, 반감 혹은 선망이 우리가 이론가여서, 혹은 여성이어서, 아니면 페미니스트여서(혹은 둘/셋 다여서)인지 알 수 없다.

다만, 이런 반감 때문에 남성 이론가보다 여성 이론가들이 제 목소리를 내는 데 더 어려움을 겪는 것은 사실이다. 내가 쓴 책 중《하버드 사랑학 수업The Case for Falling in Love》[21]처럼 사랑이나 친밀함 같은 '여성적인' 인간관계를 다룬 것에는 많은 이들이 격려를 보낸다. 그러나 어떻게 좋은 삶을 살아야 하는지, 즉 남녀 구분 없는 일반적인 관심사를 이론적으로 추측하려고 하는 순간, 사람들은 자격증, 즉 '페니스'를 내놓으라고 요구한다. 이론과 거리가 먼 동료들 눈에는 내가 여성 이론가여서 부당한 남근 권력을 누리는 걸로 비칠 수 있지만, 적어도 일반 독자를 상대하는 출판계에서는 이것이 장애물 혹은 '거세' 요인이 된다.

심지어 어떤 출판 에이전트는 내가 삶의 의미를 다룬 느슨한 철학책을 쓰겠다고 하자, 차라리 생리의 역사에 대해 쓰는 것이 어떠냐고 했다. 나는 이렇게 말하고 싶었다. "나는 역사학자가 아니다. 그리고 왜 그 주제가 생리여야 하는가? 내 이력을 봤을 때 대체 어떤 부분이 생리의 역사와 관련이 있는가? 남자들은 남자인 것만으로 페니스에 대한 책을 쓸 수 있는가?" 그러나 난 이런 말을 속으로 삼켰다. 나쁜 의도가 아님을 알기에, 이런 상황에서 대부분의 여자들이 그렇듯 예의 바르게 거절했다.

여성 이론가들의 자격 운운하는 얘기도 이제 슬슬 지겨워진다. 작년에 참가했던 학회에서 한 여성 동료가 중요한 페미니스트 이론가를 두고 계속 험담하는 걸 들어야 했다. "왜 주석을 달지 않지? 그건 부당하게 도망가는 거 아니야? 남들처럼 글에 주석을 달아야 하는 것 아니냐고." 그 동료를 보며 떠오른 생각이 '남근선망'이었다. 정말이지 중요한 학자들, 즉 남성 사상가들만 각주를 달지 않고 책을 쓸 자격이 있다고 여기는 (미국) 학술계의 규범을 보란 듯이 깨뜨린 여성 동료를 선망하는 것이 아니면 무엇이란 말인가.

나도 '반항심'에 이 책에서 최소한의 규범만 지켰다. 일반 독자들이 어려워할 논쟁은 피했다. 그래서 내가 활용하는 이론적인 도구가 내용에선 잘 드러나지 않을 것이다. 나의 목적은 사람들이 어떻게 해야 소위 '좋은 삶'을 살 수 있는지, 그렇게 살 때 부딪히는 장애물은 무엇인지, 왜 이러한 장애물들을 감당하는 것이 버거운지 같은 근본적인 의문들을 적절한 이론을 동원해 설명하는 것이다. 모쪼록 이 책을 통해 신자유주의가 지배하는 일상에서 치러야 할 심리적·감정적·물리적 비용을 새롭게 고민하고, 사회의 지배적 이데올로기가 우리 일상에 얼마나 스며들어 있는지 깨닫는 계기가 되길 바란다.[22]


이 책의 첫 장은 잔혹한 낙관주의를 강요하는 경향에 집중하면서, 신자유주의적 실용주의 사회를 지배하는 '행복' 서사narrative를 탐구한다. 푸코의 생명관리정치 이론과 라캉의 욕망이론, 여기에 개인적인 이야기를 곁들여 "극복할 수 있다beat the odds"며 우리를 현혹하는 아메리칸 드림식 낙관론의 실체를 들여다볼 것이다. 성과 중심의 문화가 판을 치는 시대에 '좋은 삶the good life'을 추구하는 데 따르는 삶의 소모를 중심으로 긍정적인 사고, 고난의 극복, 미세한 일상적 트라우마, 이 트라우마의 세대 간 전달 같은 주제들을 살핀다.

2장은 우리 사회의 실용주의가 어떤 식으로 우리 내면을 침범하고 우리의 관계까지 합리화시키는지, 또한 열정마저 실용적으로 고민들로 대체하는지 추적한다. 결혼을 영원한 행복을 주는 제도로 이상화하는 사회적 신념을 비판하고, 결혼이 실제로 그와 같은 것인지 질문한다. 물론 행복한 결혼 생활도 존재한다. 삶의 본질과 운명마저 바꾸는 사랑의 힘을 부정하는 것은 아니다.[23] 내가 의구심을 품는 건, 우리 사회가 결혼을 통해 사랑을 감성적으로 제도화하고, 열정과 모험 대신 안정과 장수에 가치를 부여하는 저의이다. 이보다 더 실용주의적일 수 있을까? 더불어 우리 사회는 꼭 연애를 해야 행복해질 수 있다고 강조하지만, 이 강요는 연애 말고도 우리 삶을 풍요롭게 할 다른 많은 것들을 가릴 수 있다. 그런데 우리가 꼭 사랑 때문에 우울하고 속상해야만 할까?

3장은 젠더 차이gender differences에 대한 사회적 강박관념, 개개인을 엄격한 이분법적인 젠더 시스템에 고정시키는 판에 박힌 범주화, 이로 인해 특히 여성들이 입게 되는 피해를 살펴본다. 우리의 젠더 행동gender behaviour은 진화심리학적 설명들에 반하여 사회적으로 형성된 서사를 통해 어떻게 실행되는가. 나는 사회의 젠더화된 사고방식의 허위를 조명하여 우리 사회가 애초에 감정적 무능함과 상처 입히는 행동, 관계의 실패 등으로부터 남자들을 봐주게끔 설계되어 있다고 주장할 것이다.

4장은 '포스트페미니즘postfeminism'이라고 불리는 것이 사실은 이 성애가부장제의 최신 형태이며, '해방'이라 일컬어지는 것들도 많은 경우에 남성 지배의 은밀한 형태에 불과하다고 주장한다. 그러면서 이성애 여성들이 자신들에 대한 성적 대상화를 성애화하도록 길들 여지는 현상을 비판한다. 또한, 이성애 연예 관계의 맥락에서 포르 노화pornification가 처한 딜레마, 이성애 포르노의 여성혐오, 남자들의 강박적인 포르노 심취에 대한 불만을 표현할 정치적·문화적 공간의 필요성을 제기한다.

5장은 욕망의 구체성을 다룬다. 때론 조금 미친 듯, 혹은 불편한데 도 불구하고 우리의 욕망은 완고하게 원하는 것을 원한다. 이 구체 성으로 인해 욕망은 사회의 조정을 반박할 능력을 갖게 되며, 사회 적으로 부적절한 욕망의 대상들에 고집스러울 정도로 헌신하게 한 다. 그 결과, 연애 관계에서 상처를 주는 비합리적인 선택을 하게 만 들 뿐 아니라, 심지어 욕망의 마비(우울) 상태에까지 도달하게 하여, 더 이상 곁에 있지 않은데도 새로운 욕망의 대상을 찾지 못하게 만 든다. 이런 뜻에서 욕망은 우리를 실망과 짝사랑의 고통에 무척 취 약하게 만든다.

6장은 라캉의 통찰에 기대어 불안 같은 타인과의 관계에서 생겨 나는 나쁜 감정들을 살핀다. 이 장의 목적은 우리가 왜 불안의 시대 를 살고 있는 것같이 느끼는지를 규명하는 것이다. 불안함을 일으키 는 세 가지 원인은, 상처받는 것, 집어삼켜지는 것, 타인의 불분명한 행동 때문에 자신의 행위에 과도하게 신경 쓰게 될까 봐 두려워하는 것이다. 이 장에서는 또한 우리가 살면서 피할 수 없는 불안함과, 여러 상황에 따라 맥락상 발생하는 나쁜 감정들을 구별한다.

이러한 과정을 거쳐 나는 결론에서 신자유주의의 역설을 강조할 것이다. 왜 역설인가. 신자유주의의를 비판하면서도 이 시스템이 제공하는 보상을 포기하기 어렵기 때문이다. 또한, 정신의 잡동사니를 처리하는 것과 소비문화의 유혹을 거절함으로써 삶의 잡동사니를 처리하는 것 사이의 관련성을 주장하여 망각을 삶의 한 방법으로 제시한다. 그리하여 상실과 필사성必死性, 글에 대한 개인적인 반추로 끝을 맺는다.

책의 논점이 진행되면서 주인공이 푸코에서 라캉으로 바뀐다는 사실을 미리 알아 두면 좋을 수도 있겠다. 푸코는 첫 두 장에서 펼쳐지는 신자유주의 비판과 책 중간의 주요 주제인 (이성애) 여성 주체성의 무감각을 설명하는 데 매우 도움이 되지만, 나는 언제나 푸코보다는 라캉 쪽이다. 푸코보다는 라캉이 행위주체와 자기결정권self-determination의 여지를 더 남겨 두기 때문이다.[24]

둘 다 포스트구조주의에 속한다고 아는 독자들에겐 의외일 수 있지만, 학계의 통념과 달리 라캉의 이론은 이성애가부장제를 매우 능란하게 비판한다. 결여의 보편화와 남근 권력의 조롱 같은 라캉의 이론은 이 책의 논의 범위를 벗어나지만,[25] 6장에서 간단히 언급하겠다. 푸코와 라캉의 차이는 양립하기 어렵지만, 많은 부분에서 서로를 보충한다.

## 1장

# 실용주의의
# 신조

# 잔혹한 낙관주의

:

우리는 삶의 모든 면에서 능률적인 효율을 위해 노력하는 냉철한 사회에서 살고 있다. 이미 말했듯이, 이 사회는 높은 성과와 생산성, 지속적인 자기계발, 억지 쾌활함을 가치화한다. 행복하고 건강하고 안정된 삶을 살려면 몸과 마음의 기능을 모두 극대화하라고 말한다. 푸코가 지적하듯, 서양 자본주의는 개인을 경제 사업체(효율성에 근거해 행동하는 호모 에코노미쿠스homo economicus)의 축소판으로 보고 인간의 삶 역시 여러 자기계발 프로젝트를 통해 이 사업체의 효율성을 극대화하는 과정으로 본다. 더 명확하게 말하자면, 자본주의 경제를 지배하는 시장의 사고방식이 개개인에게까지 적용된 나머지 우리의 삶마저 똑똑한 투자와 최적의 기능, 투입과 수익으로 생각하게 되었다는 것이다.

  푸코는 이러한 삶을 만드는 이념적 장치를 '생명관리정치biopolitics'라고 부른다. 비민주적인 사회의 공공연한 억압성에 의존하지 않으며 우리의 경험을 형성하는 '비오스bios'(정치적 삶)의, 모호한 삶의 정치다. 생명관리정치는 우리 존재의 모든 모공에 스며들어, 스스로를 우리 존재의 섬세한 무늬에 슬며시 새긴다. 그리하여 좋은 삶이 무엇을 수반하는지에 대한 우리의 이해를 지시함과 동시에, 경력이나 관계 혹은 존재적 목표 같은 우리의 기본적인 목표를 만들어 낸다.

생명관리정치는 개인을 경제적 사업체로 본 효과로 생겨나는 소외감을 상쇄시킬 전략까지 포함할 정도로 교활하다. 이익을 따지는 동기 중심 삶의 차가움에 대응하기 위해 생명관리정치가 제시하는 것이 결속, 협력, 우정, 연애 감정 같은 '따뜻한' 가치관이다. 그리고 굳게 단결된 가족을 사교적 세계의 분열을 해결할 방법으로 제시한다. 이것이 왜 우리가 끊임없이 지역사회의 구성원이 되어야 하고 다정한 가정을 이루어야 하는지의 이유이다. 우리 사회가 치열한 경쟁의 냉담한 원칙을 기반으로 만들어졌다는 사실을 보완할 장치가 바로 관계(성)이다. 관계는 우리 문화를 지배하는 도구주의적 뉘앙스를 가리고 묽게 만든다.

생명관리정치는 우리의 모든 선택이 사실은 우리 사회의 정치적·경제적 필요에 근거해 미리 결정되어 있는데도 우리가 어떠한 삶을 살지 선택할 자유가 있다고 믿게 만드는 교묘한 제어장치로 이루어져 있다. 푸코는 자유민주주의의 생명관리정치 장치는 강화된 통제를 통해 자유를 낳는다고 설명한다. 그것은 우리에게 "자유로울 자유"를 보장하는 것이 주된 목적이라고 이야기하는 한편으로, 자유를 생산하려는 시도들이 우리가 자유로울 수 있는 조건들을 세세하게 관리하도록 요구한다. 그 결과, 새로운 제약들을 확립해야 하고 그런 제약들 없이는 우리의 안보가 위협받는다는 논리가 만들어진다. 즉, 제약이 존재하는 이유는 오직 우리를 보호하기 위함이라는 역설 말이다. 2001년 9·11 이후 미국 사회에 자유의 이름으로 더 강력한 규제가 자리 잡고 대체로 용인된 것이 이러한 역설의 좋은 예이다.

공공연한 압제체제와 달리, 자유민주주의의 생명관리정치 장치는 대체로 보이지 않는 채로 남는 이념적 조작에 의존한다. 이런 은밀한 조작의 최대 강점은, 우리로 하여금 체제의 필요에 자발적으로 기여하게끔 만든다는 것이다. 일상의 편안함이 배가되듯, 그 이상을 망설임 없이 수용하면 그로부터 얻는 혜택도 더 커지리라. 그 이상, 자유민주주의 생명관리정치의 여러 이상들 중 가장 지배적인 것이 나의 업적이 곧 가치로 환산되는 실용주의이다. 이 체제가 그려내는 '좋은 삶'의 화려한 형태는, 설령 체제의 기대치에 부응하지 못하는 사람들이라도 이 불가능한 목표에 끊임없이 손을 뻗지 않을 수 없게끔 만든다.

이것이 벌랜트가 '잔혹한 낙관주의'라 명명한 감정적 교착 상태이다. 이룰 수 없는 것에 끝없이 손을 뻗는 것. 벌랜트는 우리가 열렬히 갈망하는 것이 사실은 우리의 번영을 방해할 때 바로 그것이 잔혹한 낙관주의에 갇혀 있는 것이라며, 잔혹한 낙관주의란 우리를 해하는 삶의 방식, 사교 모임, 이념적 지지와 그 비슷한 시나리오들이 우리에게 보상을 줄 거라고 완고하게 믿는 것이라고 정의한다. 잔혹한 낙관주의는, 가능성이 극히 희박함에도 불구하고 형편이 더 나아질 것이라는 희망을 수반한다. 벌랜트는 이 낙관주의가 이런 그릇된 낙관을 고조시키는 신자유주의 사회의 전략과 관계가 있음을 시사한다.

# 만족을 향한 불가능한 추구

:

신자유주의 사회가 잔혹한 낙관주의를 고조시킨다는 발상은 이 장의 말미에 다시 등장할 것이다. 그 전에 인간은 구조적으로 우리를 둘러싼 세상과 잔혹하게 낙관적인 관계를 구축하는 성향이 있다는 것, 잔혹한 낙관주의가 우리의 욕망 구조에 내재되어 있다는 것을 인정하자. 만약 그렇다면, 라캉이 주장하듯, 그건 결여를 느끼는 것이 인간 조건의 일부이고, 그렇다면 그 결여를 보상해 주길 바라는 사물과 사람, 야망, 활동과 생활 방식에 대한 총체성과 소속감을 주는 (낙관적인) 형태로 욕망이 생기는 것이 타당하다. 그러나 인간의 구조적 결여와 그로 인한 낙관주의가 사실이라면, 그것은 우리가 인간이기 때문에 치르는 대가이자 우리 주관성의 요소이므로 절대로 완전히 치유될 수 없다. 이러한 관점에서, 잔혹한 낙관주의는 우리가 본질적으로 이루어질 수 없는 만족을 추구한다는 실재적인 징후이다. 설사 이 주장을 받아들이지 않더라도, 욕망의 구조는, 즉 욕망이 본질적으로 불가능한 것을 추구한다는 주장은 잔혹하지만 낙관적인 태도가 전개되는 토대가 될 수 있다.

이 문제를 약간 다르게 말해 보자. 라캉은 존재의 누락을 느끼게 하는 조각을 절대로 정확하게 알아볼 수 없다고 말했는데, 그 이유는 사실 우리가 아무것도 잃어버리지 않았기 때문이다. 우리가 잃어버렸다고 생각하는 X는 구체적인 개체가 아니라 상상의 대상이다. 우리는 이 개체를 찾으면 그것이 우리를 완전한 존재로 만들어 줄 거라고 상상하지만, 사실 그런 개체는 존재하지 않는다. 이런 의미에서 우리가 손을 뻗어 가지려고 하는 사물과 사람, 야망, 활동, 생활방식은 항상 이름을 댈 수 없는 본래의 잃어버린 대상의 대체물이다. 그것은 항상 이름 붙일 수 없는 것으로 남는 그 무언가의 부분적인 대역이다.

이런 대체물은 부분적인 만족감을 줄 수는 있어도, 절대로 완전히 또 지속적으로 우리를 만족시킬 수는 없다. 오히려 X에 대한 욕망, 궁극적으로는 항상 자기완성을 추구하는 욕망이 일상의 삶과 마주칠 때, 만족에 대한 우리의 환상은 무너져 내린다. 그럴 때 보통은 이 환상을 생성하는 (이름을 댈 수 없는) 결여에 집중하기가 너무 어렵기 때문에 그 깨져 버린 환상을 새것으로 대체하게 된다. 명명 불가능한 잃어버린 대상을 명명 가능한 새로운 대상으로 대체하는 것이다. 우리 존재 안의 공허는 절대 치유될 수 없다는 걸 냉정하게 인정할 수 없기 때문에, 우리는 반복적으로 만족감의 약속을 선택한다. 이것이 우리 대다수가 욕망의 대상 없이는 살기 어렵다고 느끼는 이유이다.

신자유주의 문화로 포장되는 소비문화는 만족감을 약속하는 다수의 제품과 서비스를 제공함으로써 우리가 처한 곤경을 기회로 삼는다. 토드 맥고완Todd McGowan이 주장하듯, 소비문화의 대상으로서 우리는 끊임없이 욕망의 실현 직전까지 가지만 절대로 완전히 실현하지는 못한다.[2] 이런 식으로 소비문화는 끝없는 불만족의 고리를 형성하여 새로운 활력을 얻는다. 우리는 절대 그 제품이나 서비스로 완전히 만족할 수 없지만, 소비문화가 제시하는 더 나은 미래에 대한 환상 혹은 만족의 가능성이 우리를 노예 상태에 결박하고 부질없는 희망으로 끝없이 회귀하게 한다. 이 회귀의 존재론적 결과는 끊임없이 미래를 지향하는, 완전히 현재에 사는 것을 막는 기대의 상태(잔혹한 낙관주의 상태)에 살게 되는 것이다.

상업광고는 우리가 만족을 느끼지 못하고 있다면, 그것은 곧 자신에게 꼭 맞는 제품이나 서비스를 아직 찾지 못했기 때문이라는 생각을 노골적으로 주입한다. 지금 신고 있는 운동화를 벗어 버리고 이 신상 나이키 운동화를 신으면 훨씬 만족할걸? 그러면서 어떤 제품과 서비스가 이 지배적인 사회체제에서 살아남을 가능성을 높이는지 표시함으로써 우리의 욕망을 구조화한다. 맥고완은 노출이 심한 비키니 차림의 아름다운 여성들에게 둘러싸여 있는 남성의 이미지를 사용하는 맥주 광고를 예로 든다. 이 광고를 본 (이성애자) 남자들이 속는 지점은, 이 맥주를 마시면 매력적인 여자들에게 둘러싸일 거라는 허무맹랑한 희망 사항이 아니다. 이 광고가 남자들에게 던지는 진짜 메시지는, 이 맥주를 마시면 여자들이 환호할 만한 사회적 인정을 얻을 수 있다는 것이다. 시계나 샴푸, 세제와 여행 상품 광고들도 마찬가지다. 이 제품과 서비스를 이용하면 특정한 문화적 계층의 일원이 될 수 있다! 어떤 면에서는 실제로도 그러하다. 이것이 우리가 존재의 결핍을 누그러뜨리는 한 방법이다.

어떤 상품도 내 존재의 결핍 그 자체인 X와 완전히 일치하지 않기 때문에, 그 어떤 제품이나 서비스도 내 존재의 구멍에 꼭 들어맞지 않기 때문에, 소비문화는 번성한다. 그것은 심지어 거기에 저항하려는 우리의 시도마저 수익 창출의 기회로 삼는다. 결혼이라는 제도가 너무 많은 가족 중심 제품과 서비스로 오염된 것에 회의를 느껴, 1960년대부터 일부 사람들이 한 것처럼 결혼이라는 사회적 이상을 거부한다고 생각해 보자. 일부일처제가 너무 억압적이라고? 그러면 신자유주의 경제는 문화적 사고방식에서 일어나는 그런 변화를 새로운 제품과 서비스로 쉽게 교체한다. 이번엔 여러 파트너를 사로잡을 만큼 성적 매력을 향상시킨 디자인으로 말이다.

결혼이 아니라 대규모 패션산업에 반기를 든다면 어떨까. 천편일률적인 패스트 패션을 거부하고자 빈티지 가게에서 중고 옷만 사 입는다고? 그러면 곧 우리가 반항적인 의도로 입었던 것과 똑같은 빈티지 의류 광고를 패션잡지에서 보게 될 것이다. 여성 '우대'가 광고 트렌드가 되면서, 페미니즘 같은 사회운동조차 우아한 도나 카렌 정장이나 구찌 브리프 케이스 같은 상업적 코드로 변신한다. 그렇다고 해서 페미니즘 같은 사회적 운동이 쓸모없다는 의미는 아니지만, 이런 사회운동의 신조들마저도 자본 시스템에 도용될 수 있다는 점에서 일정한 의구심은 유지해야 한다.

## 긍정 이데올로기
∶

대부분 잔혹한 낙관주의로 판명 나는 최종적 성취에 대한 상업적 환상은, 우리의 성공이 긍정적 사고에 달렸다고 말한다. 미래를 얼마나 희망차고 자신감 있는 자세로 대비하느냐에 달렸다고 말이다.[3]

이 철저히 미국적인 신념은 아무리 많은 장애물이 있어도 긍정적인 자세로 임하면 목표를 이룰 수 있다고 우리를 설득하고 길들인다. 작가 바버라 에런라이크Barbara Ehrenreich는 이런 자세가 어떻게 질병을 대하는 우리의 태도에까지 침투하는지, 긍정적으로 생각하면 암까지 이길 수 있다고 믿게 하는지 소름 돋게 이야기한다. 유방암 진단을 받은 그녀에게 가족과 친구들은 물론이고 병원에서조차 긍정적인 태도를 치료법의 핵심으로 주장했다는 이야기는 우리 사회에 긍정 이데올로기가 얼마나 깊숙이 뿌리내려 있는지 보여 준다.

긍정이 무슨 문제냐, 오히려 좋은 것 아니냐고 반문할 수도 있다. 그러나 그토록 강조하는 좋은 삶을 이루는 데 실패했다고 가정해 보자. 긍정 이데올로기는 암과 같은 불가항력적인 불행조차 항상 궁극적으로는 내 탓, 암에 걸리지 않을 만큼 낙관적인 정신 상태를 유지하지 못한 나의 무능과 나태의 결과임을 암시한다. 에런라이크가 설명하듯, 긍정 이데올로기는 "실패에 댈 핑계는 없다"고 암시한다.[4] 성공이란 원래 야망을 품고 분투해야만 이룰 수 있는 것이고, 참고 인내하면 극복하지 못할 장애물은 없으며, 노력은 언제나 보상받으며, 불만족은 언젠가 만족으로 올라가는 디딤돌이 된다!

이 긍정 이데올로기는 반복되는 환멸을 견뎌 내는 회복 능력을 착취한다. 왜 유연하게 난관을 극복하지 못하느냐고 우리를 암시적으로 꾸짖는다. 커다란 불행 이후에 어떤 일들이 일어나는가. 상실의 슬픔에서 최대한 빨리 벗어나 다시 일상에 복귀하라고 등을 떠밀지 않는가. TV만 틀면 불의의 사고로 사망한 동료를 기리는 가장 좋은 방법은 "우리 각자가 제 할 일을 하는 것"이라고 인터뷰하는 영상이 하루가 멀다 하고 전파를 탄다. 그런데 대통령이나 고위 공무원들도 이런 말을 들을까?

미국의 국가신화를 이루는 큰 부분이 미국인은 대단히 끈질기고 어떤 곤경에서도 다시 일어서는 사람들이라는 것은 우연이 아니다. 이 신화는 근면(노력)의 이상과 강인함의 이상을 교묘하게 결합한다. 배가 침몰하면 더 튼튼한 배를 짓겠다고 다짐하고, 허리케인이 휩쓸고 가면 재해에 무릎 꿇어선 안 된다고 말한다. 테러 공격을 받으면 겁먹은 모습을 보여서는 안 된다고, "일상에 충실함"으로써 용감하게 "우리 삶의 방식을 수호"해야 한다고 말한다. 물론 고귀한 메시지일 수도 있으나, 어쨌거나 그 결과 우리는 계속 생산적인 사회 구성원 상태로 대기해야 한다.

긍정 이데올로기는 우리의 개인적인 슬픔에까지 손길을 뻗친다. 사랑하는 사람을 잃어도 잠시만 슬퍼해야 한다. 그렇지 않고 과도해 보일 정도로 장기간 깊은 슬픔에 빠져 있으면 어김없이 진정하라는 권고가 날아든다. 우리 사회는 개인의 슬픔조차 삶의 다른 부분과 똑같이 타협 불가능한 효율로 접근하는 것이다. 다른 말로 표현하면, 업무에 지장을 주지 않을 편리한 감정 처리 절차가 마련되어 있다.

적절한 비탄은 내가 연민이 많은 사람임을 모든 이에게 알리는, 근본적인 인간성의 표시다. 하지만 장기간의 비탄이나 우울증은 나의 약함, 필요하다면 약물치료를 해서라도 극복해야 할 사회의 짐 같은 것이다. 이런 의미에서 우리 사회가 인간의 존재론적 결핍에서 비롯된 슬픔까지 포함하여 모든 '나쁜 감정'을 병적인 것으로 취급하는 것은 실용주의의 심각한 부작용이다. 개인이 아니라 사회의 관점에서 볼 때 우울증과 같은 나쁜 감정은, 개인을 사회적·경제적 책임을 다하지 못하게 하고 개인의 삶이 사회를 압도하는 세상을 만든다는 점에서 문제가 있다는 것이다.

우리 사회의 빈틈없는 실용주의는 '좋은 삶'을 매우 구체적으로 제시한다. 페미니즘 학자인 사라 아흐메드Sara Ahmed는 이를 "행복 시나리오"이라고 부른다.[5] 이 시나리오에 따라 우리는 대안에 대한 별다른 고민 없이 자동적으로 특정한 형태의 희망을 추구하게 된다. 이 시나리오가 기본적인 삶의 선택지까지 좌우한다는 점에서, 이는 생명관리정치가 우리 삶에 끼치는 가장 강력한 영향이다. 우리는 분명 이런 시나리오가 약속하는 행복의 유형이 뭔지 어느 정도는 분별할 수 있다. 경제적 풍족함과 직업적 안정감, 느긋한 휴가, 풍요로운 인간관계, 조화로운 결혼 생활, 예의 바른 아이들…. 하지만 우리는 안다. 이 시나리오들이 얼마나 현실과 어긋나는지를. 부와 명예는 먼 나라 일이고, 휴가는 결국 스트레스로 끝나며, 인간관계는 상처만 남기고, 결혼 생활은 불행하며, 아이들은 반항한다. 그런데도 이 문화적 이상이 유지되는 건 뭔가 이상하다.

잔혹한 낙관주의처럼 사회의 지배적인 시나리오들은 우리의 노력이 적절한 때 열매를 맺을 것이고, 어느 시나리오가 어떻게 작동되는지만 알면 그 시나리오가 작동하게끔 만들 수 있다는 인상을 줌으로써, 우리가 처한 곤경에 지나친 인내심을 갖게 한다. 우리가 가장 좋아하는 시나리오, 예를 들어 노력은 반드시 보상받을 것이라는 시나리오가 우리 기대를 배반할 때, 시나리오 자체에 의문을 품기는커녕 우리가 그것을 제대로 수행하지 못했다고 자책할 정도로 이 시나리오는 강력하다. 이 시나리오에 대한 우리의 믿음은 그 시나리오가 우리를 불행하게 만들었다고 인정하기 어렵게 만든다. 그렇기 때문에 우리의 선택에 대한 믿음을 잃어버리는 위기의 순간들은 거꾸로 중요한 각성의 계기가 된다. 즉, 우리를 행복하게 해 줬어야 할 특정 시나리오가 우리를 잘못 인도했음을 인정하게 되는 것이다.

쾌활함에 가치를 두는 사회에선 실망을 인정하기가 힘들다. 환멸을 느끼고 불평하는 사람들은 오히려 사회적 말썽꾼, 행복 시나리오를 믿고 따르는 사람들의 행복을 일부러 파괴하는 심보 나쁜 사람으로 비쳐질 수 있다. 행복을 추구하는 사람들은 이 믿음을 침식할 어떠한 위협도 피하려 한다. 그래서 실망감을 드러내고 불평하는 사람들을 위협적인 존재로 느끼고 피한다.

이런 식으로, 행복에 대한 지배적인 이상에 부응하지 못하는 사람들은 결국 '나쁜 감정'이라는 짐을 지게 되고, 잘사는 사람들은 그런 감정들을 밀쳐내고 그걸 표현하는 사람들을 사회 발전을 방해하는 사람들이라고 비난한다. 우리 사회가 규정한 좋은 삶에 접근할 가능성이 균등하게 주어지지 않는다는 것, 그렇기 때문에 '성공'할 수 없는 사람들에게 나쁜 감정이 생기기 쉽다는 것, 어쩌면 그들은 체계적으로 사회에서 소외된 피해자일 수 있다는 것을 인정하기는커녕 행복 시나리오 지지자들은 힘겹게 허덕이는 사람들이 스스로 불만을 설계한다고 추정해 버린다.

효율 중시 사회에서 나쁜 감정은 우리를 과거에 감금하고 에너지만 소모시키는 낭비처럼 여겨진다. 반면에 미래 지향적인 긍정적 마인드는 성과와 생산성을 높이고, 사회적 기동력을 끌어올리는 연료로 떠받들어진다. 우리 사회의 '좋은 삶' 신화가 안고 있는 모순을 모호하게 흐리는 것이 바로 이 긍정적 마인드와 사회적 기동력의 관계이다. 좋은 삶 신화가 결국 우리를 지칠 줄 모르는 분투로 내몰지만, 무한긍정의 마인드는 그 싸움을 어떻게든 예쁜 리본까지 둘러진 선물로 포장하기 때문이다.

## 고난의 개조
:

긍정적 마인드의 최종 시나리오는 언제나 으리으리한 고급 주택이나 말리부 해안의 별장으로 끝난다. 현실은 당연히 이와 거리가 멀다. 이때 긍정적 마인드는 이렇게 속삭인다. 이건 모두 네가 쾌활함의 열차에서 떨어졌기 때문이야. 성공하면 어떤 기분일지 열심히 상상했어? 더 열심히 상상해 보라고…. 성공은 마음먹기에 달렸다는 긍정적 사고의 에토스는 비록 아메리칸 드림에 담긴 엄격한 노동관과 충돌할지라도, 둘 모두 어려움은 초월 가능하며 때론 어려움이 기회가 될 수도 있다고 생각한다는 점에서 상호호환적이다. 긍정적 마인드가 낙관적인 자세는 보상받을 거라고 속삭인다면, 아메리칸 드림은 누구나 열심히 노력하면 성공할 수 있다고 말한다.

이 사고방식은 삶의 장애물이 우리를 더 강하고 더 영리하게, 그리고 장기적으로는 더 유능하게 만들어 줄 거라고 약속한다. 어떤 면에서, 아메리칸 드림은 투쟁 없는 승리는 진정한 승리가 아니라고 암시한다. 성공은 고난 끝에 오리니, 그 고난에 축복 있으라. 고난을 궁극적인 이득으로 개조하고, 개인의 노력으로는 넘기 어려운 인종 차별 같은 구조적 장애를 부시게 하는 철저히 도구주의적인 접근 태도가 아닐 수 없다.

최근에 학교 연구실에서 밤을 샌 적이 있다. 이 책에서 내가 비판하는 성과 지향적 제도에 대한 나의 충성을 드러냈달까. 그런데 오후 10시에 2인 1조의 청소부가 도착했다. 두 명의 라틴계 남자들이었다. 그들은 밤새 열심히 청소를 했다. 난 그들이 강의실마다, 연구실마다, 화장실마다 돌아다니며 일하는 소리를 들었다. 오전 7시가 되자 건물의 모든 층이 반짝였다. 그들은 맡은 바 책임을 효율적으로 완수했다. 게다가 내 사무실 옆을 지날 때마다 유쾌하고 긍정적인 미소까지 선사했다. "아직도 여기 계시다니 믿기지 않네요!" 그런데 일을 마치고 떠날 때 그중 한 명이 말했다. "난 이제 전철을 타고 다른 일을 하러 간다."

그는 오전 9시에 줄지어 들어오는 학생들을 위해 강의실을 완벽하게 청소한 후 또 다른 건물을 청소하러 가는 것이었다. 나도 물론 많은 사람들이 하나의 직업으로는 생계를 유지하지 못한다는 걸 안다. 내 직업도 실제로는 주 40시간이 아니니까. 그러나 나는 그때 확실히 깨달았다. 노력만으로는 성공할 수 없다는 걸. 불가능은 불가능일 뿐 근면성실로 불가능을 이길 순 없다는 걸.

이야기를 학교로 돌려 보자. 박사 학위 과정의 학생들 중 교수가 되는 학생은 극소수이다. 아무리 자질이 탁월하고 열심히 노력해도 그들은 절대 교수가 될 수 없다. 우리 사회를 지배하는 중요한 행복 시나리오 중 하나가 교육에 대한 투자는 배신하지 않는다는 것이다. 학생들은 이름난 대학의 종신직 교수 자리를 얻으려고 수년간 애쓰겠지만, 그들 대다수는 말단 사무직보다 더 적은 급여를 받으면서 불가능할 정도의 강의량을 부담해야 하는 비정규직 강사가 될 것이다. 그들은 공부할 때 받은 학자금 대출의 부담을 안고, 참담한 강의 과제들을 소화하면서도 밤낮없이 책을 쓸 것이다. 그래야 종신직 교수 자리에 한 발짝이라도 더 다가갈 수 있으니까. 그들이 우리 사회가 규정한 좋은 삶, 즉 열심히 일한 만큼 보상을 즐기는 삶을 살게 될 가능성은 거의 없다.

똑똑하고 젊은 학자들 중에는 학계에 자리 잡으려는 수년간의 헛된 시도 끝에 다른 직장을 찾는 이들도 있겠지만, 다수는 이 경주에 계속 남을 것이다. 미래에 대한 희망을 품게 한 행복 시나리오를 버리기란 매우 어려운 일이다. 교수직 하나에 300명이 지원했다고? 그래, 가능성은 낮지만 너의 의지는 보상받을 거야! 성공은 가까이에 있어, 그렇지?

나에게도 낯설지 않은 모습이다. 아무리 노력해도 삶이 조금도 나아지지 않는 부모님을 지켜보며 10대 시절을 보냈기 때문이다. 엄마는 최저임금을 받기 위해 멀리 떨어진 공장에 가야 했고, 아빠는 기본적인 노동일에다 여러 일용직 근무까지 닥치는 대로 했다. 여름에는 특히 더 열심히 일했는데, 비가 심하게 올 때만 빼고 밤낮 없이 토탄 트랙터를 몰았다. 아직도 완전히 이해하기 어려운 삶이었다. 둘 다 아무런 미래도 보이지 않는 끝없는 노력의 바퀴에 갇혀 있었다. 그저 식탁 위에 음식을 올릴 수만 있으면 감지덕지인 삶이었다.

그 외에는 기쁨은커녕 아무 의미조차 없는 분투였다. 그 노력의 눈에 보이는 결과는, 구부러진 등과 이해할 수 있는 불만 그리고 만성 통증이었다.

이제 은퇴하신 부모님의 얼굴에는 잔혹한 노동의 세월이 깊이 새겨져 있다. 보상 없는 노력의 대가는 충분히 지불했다. '좋은 삶'에 대한 추구는 그들의 삶을 좋게 만들기보다는 오히려 빨리 지치게 했다. 그런데 그걸 옆에서 지켜본 나 또한 열심히 일하면 보상받을 것이라는 생각을 내면화했고, 그래서 학교가 끝나면 일하고 또 일했다. 열다섯 살이 되자마자 헬싱키에서 오전 7시부터 밤 11시까지 두 개의 아르바이트를 하며 여름을 보내고 주말에도 일했다. 당시에는 그것이 10대 소녀가 소화하기엔 이상한 스케줄이라는 생각 따윈 없었다.

## 미국은 편했다
## ⋮

나는 고난을 또 다른 희망으로 개조하는 것이 얼마나 기만적인지를 안다. 그래서 잿더미에서 우뚝 선 나의 성공신화에 나 자신이 애착을 느낀다는 사실이 두 배로 짜증 난다. 나는 지금도 역경을 딛고 불가능을 이뤄 내는 사람들이 등장하는 영화를 보면 눈물이 핑 돈다. 서른 명의 악당을 해치우며 지하감옥을 빠져나가는 액션 히어로를 보면 막 힘이 난다. 나는 아직도 강함, 회복력, 인내심, 깡 따위의 핀란드어 단어에 애착을 느낀다. 나의 개인적인 신화는 분명 나의 지하감옥 탈출기, 아파서 토해도 아무도 도와주러 오지 않던 비스듬한 천장 밑 다락방 옆방에서 내가 빠져나올 수 있었던 것은 나의 불굴의 의지 덕분이었다고 말하고 있음을 안다. 내가 진짜로 타고난 sisu(핀란드어로 '끈기')를 지녔던 걸까? 물론 아니다. 내가 처했던 환경이 어떻게든 그 장애물들을 인내하도록 강요했고, 그 강요에 따라 참고 참으면서 새로운 장애물도 감당할 수 있게 되었다고 생각한다.

이 서서히 사람을 마비시키는 순환논리가 바로 아메리칸 드림의 논리이고, 액션 히어로가 탄생하는 방식이다. 내가 살던 행성이 폭발하고 부모님은 돌아가셔서 지구로 보내져 켄트 가족의 보살핌을 받는다. 그 결과가 슈퍼맨이다. 눈앞에서 부모가 살해당하고 박쥐를 무서워하게 된다. 그 결과가 배트맨이다. 아빠가 눈앞에서 자살하고 열대 무인도에 고립된 채 5년간 고문을 당한다. 그 결과가 그린애로우이다. 타고 있던 배가 난파되어 아프리카에서 유인원들 손에서 자란다. 그 결과가 타잔이다. 이 모든 이야기의 시작점이 부모의 사망이라는 점이 눈에 띈다. 프로이트적 무의식일까?

눈치 빠른 사람들은 왜 내가 니체에 이어 슈퍼맨과 배트맨, 그린애로우와 타잔을 언급하는지 감 잡았을 것이다. 결국 슈퍼맨은, 요즘엔 어느 누구도 언급하지 않지만, 사실 니체의 창안물이다. 〈스몰빌Smallville〉(슈퍼맨 클라크 켄트의 유년기를 재조명한 SF 시리즈물)의 제1화 파일럿 에피소드에서 젊은 클라크 켄트가 고교 시절 연인인 라나 랭의 초록색 크립토나이트 목걸이에 노출됐을 때 니체의 책을 떨어뜨리는 대목은 매우 절묘한 장면이다. 라나는 책을 보고 클라크에게 묻는다. "그래서, 넌 사람man이야 초인superman이야?"

나치와 조숙한 10대 소년들 둘 다의 총아인 니체의 위버멘쉬 Übermensch(초인)를 부활하자거나 우리가 노력하면 장애물을 극복할 수 있다고 말하려는 게 아니다. 정확히 그와 반대로, 부모님의 운명은 나로 하여금 이 생각을 의심하게 만들었다. 뿐만 아니라 진보적 이론을 공부하면서 제도적인 주변화 효과로 인해 가난한 사람들, 서류가 없는 사람들, 일부 여성들, 인종차별의 피해자, 퀴어 및 성전환자 등 수많은 사람들이 꼼짝 못 하는 처지에 빠졌음을 알게 되었다. 그런데도 내 안에는 끈기 따위의 말도 안 되는 성공신화의 흔적이 남아 있고, 그 신화가 어떻게 만들어졌는지도 안다.

삼면이 철의 장막으로 둘러싸인 신비로운 호수 옆 세 가구로 이뤄진 외딴 마을. 세 집 모두 절망에서 유래한 공격성과 함께 병상을 감추고 있었다. 우리 집은 소련 – 핀란드 전쟁의 마지막 전초기지였다. 그래서 아빠 집안이 대대로 소유했던 "우리" 땅의 절반이 철조망 건너편 소비에트 쪽에 있었다. 만약 전쟁 후에 호수 주위가 아니라 일직선으로 국경이 그어졌다면, 나는 공산주의자로 태어났을 것이다.

소비에트의 저격수를 피하려 부엌 창문에서 뛰어내리다 간호사한 명과 군인 둘이 죽은 것, 삼촌이 전쟁에서 죽은 것, 다른 삼촌은 호수에서 익사한 것, 바깥세상으로 통하는 유일한 길의 첫 굽이 너머로는 절대 나가지 않았던 또 다른 은둔자 삼촌이 전쟁에서 폐 하나를 잃은 뒤 자주 아프고 쌕쌕거렸던 것, 숙모가 전쟁 나던 해에 결핵으로 죽은 것, 헬싱키에 있는 의복공장에서 일하던 다른 숙모가 폭탄이 연신 터질 때 내 침실 창문 바깥쪽 들판을 건너 나무가 우거진 산으로 간 것을 알기에.

숙모와 같은 사람들이 전쟁 때 숨었다고 하는 축축하고 으스스한 동굴에서 놀며, 국경 너머로 희미하게 소비에트군의 훈련 소리를 들으며, 마당에서 빨래를 널면서 소비에트 군인 혹은 근처의 트롤들이 망원경으로 나를 보고 있을까 궁금해하며, 자기 아이를 빗자루로 죽이고 보름달이 뜰 때마다 복도에 나타나는 불행한 여자 귀신이 내 방에 같이 살고 있다고 믿으며(실제로 밤에 이 여자를 생각하며 복도를 나서면 마룻장이 심하게 삐걱거렸다), 아빠가 집에 안 계시던 한가한 여름 날 조현병을 앓고 있던 파보 삼촌이 부엌에서 왔다 갔다 하며 프로이트와 UFO, 텔레파시에 대해 쉬지 않고 얘기하는 것을 보았기에. 삼촌은 약효가 떨어졌을 때가 아니면 절대로 마을을 떠나지 않았는데, 그럴 때면 마을에서 멀리 떨어진 곳에서 아빠를 찾는 전화가 걸려 오곤 했다. "Tule hakemaan tämä hullu(와서 미친 녀석 좀 데려가)."

'끈기|sisu'를 떠올리게 하는 기억은 많다. 시험이 다가오면 새벽 2시에 일어나 공부한 일, 겨울이면 매일 아침마다 학교에 가려고 추운 부엌에서 양동이 속 찬물로 머리를 감고 그보다 더 얼어붙을 듯이 추운 겨울밤에 별을 보며 집으로 가는 차를 기다렸던 일, 눈보라가 몰아친 다음에는 어김없이 맹렬한 삽질을 해야 했던 일, 버스가 멀리 떨어진 학교까지 덜커덩거리며 가는 동안 멀미를 참아 가며 영어와 다른 언어들의 문법을 외웠던 일, 밤에 다시 똑같은 과정을 겪으며 마침내 차디찬 내 방에 도착한 일, 일을 마치고 귀가한 어머니가 왜 내 방에만 불을 지피지 않았는지 너무 피곤해서인지 나의 존재를 잊어버린 것인지 아니며 내가 싫어서인지 판단하려고 했던 일

등등.

아빠가 집에 계시면 그건 늘 듣는 장광설을 또 들어야 한다는 것을 뜻했기 때문에; 내가 좋은 성적을 받는 이유는 단지 내가 선생님들에게 미소를 짓기 때문이고(사실 아님), 내가 그렇게 오랜 시간 공부하는 이유는 내가 멍청하기 때문이고(사실 아님), 나는 글을 끔찍하게 못 쓰고(사실 아님), 학교에서 아무도 나를 좋아하지 않고(사실 아님), 친구도 한 명 없고(사실 아님), 내가 절대로 아무것도 이루지 못할 것이고(사실 아님), 내가 못생겼기 때문에 길거리에서 사람들이 날 쳐다보는 것이고(이건 잘 모르겠다), 아무도 나를 사랑하지 않을 것이고(이건 사실일지도) 등등의 이야기를 또 들어야 한다는 것을 뜻했기 때문에 이를 악물었던 기억, 집에 돌아왔을 때 마당에 아빠의 차가 없으면 안도했던 기억, 밤새 귀를 쫑긋 세우고 있다가 아빠 차가 들어오는 소리가 들리면 후다닥 방으로 뛰어 올라간 기억, 그는 늘 피곤했고 이 일에 대해 아무것도 할 수 없음을 알았던 기억.

내 고독의 안식처에는 아무도, 그 누구도, 가만히 못 있는 조현병에 걸린 삼촌조차 들어올 수 없다는 무언의 합의 덕분에(어쩌면 이것이 엄마가 내 방에 불을 넣지 않은 이유일지도 모른다) 매일 밤, 매주 매월마다 감사히 내 방에 틀어박혀 지냈던 기억, 아무도 없길 바라면서 내 몫의 빵과 치즈를 가지러 부엌으로 살금살금 내려가서 숙제를 하면서 먹었던 기억, 학교에서 아무도 우리 마을까지 오지 않았다는 사실에, 이 호숫가 집에서 무슨 일이 일어나는지 모른다는 사실에 감사했던 기억, 초등학교 졸업 학력의 부모님과 함께 읍내 마트에 갔다가 학교 친구들의 부모들(의사, 교사, '문명화된' 사람들)과 마주칠 때마다 부끄러웠던 기억, 그런 사람들과 인사를 나눌 때마다 수치스러움에 움츠러들던 엄마의 모습을 보며 수치스러움에 움츠러들었던 기억, 그래서 차라리 똑똑한 것처럼 보이게 말할 줄 알았던 아빠가(어쩌면 정말 똑똑했기 때문에) 얘기할 때 차라리 마음이 더 편했던 기억….

　물론 소중한 기억들도 있다. 7월의 부드럽고 화창한 날들, 빛나던 강이 다시 채우는 호수의 바위 위에서 즐겁게 뛰어놀았던 기억, 줄지어 펜 산딸기들, 바람에 천천히 흔들리던 밀밭…. 하지만 그 틈새를 나쁜 감정들이 채우고 있다. 울고 또 울고 또 울었던, 아무도 내 방으로 올라오지 않도록 조용히 울었던, 누군가가 올라오길 바라면서도 그러지 않길 바랐던, 그것이 더 낫다는 것을 알았던 기억들. 아빠가 질식사 직전까지 나를 이불 밑에 가두었을 때에는 펑펑, 정말 미친 듯이 몇 시간 동안 흐느껴 울었다.

　아빠는 그냥 장난이라고 생각했을 수도 있다. 실제로 아버진 물리적으로는 그다지 폭력적이지 않았고, 내가 비명을 지르면 웃곤 했다. 하지만 딸이 비명을 지르는데도 지금 하고 있는 행동이 장난보다 고문에 가깝다는 사실을 깨닫지 못하는 어른을 용서하기란 쉽지 않다. 울음이 진정됐을 때, 나는 기필코 떠나겠노라 결심했다. 반드시 이 잿더미에서 일어나겠노라고.

　미국은 쉬웠다. 다시 말하지만, 난 미국이 모두에게 쉽다고 생각할 정도로 순진하거나 냉담하지 않다. 나는 대부분의 권리를 빼앗긴 미국인들이 갖지 못한 이점, 즉 여기까지 오는 데 징검다리가 된 괜찮은 고등교육에 접근할 기회가 있었고, 잿더미에서 일어나는 과정은 충분히 고통스러웠다.

　나는 내가 아이비리그에 다닐 만한 영민함을 갖추지 못한 건 아닐까 하는 공포에 끊임없이 시달렸고(아이비리그에 다니는 학생의 절반 정도가 나처럼 생각한다는 걸 나중에야 알았다), 대학원에서 전공을 바꾸는 바람에 재정 지원이 끊겨 끔찍한 과로로 그 공백을 메워야 했다. 졸업 후엔 어마어마한 학자금 대출만 잔뜩 안은 무일푼 신세였다. 무려 20년을 이 나라에서 보냈는데도 불구하고 여전히 나를 반기지 않는 미국 이민기관들은 또 얼마나 나를 괴롭혔는지. 미국과 다름없이 이민자에게 적대적인 것으로 판명 난 캐나다에서의 10년간은 완전히 불행했다. 그런데도 난 얄궂게 "너무 미국인"처럼 느꼈다. 그리고 이제 안정적인 일자리와 수입, 캐나다 여권 덕에 편하게 지내고 있다. 그런데도 나를 괴롭히는 이 만성통증의 정체는 무엇일까?

　통증의 근본적인 원인은, 매일같이 나의 하루를 갉아먹던 10대 시절의 나쁜 감정들이 아닐까 한다. 미국으로 또 캐나다로 거처를 옮기고 먹고살 만해진 다음에도 그 영향은 집요했다. 이민 후 찾아온 어려움은 거기에 비하면 감당할 만했다. 20년 가까이 물질적으로 그리고 감정적으로 누가 언제 어떤 모욕을 줄까, 또 누가 머리 위로 이불을 던질까 두려워하며 살다가 전액 장학금을 받고 아이비리그에 온다고 해서 갑자기 그 모든 나쁜 감정들을 떨쳐내기란 불가능하다. 이것이 내가 앞서 언급했듯, 신자유주의와 생명관리정치가 한 개인에게 일어날 수 있는 최악의 조건인 양 격분하는 동료 학자들의 의견에 동의할 수 없는 이유이다. 그보다 더 심한 것들이 있다는 것을 난 안다. 비록 내 발달 과정에서 겪은 중요한 경험들조차 신자유주의와 생명관리정치의 지배적 영향으로부터 완전히 분리될 수 없다는 것이 사실일지라도, 그것만으로는 내 경험과 정신을 온전히 설명할 수도 없다고 생각한다.

나는 4장까지는 신자유주의니 생명관리정치니 하는 푸코식 접근법을 사용하겠지만, 이런 접근 방식이 모든 사람을 너무나도 쉽게 고통받는 사람으로 만든다는 사실도 명확히 인식하고 있다. 우리는 언제나 보이지 않는 힘에 의해 존재를 위협받는 상처 입은 생명체이고, 주체성은 우리의 트라우마와 관련돼 있다는 인식은, 사실 의미가 없어질 정도로 트라우마 개념을 포괄적으로 만든다. 그래서 나는 거듭 강조하고 싶다. 세상에는 열심히 일하고 긍정적으로 살아야 한다고 세뇌당하는 것보다 더 어려운 일들이 있다는 것을.

## 운명을 사랑할 것인가 말 것인가
∶

나는 다양한 형태의 트라우마에 관심이 많다. 특히 어떤 충격이 트라우마로 남는 것과 각자의 정체성 사이의 연관성에 관심이 많다. 니체는 운명이 아무리 트라우마로 점철돼 있어도 강한 자는 그 운명을 사랑한다는 유명한 주장을 폈다. 그 운명이 지금의 자신을 만들었다는 것을 알기에 그들은 운명에서 도망치기는커녕 똑같은 운명을 또다시 선택한다는 것이다. 그들은 다른 누군가가 되고 싶어하지도, 다른 과거도 원하지 않는다. 과거가 얼마나 끔찍했던지 간에, 지

금 자신이 있는 곳의 바로 그 사람이 되어 정확히 그대로 살기를 원한다.

니체는 이 자기 운명에 대한 사랑 '아모르 파티amor fati'(운명애運命愛)에 대해 이렇게 말했다. "나는 사물에 있어 필연적인 것을 아름다운 것으로 보는 법을 더더욱 배우려 한다. 그렇게 해서 나는 사물을 아름답게 만드는 사람이 될 것이다. 아모르 파티. 지금부터 이것이 나의 사랑이길! 나는 추한 것과 전쟁을 벌이지 않으련다. 나는 고발하지 않으련다, 나는 고발자들조차 고발하지 않으련다. 그저 눈길을 돌리는 것이 나의 유일한 부정이다. 그리고 특히 무엇보다, 언젠가 나는 오직 예스yes라 말하는 사람이 되려 한다."[6]

카리스마 넘치는 하버드대학의 교수 에릭 다우닝Eric Downing이 수업 중 이 구절을 인용했을 때 나는 등골이 오싹해지면서 완전히 사로잡히는 느낌이었다. 그날 그 강의실에 있을 수 있다는, 니체의 문장을 그렇게 강렬하게 전달받는 축복이 비참하고 눈물로 가득했던 과거의 시간을 보상해 주는 것 같았다. 20년이 지난 지금도 그 강의실 앞을 지날 때마다(최근까지 같은 건물에 사무실이 있었다) 에릭이 느긋하게 책상에 몸을 기울이며 그 반쯤 속삭이는 매혹적인 목소리로 누군가의 인생을 바꿀 문장을 읽어 내려가던 모습이 생생히 떠오른다. 강의실은 일순 고요해졌다. 쉰 개의 몸통들은 완전히 몰입했었다. 그 순간, 이것이야말로 살아 있음을 의미한다는 깨달음으로 모든 것이 확고해진 것을 기억한다.

그날 나는 고난을 내 멋대로 개조했던 것일까? 어쩌면 그랬을 수도. 운명에 관한 한, 나는 프로이트가 니체보다 더 나은 생각을 갖지

않았나 생각한다. 나의 암울한 운명을 억지로 사랑하는 대신에 내 이야기를 잠자코 들어 주는 낯선 이에게 말하는 것 말이다. 보스턴의 자메이카 플레인에서 못 참고 흐느끼고 있을 때 친구 도린이 말했다. "너 상담 좀 받아야겠다. 전화번호 몇 개 알려 줄게." 난 돈이 없었지만 정신분석을 받기 시작했다. 처음 18개월간은 매일 울었다. 내가 왜 우는지 이유도 모른 채 항상 휴지가 비치돼 있는 화장실 바닥에서 매일 울었다. 나는 울기 위해 빚까지 내 가면서 누군가에게 돈을 지불했다. 하루는 너무 울어서 어금니에 금이 갈 정도였다. 그러나 그것은 새로운 운명의 시작이었기에 그렇게 하는 것이 옳았다. 나는 울면서 더 이상 울지 않아도 되도록 나의 운명을 다시 만들었다.

내가 떨리는 목소리로 그 기이한 호수 옆 추운 집에 대해 얘기할 때 대부분은 잠자코 듣기만 하던 정신분석가는 내가 토론토로 이사한 뒤 얼마 안 있어 사망했다. 나중에 케임브리지로 돌아와 그 사무실 앞을 걸어서 지나갈 때마다 난 그녀가 준 엄청난 선물에 감사했다. 그녀는 나의 괴로움이 하찮아 보일까 봐, 그래서 내가 그 괴로움을 털어놓지 않을까 봐 자기가 암으로 죽어 가고 있다고 말하지 않았다.

이 굉장한 여성은 트라우마가 세대 사이로 전염될 수 있다는 것을, 내가 아빠로 인해 경험한 많은 것들을 아빠도 분명 어릴 때 겪었을 것이라고, 가난 속에서 비판적인 엄마와 난폭한 알코올중독자 아빠 아래서 다섯 형들한테서 고통받고 그중 넷은 슬픈 운명(둘은 어릴 때 죽고, 한 명은 전쟁에서 불구가 됐으며, 극도로 총명했던 한 명은 조현병 환자가 되었다)에 처하게 된 것이라고 내가 이해하도록 도와주었다. 여덟 형제 중 막내인 내 아빠는 노력으로 그래도 살 만한 삶을 얻어 낸 유일

한 자식이었다. 그 과정엔 참담한 낙심도 있었고, 그도 분명 울고 싶은 시간이 많았을 테지만 그러지 않았다. 누군가 나에게 아빠의 삶과 내 삶 중 하나를 선택하라고 하면 난 내 삶을 선택할 것이다.

아빠는 분명 어린 나의 꿈을 짓밟으려 했다. 내가 진짜로 멍청하다고 생각해서가 아니라 딸이 조현병에 걸린 삼촌의 뒤를 따를까 봐 두려워서였을 것이다. 난 내가 삼촌의 지적 능력의 반도 따라가지 못한다는 걸 안다. 하지만 내 성적이 좋았기 때문에 아빠는 그걸 판단하기 힘들었을 수 있다. 그리고 옛 사진 속 헬싱키대학 1학년 시절(아빠 집안은 삼촌에게 투자할 만큼 했고, 그런 일이 있은 후엔 아무도 그러려고 하지 않았다) 아프기 전 삼촌의 모습과 내가 닮았다는 것을 안다. 그 밖에도 가벼운 난독증 후 글을 배우고 난 뒤 보인 열정도 비슷했다. 나는 여름방학 때 며칠 새에 집어삼킬 듯이 읽을, 종종 밤늦게까지 독파할 책더미를 확보하기 위해서 먼지 날리는 흙길을 자전거로 달려 7킬로미터 떨어진 도서관까지 가곤 했다.

이게 아빠를 짜증 나게 했다. 아빠는 내가 책 읽는 걸 좋아하지 않았다. 그의 우회적인 방식으로 나를 지키려 한 것이다. 내가 삼촌처럼 되지 않기를 바랐다. 그래서 아빠에게 알리지 않고 브라운대학에 지원했다. 어느 날, 나는 부엌에 서서 말했다. "미국에 어떤 대학이 있어요. 뉴욕과 보스턴 사이에 있는 로드아일랜드주 프로비던스항의 언덕 위에 있어요. 아름다워요. 똑똑한 사람들이 가는 곳이에요. 1년에 학비가 4만 달러 이상 들어요(1980년대였다). 근데 나한테 돈을 줬어요. 왜 그런지는 몰라도 그랬어요. 그러니 난 갈 거예요." 아빠가 뭐라고 했는지, 부모님이 둘 다 뭐라고 했는지 기억이 안 난다. 그들이 어떤 기분이었는지도 모른다. 하지만 아무 말 없이 그냥 가게 두었다. 지금에야 그것이 선물이었음을 안다.

난 나의 갑작스런 떠남이 이미 우울한 엄마를 더 우울하게 했음을 안다. 엄마의 물질적 배경은 아빠보다도 더 힘들었다. 아빠 집안은 가난했어도 땅을 소유하고 있었고, 그 땅으로 생계를 유지하는 것은 척박한 기후 때문에 작물이 잘 자라지 않더라도 의미가 있었다. 그에 반해, 엄마는 부모님이 아무것도 가진 것이 없는, 근처 호수에서 잡은 생선으로 생계를 유지하는 집에서 자랐다. 극심한 난독증이 있었는데, 당시 아무도 그 상태를 알지 못해 학교에서 바보라는 놀림을 받았고, 아이들이 엄마를 우체통 속에 집어넣고 그 뚜껑 위에 앉기도 했다. (그건 질식의 경험이었다.) 학교 교사들이 우유에 대한 거부감을 깬답시고 강제로 우유를 마시게 해서 엄마는 점심시간마다 구토를 해야 했다. 그리고 10대 시절에 외할머니가 암으로 돌아가셨다. 엄마가 우울할 이유는 많았다.

스무 살 때 아빠를 만나 바로 날 임신하는 바람에 대략 인생을 망친 것도 도움이 되지 않았다. 다른 혈액형(적혈구 속 레수스 인자) 때문에 엄마의 몸은 나를 거부했고, 내가 밖으로 나오기까지 9개월 동안 초등학교 때처럼 토했다. 나는 엄마를 아프게 하는 몸속의 독 같은 존재, 외계인이었다. 그 후로 7년 동안 엄마는 최대한 작은 공간을 차지하려고 노력하면서 잔소리가 심한 시엄마와 한 지붕 아래서 살았고, 할머니가 돌아가신 후에는 조현병을 앓는 삼촌을 돌보는 일과 가족이 먹을 빵과 치즈를 확보하는 일을 맡았다.

당시에 난 우울증 같은 걸 알지 못했기 때문에 엄마의 무관심이 사랑의 결핍 때문임을 몰랐다. 대서양을 건너온 다음에도 난 엄마가 그저 무관심한 것이라고 추정했다. 7년간 완전히 침묵하며 거의 만 나라 가지도 않고 전화나 편지도 하지 않았다. 우리 부모님 둘 다 영어는 한 마디도 못해서 내가 다니는 대학을 통해 나를 찾아낼 방법도 없었다. 장기간, 때론 몇 개월 간, 그들이 존재한다는 사실을 냉담하게 잊어버릴 때도 있었다. 나는 과거를 잊고 새 삶을 살도록 나 자신을 해방했다.

브라운대학에서 첫 1년이 끝난 후 난 핀란드어마저 잊어버렸다. 어느 누가 낙원의 열쇠를 받고 나서 지옥의 언어를 계속 쓰고 싶겠는가. 고향에 돌아가서 몇 주가 지나서야 다시 유창하게 말할 수 있었다. 요즘엔 말을 잊어버리지는 않지만 많은 단어들을 까먹고 이상한 미국식 발음으로 말한다. 부모로서는 받아들이기 어려운 일이었을 것이다. 그러나 그들은 절대 불평하지 않았다. 이제는 이것조차 나의 부모님이 내게 주신 선물임을 안다.

엄마는 여전히 비관적이지만 더 이상 우울하진 않다. 우린 같이 잘 지낸다. 우리는 주로 사우나에서 이런저런 이야기를 한다, 단 둘이. 칠순을 맞아 함께 태국 여행을 떠났을 때에는 들떠서 여행 내내 거의 잠도 주무시지 않았다. 방콕의 뜨거운 열기 속에서 몇 시간씩 걷는 것이 염려스러워 쉬자고 해도 "싫어! 차이나타운으로 다시 가자!"며 재촉했다. 전화 통화도 한다. 아직 기껏해야 1년에 두세 번이지만. 엄마는 그 옛날 숙모 한 분이 폭탄 사이를 가로질러 달렸던 그 밀밭 끝부분에 있는 산을 일주일에 몇 번씩 오른다고 하셨다. "무도회장에서 계속 춤을 출 수 있도록" 말이다. 엄마는 내가 아는 사람들

중에서 가장 굳센 사람일지도 모른다. 10년 전보다 그녀를 더 잘 이
해하는 지금, 앞서 얘기한 '끈기sisu'의 상당량을 포함해 많은 장점을
엄마에게 물려받았음을 안다.

트라우마는 복잡하다. 나에게 트라우마를 안기는 사람들이 항상
그것을 의도하는 것은 아니다. 가끔은 나의 출현으로 삶이 파탄 나
서 그 충격으로 그랬을 수도 있다. 그것까지 신경 쓸 수 없을 만큼
우울해서, 또 가끔은 본인들이 겪은 심한 트라우마 때문일 수도 있
다. 극심한 가난이나 가정의 비극, 신체적인 학대 외에도 이브 세지
윅Eve Sedgwick이 '충격적인 말zinger'이라고 부른 환경이 트라우마의 원
인이 되기도 한다. 나의 경우도 그랬다. 부모님이 아무 생각 없이 내
뱉는, 하지만 그걸 듣는 입장에선 고통으로 휘청거리게 되는 감정적
모욕과 무시.[7] 예상 밖의 말은 갑작스러워서 충격을 주고, 예측 가능
한 말이라도 덜 속상한 것은 아니다.

정신분석가인 마거릿 크래스트노폴Margaret Crastnopol은 이런 미세
트라우마가 관계의 구조를 찢는다고 설명하고, 이 충격들을 가리켜
"작은 살인"이라 부른다. 그것은 시기심과 증오, 조롱과 무관심, 포
기를 전달함으로써 삶의 질을 부식시킨다.[8] 몇몇 작은 살인들은 의
도적이지만, 고의가 아닌 것들도 있다. 그것들은 켜켜이 쌓이는 다
락방의 먼지처럼 고요히 축적되어 있다가, 실수로 떨어뜨린 성냥개
비 하나로 발화되어 건물 전체를 불태워 버린다. 그것들은 얼마든지
알아차릴 수 있지만 사소해 보인다는 것이 문제이다. 쉽게 무시해도
될 가벼운 골칫거리 정도? 그러나 계속 반복됐을 때, 그것들은 자존
감과 선량함에 대한 우리의 기본적인 감각마저 썩게 하고 마음에 짙

은 멍을 남긴다.

　나의 부모님도 그런 말들에 에워싸여 살았기 때문에 충격적인 말을 하는 데 익숙했다. '충격적인 말'은 농담을 포함한 유순한 표현에 곧잘 묻힌다. 크래스트노폴은 "조심해, 이 녀석아. 어떤 여자가 너같이 바보 같은 놈이랑 결혼하고 싶어하겠냐?" 같은 농담 같지 않은 농담을 일삼은 한 남성의 아버지를 예로 든다. 나의 아빠도 그랬다. 대학원 시절, 고향에 갈 때마다 아빠는 나한테 절대로 남자친구가 생길 리 없다고 끊임없이 확인시켰다. 언젠가는 사실 있다고 고백하자, 무시조로 "응, 그래." 하셨다. 아빠의 반응은 일곱 살 무렵부터 이미 사랑받기 어려운 아이, 남자친구 따윈 있을 수 없는 아이로 여겨져 온 나에 대한 자연스러운 무시였다. 그래, 그렇게 말하고 싶겠지.

　모든 미세 트라우마가 꼭 강자만의 전유물도 아니다. 크래스트노폴은 부모와 자식 관계에서 아이들이 여러 방법으로 부모의 신경을 긁을 수 있는데, 특히 부모와 아이의 성향이 정반대인 경우, 활달한 아이는 내성적인 부모를 탈진 상태로 몰아간다고 지적한다. 내가 그러지 않았을까. 항상 녹초가 되어 있는 아빠를 내가 몰아붙인 것은 아닐까, 완전히 지친 아빠에게는 감당하기 어려운 자신감과 열의가 아니었을까, 그래서 그렇게 냉담한 말로 후려갈긴 것 아닐까.

　트라우마의 발생 구조도 언제나 급작스럽고 충격적인 것만 있는 것은 아니다. 예상 외로 점진적이고 이해 가능한 구조에서 많은 트라우마가 생겨난다. 영구적인 흔적을 남기는 성차별이나 인종차별 같은 집단적인 불평등에서 생기기도 하고, 한부모가정이나 조손가정처럼 장기간의 왜곡된 대인 관계에서 초래되기도 한다. 그리고 이렇게 생긴 미세 트라우마도 시간이 지나면서 우리가 세상을 경험하고 반응하는 기본적인 방식, 즉 우리의 '인격'을 만든다. 이런 의미에서, 내가 '어떤 사람인가'는 내가 '누구에게 어떤 상처를 받았는가'와 깊은 관련이 있다.

신자유주의와 생명관리정치 쪽 비평가들이 공통되게 제대로 이해하고 있는 것은, 높은 성과와 생산성 및 지속적인 자기계발, 끊임없는 쾌활함을 강조하는 사회 이데올로기가 이 사실을 무시한다는 것이다. 그러면서 어떤 삶을 살든지 간에 반드시 "즐기라"고 권한다. 어떻게든 삶을 최대한 꽉 채우고, 모든 기회를 활용하고, 매 순간 꿀을 짜내라! 이 시류는 무엇 하나 제대로 즐길 수 없을 만큼 빠르게 이 장소에서 저 장소로 즐거움의 원천을 옮겨 가고, 냉혹하게 즐거움만을 좇는 역설적인 상황으로 우리를 몰아간다. 우리는 결국 우리에게서 영원히 멀어지기만 하는 만족감을 움켜쥐려는 헛된 시도에 에너지를 허비한다. 마찬가지로 결국엔 트라우마를 안겨 줄 게 뻔한 시나리오(가령 좌절감만 줄 진로 계획)에 나의 행복이 달렸다는 잔혹한 낙관주의에 빠져 그 과정에서 입는 트라우마와 피해를 억누른다.

## 삶의 소모

벌랜트의 잔혹한 낙관주의 분석은 우리 시대의 문화적 상황에 비춰 봤을 때 지나치게 가혹한 점이 있다. 우울증과 불안 같은 나쁜 감정들은 부분적으로 트라우마를 만드는 집단적 세력 혹은 힘에 대한 우리의 반응이기 때문이다. 우리가 느끼는 결여와 자기소외는 인간의 존재 조건이기도 하다. 이를 피할 길은 없다. 그래서 벌랜트도 문제 많은 가정에서 발생하는 피해와 비슷한 방식으로 우리를 해치는, 인간의 불가피한 존재적 불안감에 몇 겹이고 불안감을 덧씌우는 불필요하고 얼마든지 '피할 수 있는' 현대 삶의 조건에 주목한다.

물론 신자유주의나 생명관리정치와, 그와는 다른 차원에서 격심한 트라우마를 안기는 개인적인 이력 간에 너무 쉽게 유사점을 그리는 건 위험하다. 하지만 우리가 살아가는 신자유주의 시대는 간신히 살아가는 사람이건 전문적인 일을 하는 중산층이건 간에 성과주의와 실용주의라는 사회적 압력에 쉬이 부러질 수 있는 삶의 소모로 특징 지을 수 있다는 벌랜트의 주장엔 동의한다.[10] 이렇게 보면 우울증이나 불안감, 게으름과 피로감, 무관심과 의미 상실과 같은 나쁜 감정들은 개인적인 병리 증상이라기보다 우리가 숨 쉬는 공기에 들러붙어 있는, 전 계층의 사람들을 포위하는 감정이다.

사람들은 일상적으로 느끼는 나쁜 감정들을 평범한 현실로 받아들이고, 시시한 일상적인 배경처럼 바라본다. 눈에 띄는 급성 우울증이 아닌 한, 매일같이 욱신거리는 잔잔한 통증쯤으로 여긴다. 많은 사람들이 잔혹한 낙관주의에 빠지는 이유 중 하나는, 미래의 구원에 대한 환상이 나쁜 감정들의 비위를 맞춰 주기 때문이다. 미래에는 더 나아질 거라는 희망은 끔찍한 현재를 견디게 한다.

잔혹한 낙관주의는 우리의 삶을 유지하게 하는 직장이나 애인, 생활 방식이 동시에 우리의 고난의 근원이 되게 하는 삶의 양식에 우리를 가둔다. 삶의 형태(친밀성의 이상 같은)에 애착을 갖는 나머지, 그 삶의 내용물(결국 해로운 관계)이 상처를 주는데도 그것을 버리지 못한다. 내가 품은 이상을 관리하는 데 너무 헌신적이어서 그것이 불만족을 만들어 내는 데도 거기에 매달린다. 그러지 않으면 예측 가능한 안정감을 주는 사회적 소속감과 개인적인 연속성(정체성)을 어디서 찾는다는 말인가. 사회가 심어 준 좋은 삶에 대한 환상을 포함하여 우리의 일상생활은 나쁜 감정들을 참게 해 준다. 그 결과, 안정적인 일상은 장기적으로 나쁜 감정을 더 나빠지게 하는 삶의 시나리오에 더 충실하도록 우리를 이끈다.

그리하여 많은 이들이 이런저런 이유로 계속 실망만 반복되는 삶의 조건 아래서 생존 가능한 삶을 구축하기 위해 갖가지 양면적이고 일관성 없는 시도를 벌인다.[11] 우리는 어떻게든 찢어져 버린 삶을 보수하고 재건한다. 그래서 삶을 견딜 만하게 해 주는 작은 즐거움들에 몰입한다. 음식, 약물, 술, 텔레비전, 멍 때리기, 더 나은 삶에 대한 몽상 등등. 벌랜트는 흔한 전략인 과식을 예로 든다. 그녀가 "더딘 죽음"이라고 부르는 과식은 많은 미국 노동자들이 누릴 수 있는 거의 유일한 좋은 삶이다.[12] 더딘 죽음을 부르는 과식은 다른 자가치료 방법과 마찬가지로 스트레스가 많은 근로 환경과 다른 형태의 궁핍에 대한 반응일 수 있다. 과식은 또한 속도, 효율, 끊임없는 경계를 요구하는 일의 압도적인 리듬이나 반복적인 업무와 단조로운 기분으로 이루어진 일상의 리듬을 거역하는 무의식적인 시도일 수 있다. 따분한 일상에 만족감을 덩어리째 들여오는 손쉬운 방법.

현대 사회가 부과하는 속도는 우리를 지치게 하고 삶의 질을 갉아먹는다. 대부분은 이를 그냥 받아들이지만, 비인간적인 노력을 갈취하는 사회에서 살아가는 데에 대한 대가는 꼭 따른다. 먹는 행위는 우리가 마음대로 할 수 있는 몇 안 되는 즐거움 중 하나이며, 바로 이것이 그 행위로 인해 결국 더 많은 나쁜 감정이 일어나는데도 불구하고 많은 사람들이 과식에 의지하는 이유이다. 나약함의 표시라기보다는 한숨 돌릴 수 있는, 꼭 필요하지만 시간을 내기 어려운 현대인이 선택할 수 있는 꽤 합리적인 노력이다. 벌랜트의 적절한 표현으로는 과식은 책임감 있고 성실한 사람일 필요에서 벗어나, "즐거움과 무감각 사이의 공간"에서 "연안항법(육상을 기준으로 구한 위치선에 따른 안전하고 경제적인 항법)으로 항해하는" "작은 휴가"이다.[13]

TV 시청이나 알코올중독 같은 다른 대응기제도 마찬가지다. 토론토대학의 영문학과 교수 브록 헤셀Brock Hessel이 지적하듯, 중독은 확실히 신자유주의 사회에서 이 사회의 성과 원칙에 반하여 시간을 허비하는 게 아니라 더 즐겁게 사용하려는 시도일 수 있다. 삶을 구축하는 대안적인 방법이랄까.[14] 우리는 중독을 병적인 것으로 여기도록 교육받지만 사회의 지배적인 행복 시나리오를 잠시 접어 두고 보면, 그것은 현대 사회가 우리에게 원하는 삶의 방식, 즉 극심한 스트레스 속에 항시 대기하는 삶을 거부하는 일종의 사회적 반항 방식으로 볼 수도 있다.

나쁜 감정에 관한 한, 신자유주의 문화는 역설적이다. 한편으로 신자유주의 문화가 강조하는 성과와 생산성, 자기계발 그리고 쾌활함의 에토스는 인간의 존재 조건에서 유래하는 '정상적인' 불만감을 넘어서는 나쁜 감정들을 생성한다. 그러면서 다른 한편으로는 긍정적 사고의 가치화를 포함하여 신자유주의 문화의 행복 시나리오에 반한다는 이유로 있는 힘껏 나쁜 감정들을 병적으로 취급하고 겉으로 표현하는 것을 억누른다. 그리하여 우리의 과장된 긍정의 문화는 나쁜 감정들을 만들어 내고서 그것을 고쳐야 하는 실수, 용납될 수 없는 것들로 매도한다. 이 모순을 언제까지 감출 수 있을까. 우리 문화가 나쁜 감정을 해결해야 할 문제로 보면 볼수록 쾌활함의 신조는 흐트러지고, 그토록 많은 사람들이 나쁜 감정들을 느낀다는 사실에 이목이 집중된다.

긍정의 교리는 나쁜 감정들을 미친 듯이 막아 내는 역할을 한다. 활짝 웃고 있는 사람이 속으론 펑펑 울고 있을 수도 있다. 흥미롭게도, 그 반대인 경우는 보통 없다. 울고 있는 사람이 속으로 웃고 있기는 어렵다. 부정적인 감정을 억제하는 것보다 긍정적인 감정을 흉내 내는 것이 더 쉽다. 실제로 상업적 문화는 흉내를 좋아한다. 그것은 나한테 어울리는 화장과 옷을 입음으로써 육체적인 '결함'을 숨길 수 있다고 속삭인다. 자신감의 허울로 우리의 불안감을, 최신 버전의 아이폰으로 단절감을, 컨실러와 카페인의 조합으로 피로를 숨길 수 있다고 확언한다. 그렇게 좋은 감정을 나타내는 외향적 기표들을 만듦으로써 나쁜 감정을 극복할 수 있다고, 웃으면 결국 행복해질 거라고.

2장

# 친밀성의
# 합리화

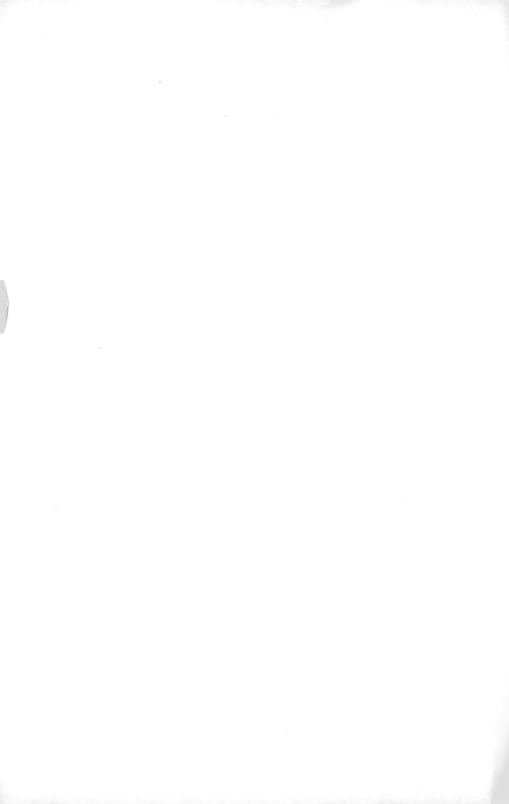

# 진짜로 운명적 사랑?

⋮

우리 사회의 실용주의에서 특히 두드러지는 측면이 친밀성의 합리화이다.[1] 말도 안 되는 억지소리처럼 들릴 것이다. 로맨틱한 사랑은 오히려 실용주의 이념과 정반대가 아닌가? 할리우드 영화와 연예인들의 사치스러운 결혼식, 청춘드라마, 여성잡지들은 동화 같은 로맨스의 감성적인 아이디어들을 견고하게 지탱하고 있다. 그러나 온라인 연애사이트의 인기가 보여 주듯, 사랑의 현란한 면에 치중한다고 해서 우리 사회의 나머지 부분을 특징짓는 효율성의 에토스가 친밀성 영역에서도 점점 더 대세가 되고 있다는 사실을 완전히 감추지는 못한다. 요즘엔 연애를 하다가 깨지면 온라인 연애사이트에 가입하는 게 유행인 것 같다. 벤앤제리Ben&Jerry에서 아이스크림을 종류별로 맛보듯, 연애 상대를 맛볼 수 있는 여러 선택지를 제공하는 사이트들은 우리 사회의 상업적인 문화와 꽤나 잘 어울린다.

친밀성의 작동 방식에 대한 집단적 이해는 비교적 최근에 변했는데, 이는 매우 흥미로운 점이다. 비록 헬스장이나 술집처럼 연애 상대를 찾기 쉬운 장소를 배회하며 성공 확률을 높이기 위해 노력하기는 해도, 사람들은 대체로 사랑만큼은 우연에 맡겨 왔다.

로맨스를 우연 혹은 운명이라고 생각함으로써, 서양 문화는 중매 결혼 문화를 '후진적'이라고 코드화하고 그런 문화와 자기 문화를 차별화했다. 그런데 요즘 흥하는 온라인 연애사이트들은 마치 중매 결혼을 주선하는 부모 같은, 그런 칼 같은 효율성으로 중매를 실행한다. 온라인 연애사이트에서는 부모가 중매했다면 펄쩍 뛸 자식들의 저항 따위는 없다. 양 당사자는 제3자가 그들을 짝짓고 결혼 준비까지 해 주는 것에 간절히 동의한다. 생명관리정치적 통제가 이처럼 잘 작동하는 사례가 또 있을까 싶을 정도다. 그들은 그들이 제공하는 규정을 우리가 간절히 원하게끔 만든다.

온라인 연애사이트의 도덕성을 논하고 싶은 마음은 없다. 나는 다만 냉철할 만큼 합리적인 사고방식이 우리의 일상생활에 깊이 침투해 있음을 말하고 싶을 뿐이다. 예전 같으면 내 짝은 어디에 있느냐고 한탄했을 사람들이 냉큼 온라인 질문지를 작성하고, 적당한 상대를 골라 전문가들이 수립한 몇 가지 법칙에 따라 연애를 이어 간다. 이때 결혼까지 가기 어려운 상대에게는 시간을 낭비하지 말아야 하고, 결혼한 다음에는 관계 유지에 힘써야 한다. 관계가 무너진다는 것은 곧 좋은 삶에 쓸 자원을 낭비한 셈이 되니까.

보수파들이 이혼을 못마땅하게 여기는 가장 큰 이유도 이것이다. 이혼은 개인과 사회의 질서를 흐트러뜨린다. 이혼은 높은 성과와 생산력, 자기계발을 중심으로 수립된 사회질서의 근간을 흔든다. 게다가 사람들의 기분을 나쁘게 만들고, 머릿속에 긍정적인 사고 대신 나쁜 감정만 가득 차게 한다. 그러니 결혼을 하고, 결혼했으면 결혼 생활을 유지해야 한다. 결혼은 어떠한 불행으로부터도 나를 보호해 줄 것이고, 계속 쾌활하게 생산성 높은 삶을 살게 할 것이다. 그러나 실제 결혼 생활은 우리가 아는 대로이다. 그런데도 결혼은 우리를 좋은 삶, 행복으로 인도하는 가장 확실한 방법으로 인정받고 있다.

우리가 어떤 곤경에 빠져 있는지 보라. 사회가 집필한 행복 시나리오는 약속한 행복을 우리에게 주지 않지만, 그 행복을 향해 달려온 우리는 의심하지 않는다. 불행한 결혼 생활에서 간신히 벗어난 사람들은 또다시 재혼 사이트를 찾는다. 이번에는 분명 잘될 거라면서 말이다. 결혼과 행복이 한 묶음이라는 추정에는 한 치의 의문도 없다. 문제는 결혼이라는 장르를 제대로 소화하지 못한 나의 능력에 있었다. 잔혹한 낙관주의의 가장 순수한 형태가 아닐 수 없다. 전 남편 혹은 전 아내는 나를 실망시켰지만 새로운 상대는 나를 "세상에서 제일 행복한 사람"으로 만들어 줄 것이다. 사람들은 편리하게도 10년 전 결혼할 때에도 똑같은 맹세를 했었다는 사실을 잊는다. 왜냐하면 미혼의 삶보다는 기혼의 삶이 더 행복하고 균형 잡힌 삶이라는 사회적 이념을 신봉하기 때문이다.

## 결혼이라는 특별한 목표
⋮

모든 사회에서 행복은 어떤 목표, 즉 행복하게 살려면 도달해야 하는 목표에 묶여 있으며, 이 목표를 이루지 못하면 행복도 얻을 수 없다고 여겨진다. 서양 사회에서도 결혼은 일부일처제 및 번식의 성공에 대한 기대가 담긴 특별한 목표로 지정된다. 이런 이유로 푸코를 비롯해 많은 사회학자들은 결혼을, 사람들을 예측 가능하고 믿을 만한 시민처럼 행동하게 만들어 정치경제 시스템의 원활한 작동을 꾀하는 하나의 수단으로 묘사한다. 이 논리에 따르면, 화려한 웨딩 사진과 드레스, 결혼식을 계획하고 준비하는 과정 등은 사실 합리적으로 계산된 현실을 감추는 매력적인 겉모습일 뿐이다. 경제는 이 모든 소비를 통해 이익을 볼 뿐만 아니라 기저귀·유모차·장난감 등에 돈을 쓸 미래의 소비자와, 이 소비에 쓸 돈을 벌기 위해 아침 일찍 일어나 일할 노동인구를 확보하는 이중의 이익을 얻는다.

물론 결혼을 했다고 해서 미혼자보다 더 생산적이란 법은 없다. 여기서 중요한 것은, 결혼이 믿을 만한 노동인구를 실제로 생산하는가의 여부가 아니라 우리 사회가 결혼과 생산성을 연결시킨다는 점이다. 물론 여자들의 경우엔 조금 더 복잡하다. 기업들이 보기에 기혼 여성은 출산과 육아라는 잠재적 '혹'을 붙인 노동자이기 때문이다. 이런 이유로 푸코는 결혼을 경제적 합리화 문제로 보았다. 그에 따르면, 결혼은 파트너 간의 끊임없는 협상 필요성을 없애 버린다. 결혼 생활을 오래 유지해 온 사람들은 의사소통의 지름길을 안다. "후추 좀 줄래? 소금은 여기 있어.[2] 식기세척기에 그릇 좀 넣어 줘. 그리고 섹스하자."

푸코는 또한 결혼 생활의 요람 안에서 미래의 생산자들이 양육되며, 특히 보살핌을 잘 받은 아이들이 사회가 요구하는 정신적 자질을 잘 갖추게 된다고 지적했다. 이런 이유로 사회의 생명관리정치 어젠다에서 '좋은 엄마'는 매우 중요한 요소이다. 좋은 생산자는 미래의 생산자 양성까지 책임진다. 보수파는 미래의 생산자들이 남자이기를 바란다. 그래야 여자들이 집에 머물면서 미래의 (남성) 노동자들을 양육하는 데 온 힘을 기울일 수 있기 때문이다. 좀 더 진보적인 시각을 가진 사람들은 일하는 여성을 나쁘게 보지는 않지만, 일과 가사를 병행하느라 녹초가 된 여성 노동자들을 보면 눈살을 찌푸린다. 이는 여자들을 집으로 돌려보내는 비열한 빌미가 된다. 국가는 공식적인 미사여구로 일하는 여성들을 옹호하지만, 아이를 맡길 곳이 없거나 그만 한 벌이가 없는 여성들은 차라리 직장을 그만두는 게 합리적이라는 결론에 이른다.

　보수파는 결혼 생활의 안정성과 사회질서의 안정성이 관련되어 있다고 노골적으로 추정한다. 가부장적이고 평등하지 않은, 심지어 폭력적인 결혼 생활로 고통받는 여성과 아이들을 희생하면서까지 이 안정성을 옹호하는 데 망설임이 없다. 그래도 결혼이 생명관리정치의 핵심 조건임을, 가정이 미래 세대에게 성과·생산력·자기계발 원리를 전수하는 핵심 기지임을 선뜻 인정하기는 어려울 수 있다. 엄마들은 어떤지 몰라도, 아빠들은 특히 여자아이들에게 많이 웃으라고 권한다. 그러나 이는 결혼이 일종의 사랑의 성취쯤으로 포장되는 상황에서, 결혼이 실은 정치적·경제적 이익과 밀접한 관련이 있는 친밀성을 합리화하는 방법이라는 사실을 인정하는 것보다 더 중요하지는 않다.

　물론 그렇다고 해서 의미 있는 결혼이 아예 없다는 얘기는 아니다. 결혼을 하고 싶어하는 사람들이 다 사회적 조건화 때문에 결혼을 원하는 것은 아닐 테니까. 이 제도로부터 진정한 만족을 얻는 사람이 왜 없겠는가. 오랜 세월에 걸쳐 구축된 동맹 관계가 주는 만족감은 무엇과도 비교할 수 없을 것이다. 물건과 사람까지 쉽고 빠르게 갈아타도록 독려하는 소비문화의 맥락에서 한 사람에게 닻을 내리는 것은 "기개 있는 선택"이 될 수 있다고 한 토드 맥고완의 주장에 난 동의한다.[3]

비록 포스트 푸코주의자들은 일부일처제를 보수적인 사회 배치와 연관시키는 경우가 많지만,[4] 질보다 양의 특권화를 독려하는 축적의 논리를 거부한다는 측면에서 일부일처제를 반문화적 관습이라고 주장할 수도 있다. 실제로 양적인 축적으로 성취를 재단하는 현대 사회에서 일부일처제는 내가 선택한 단 하나를 완고하게 붙잡고서 "저기 어딘가에" 더 반짝거리는 것이 존재한다는 사고방식을 거부한다. "일곱 번 더 애프터"를 약속하는 세상에서 한 명의 사람에게 충실하는 것은 신선하고 견고한 행위라는 주장에는 일리가 있다.

결혼으로부터 이익을 보는 소비문화는 동시에, 새로운 대상에 쉽고 반복적으로 유인되는 능동적인 욕망도 좋아한다. 연애가 그렇다. 연애는 욕망을 자동적으로 움직이게 하기 때문에 결혼 전 여러 차례 연애를 하는 것이 적극 권장된다. 이런 맥락에서 평생을 같이할 특별한 '한 명'에 정착하기 전에 여러 상대를 '맛보는' 문화가 정착했는지도 모른다. 어떻게 여러 물건을 샘플링해 보지도 않고 최종 구매 결정을 내린단 말인가? 최근에 방문했던 뉴잉글랜드대학의 한 학생은 남학생들이 일상적으로 여성 동기들을 "여친감" "아내감"

으로 분류한다고 말해 줬다. 이들은 제일 매력적인 여자들과 사귀지 않는다. 왜냐하면 10년 뒤에 이 여자들과 결혼하기 위해서다. 이런데도 신자유주의의 효율성이 우리의 친밀한 관계들까지 장악하고 있지 않다고 할 수 있을까?

우리 문화가 권장하는 연애의 키워드는 '새로움'이다. 결혼 전 이 사람에서 저 사람으로 미끄러지다가 결혼반지를 끼는 순간 기적적으로 멈추게 되는 미끄럼타기. 설사 그런 새로움을 갈구하지 않더라도 연애의 상품화는 이미 걷잡을 수 없는 수준이다. 화려한 장미 꽃다발, 커플링, 돈이 많이 드는 고백 의식 등등 이래야 한다 저래야 한다는 소비문화적 연애 공식이 넘쳐난다. 소비문화는 또한 과도하게 성에 집중하는 초성애화hypersexualization로부터 돈을 번다. 물론 성해방은 진보적인 발전이고, 여성의 성적 매력을 제한하던 과거로 돌아가자는 말은 아니다. 그러나 갖가지 노출 의상과 장신구, 향수, 속옷, 즐거움을 배가시키는 성기구와 포르노그래피 등을 소비문화와 떼어내어 생각하기 어렵다. 소비자본주의와 생명관리정치 양쪽의 범위를 단순 비교하기는 어렵지만, 맥고완의 말마따나 성해방은 "자본주의를 해쳤다기보다는 살렸다."[5]

우리의 소비자본주의는 양쪽에서 다 돈을 챙기는 방법을 이미 알아 버렸다. 결혼과 생산을 위한 커플링(교미, 성교)으로부터 돈을 벌고, 연애와 성해방으로도 수익을 챙긴다. 인정하기는 싫지만, 우리는 이 이야기가 무슨 말인지 본능적으로 안다. 어떤 사람들은 내가 좋아하는 초콜릿바를 먹듯이 성적 파트너를 소비한다. 이것이 윤리적으로 옳고 그른지는 중요하지 않다. 문제는 우리가 친밀성의 상품화에서 벗어날 길이 없다는 것이다. 우리가 우리만의 관계를 어떤 형식으로 구성하든지 간에, 소비문화는 이를 수익으로 전환시킬 방법을 찾는다.

결혼을 하는 것 자체가 미혼으로 남는 것보다(또는 그 반대가) 더 퇴보적이라고 주장하는 것은 의미가 없다. 중요한 것은 어떤 사고방식으로 결혼(혹은 미혼)을 선택하느냐이다. 사랑이 삶을 더 빛나게 할 수 있다는 사실을 부인하고 싶지는 않다. 일상의 고역에 저항할 힘을 주고, 안주하지 않도록 정신을 번쩍 들게 하며, 삶의 더 열정적인 주파수에 접속할 수 있도록 인생 전체를 바꾸어 버리는 사랑의 힘이란! 알랭 바디우Alan Badiou의 말처럼, 사랑에 빠지는 일은 우리 존재의 가장 기초적인 좌표들을 과감하게 재구성할 만큼 계시적인 '사건'이다.[6] 이러한 방식으로 사랑이 나를 부를 때, 내가 절대 해서는 안 되는 일이 그 힘을 거부하는 것이라고 난 믿는다.

내가 사랑을 믿지 않는다고 봐서는 안 된다. 나는 다만 우리 사회를 집어삼키기 직전인 관계의 도구화에 의심을 품는 것이다. 더불어 연애와 성해방으로 돈을 버는 소비사회에 의심을 갖는다면, 인생의 목표 중 특별히 중시되는 결혼의 이상화, 즉 결혼만이 의미 있는 친밀성을 성찰하는 방법이라는 아이디어를 좀 더 비판적으로 사고할 수 있다.

내가 결혼의 이상화에 반감을 갖는 이유 중에는 그것이 젠더 분할과 자연스럽게 그리고 직접적으로 연계된다는 점도 있다. 남자는 이렇고, 여자는 전적으로 그 반대라는 논리가 너무 짜증 난다. 남자 대학생들이 "아내감"으로 찍은 여학생들의 특징은, 신탁 자금(현대판

지참금)을 소유하고 있으며 대학가의 원나잇 문화에 불참(구닥다리 정조 관념)한다는 것이었다. 이는 결혼 문제로 넘어가는 순간, 굿 걸good girl과 배드 걸bad girl이라는 젠더 논리가 여지없이 등장한다는 것을 보여 준다.

행복한 결혼 생활을 하고 있다면 당신의 삶에 딴지를 걸 생각은 조금도 없다. 내가 뜯어 말리고 싶은 대상은, 불행한 결혼 생활을 이어 가면서도 '결혼이 주는 행복'이라는 이데올로기를 내려놓지 않는, 이 때문에 원치 않은 길을 계속 가는 사람들이다.

# 이데올로기의 투명성
:

젠더화 사고의 이념을 이야기하려면 '이념'이란 것이 과연 무엇인지부터 알아야 한다. 여기서 말하는 이념(이데올로기ideology)은 학자들이 흔히 사용하는 의미의 개념으로, 사람은 어떤 존재이고 우리의 집단적 삶이 어떻게 조직되어야 하는지와 관련해 우리가 당연하게 여기는 추정 사항이다. 이데올로기는 히틀러나 스탈린, IS처럼 사람을 억지로 세뇌시키는 조직이 아니다. 그것은 우리의 머릿속에 슬며시 잠입하여 우리의 가치관과 신념 및 이상 등에 개입하여 우리의 삶에 영향을 미친다.[7]

모든 사회적 이데올로기가 해로운 것도 아니다. 고문은 잘못됐고 관용은 훌륭하며 환대는 미덕이라는 관념들은 옹호할 만한 가치가 있다. 그럼에도 불구하고 말하고 걷고 먹고 일하고 사랑하고 등등 우리 삶의 거의 모든 측면이 이념적으로 결정된다는 사실을 깨닫는 순간, 몸이 오싹하지 않을 수 없다. 푸코가 주장한 생명관리정치적 조건화가 이것이다.

우리는 집단적 가치관이나 신념과 이상들이 우리 머릿속에 어떻게 들어오는지 직관적으로 이해한다. 삶의 많은 요인들이 생래적이라기보다는 양육을 통해 구성된다는 것을 잘 안다. 그렇다면 이념은 어떻게 우리 몸에 들어오는 걸까? 영화학자 힐러리 네로니Hilary Neroni가 제시한 사례는 뼈아프다. 20세기 중반까지만 해도 대부분의 사회에서 여성은 옆으로 걸터앉는 자세로 말을 타야 했다.[8] 한쪽으로 두 다리를 붙여 기우뚱한 자세로 말을 타는 것은 논리적으로 말이 안 된다. 실제로 이 승마 자세는 종종 부상으로 이어졌다. 그런데 왜 꽤 오랜 시간 동안 여자들은 이런 불편한 자세로 말을 타야 했을까? 여성성에 대한 사회적 이상화 탓이다. 두 다리를 벌리고 말을 타는 건 숙녀답지 않고, 거세고, 지나치게 성적이었다. 젠더화 이데올로기가 승마 방식에까지 영향을 미친 것이다. 여성의 몸을 통제한 것은 코르셋만이 아니었다.

말도 안 되는 이성애가부장제적인 이념들이 약화되고 있다고 믿기엔 나를 포함한 지금 여성들의 복장은 전혀 그렇지 않다. 우리는 오늘도 신체 움직임을 심각하게 제한하는 의상과 하이힐에 일상적으로 몸을 끼워 맞추고 있다. "오늘 많이 걸어야 하는데 미니스커트는…" 하면서 입어 버린 옷 때문에 지하철에서부터 종종걸음을 친 경험이 다들 있을 것이다. 하이힐을 신고 빨리 뛰는 기술은 숙련되어 있지만, 하이힐에 튜브 스커트를 입고 오르막길을 오르다 보면 욕이 나오지 않을 수 없다.

최근 한 학회에서 기조연설을 발표하게 되어 주최 측으로부터 이동할 때 탈 차량을 제공받았다. 내가 탈 차는 좌석이 높은 SUV였다. 학회 첫날, 난 조신한 펜슬 스커트를 입었다. 그 결과, 차 좌석에 올라타질 못했다. 몇 번의 시도 끝에 결국 운전기사 님과 방금 전 만난 존경하는 동료 학자들에게 잠깐 눈을 돌려 달라고 부탁하고 허리 위까지 치마를 끌어올린 후에야 차에 기어오를 수 있었다.

도대체 나에게 무슨 일이 있었던 것인가? 난 스스로에게 물었다. 여자 타잔처럼 핀란드 숲을 활보하던 내가 아닌가. 그런데도 왜 난 이런 어처구니없는 치마를 입었던가? 명색이 페미니스트인 나조차도 여성성에 대한 문화적 이상, 특히 전문직 여성에 대한 이상을 피할 수 없었던 것이다.

의복에 관한 관념은 아무것도 아니라고 느낄 수 있다. 옷은 바꿔 입으면 그만이니까. 그러나 뒤꿈치가 다 까져도 하이힐만 고집한다면? 다 번져서 어차피 다시 해야 한다는 걸 알면서도 꼭 화장을 하고 헬스장에 간다면? 동네 편의점에 빵을 사러 갈 때도 화장이 필수라면?

이것이 바로 이념, 이데올로기의 힘이다. 5분의 이동에, 단지 가게 점원 한 명과 몇몇 동네 이웃들 말고는 아무도 마주치지 않을 게 뻔한 데도 불구하고 여성들이 10분이나 할애하여 화장을 하게 만들려면 어느 정도의 사회적 조건화가 필요했던 것인가? 분명한 건 적어도 엄마 배에서 튀어나온 여자아이는 공공장소에서 아이라이너나 립스틱 없이 돌아다니는 걸 두려워하지 않았다는 것이다. 이와 같은 공포는 사회적 이념으로만 설명할 수 있다.

이념은 우리 문화의 지배적인 행복 시나리오를 만들어 낸다. 그리고 은밀하게 대안을 차단시켜 우리로 하여금 어떤 것을 특정한 방식으로 하게 할 뿐만 아니라, 다른 방식으로는 할 수 없게 만들어 버린다. 대학원 세미나 중 자신이 선택한 젠더로 통할 수 있도록 성전환자transsexual들을 지도하는 전문 공연예술가를 초빙한 적이 있다. 그는 남자처럼 행동해 볼 사람으로 나를 선택했다. 아마도 하이힐과 미니스커트, 화장 등 겉으로 드러난 나의 규범적인 여성성 때문이었을 것이다. 난 우선 남자처럼 걸어 봐야 했다. 여성스러운 둥근 엉덩이도 아닌데 이성애 남자처럼 못 걸을 이유가 없었다. 그러나 난 처절하게 실패했다. 내 몸이 내가 원하는 동작을 취하게 할 수 없었다.

남자처럼 물리적 공간을 차지하는 데에도 모두 실패했다. 남자처럼 자신감 있게 앉는 방법을 난 몰랐다. 옆 좌석에 앉은 사람의 공간까지 침범하여 6시간 동안 비뚤어진 자세로 앉는 바람에 비행기를 내릴 때쯤이면 등이 쑤시게 만드는 그 자신감 말이다. 일부 남자들은 본인의 넓은 어깨 탓이라고 변명하지만, 그것은 흔히 그들도 알아차리지 못하는 '남성 자격권'에서 기인한 것임을 나는 안다. 옆자리 승객이 여자일 때에는 그쪽이 아무리 덩치가 크더라도 그런 일을 당한 적이 없다. 장거리 여행 때 부디 여자 옆에 앉게 하소서. 그럼 남자 둘이 사이좋게 앉는 경우는? 팔을 내리는 쪽이 "계집"인 건가?

결국 그 대학원 세미나 실험에선 내가 너무 웃는 바람에 남자처럼 행동하는 데에 실패했다. "얼굴에서 미소를 지우지 않으면 아무도 당신이 남자라고 믿지 않는다." 그 공연예술가는 내게 충고했다.

그 후 나는 내가 너무 쉽게 잘 웃는다는 평가에 대해 종종 생각해 보았다. 어쩌다 이런 버릇을 갖게 되었을까? 레이디 가가의 노래처럼 "그렇게 타고나서born that way" 그런 건 아니다. 나의 냉혹한 스칸디나비아 가족의 기질을 물려받은 것도 분명 아니다. 미국에서 첫 1년을 보낸 후 핀란드를 방문했을 때 나를 본 아빠의 첫마디는 "갑자기 미국 사람들처럼 웃는다"였으니까. 게다가 손을 움직이며 말하는 모습에 영 낯설어 하셨다. 스칸디나비아 사람보다 미국 사람이 더 잘 웃는 것은 사실이다. 그리고 미국 여자가 미국 남자보다 더 잘 웃을 것이다. 여성 호르몬 때문일까? 아니다. 평균적인 미국 남자와 핀란드 여자 중 누가 더 자발적으로 잘 웃는지 측정해 보면 미국 남자가 너끈히 이길 것이다.

여기서 우리는 아이가 태어나기도 전부터 (미국에서) 젠더 사회화가 시작된다는 점에 주목할 필요가 있다. 많은 부모들은 예측되는 아이의 성별에 따라 방을 꾸미고 장난감을 구매한다. 그래서 병원에서 집으로 오는 순간부터 아이는 기차나 레고·미니 경찰차로 가득 찬 파란 강철 세계를 만나거나, 바비 인형과 미니 찻잔으로 꾸며진 분홍색 패브릭 월드에 입소하게 된다. 얼마 전 동네 마트 계산대에서 마주친 여자는 엄청난 양의 분홍색 물건들을 들고 있었다. 계산직원이 "어머, 딸인가 봐요!" 하자, 그 여자는 흐뭇하게 웃으며 "네, 친구의 베이비샤워(출산이 임박했거나 출산 직후 벌이는 축하 행사)에 가요" 했다. 난 그 '여자여자한' 보따리에 담긴 분홍색 바비 인형의 팔다리를 비틀어 버리고 싶었다.

겉으로는 개인의 개성과 자유 및 선택의 이념들을 홍보하면서, 뒤로는 규범적인 남자아이와 여자아이를 생산하는 문화 독재를 우리는 이길 방도가 없다. 어떤 아이들은 반발하기도 한다. 또한, 모든 부모가 폭력적인 젠더화에 참여하는 것은 아니다. 하지만 사회의 젠더 조건화를 피하는 것은 사실상 불가능하다. 중요한 것은, 지배적인 젠더 시나리오로부터 일탈하는 건 벌을 받아야 하는 일로 일찌감치 인식된다는 것이다. 일반적인 관행을 따르지 않으면 사회적으로 외면과 모욕을 당하게 된다!

나 또한 젠더 사회화를 벗어날 수 없었다. 걷는 스타일과 자세 등 어떤 부분은 핀란드에서 배웠을 것이다. 그러나 대부분은 미국에 와서 비교적 늦게 배운 것이 많다. 그 결과, 주로 의상과 관련한 투쟁을 많이 벌였다. 미국의 백인 남성들에게 다리 노출에 관한 잔소리를 1년 넘게 듣다 보니 학부 때부터 미니스커트를 입게 되었다. 분노에 찬 나름의 페미니스트 선언이었다. 포스트구조주의 교파에 속하는, 적어도 라캉주의자로 자신을 소개하는 여성 이론가들이 하이힐과 새빨간 립스틱, 검정색 의상을 유니폼으로 입는다는 사실을 알고는 이를 즉각 나의 레퍼토리에 반영했다. 그래서 헬싱키 공항으로 마중 나온 사촌을 충격에 빠뜨렸다. 내가 술집 여자처럼 보인다고 했다. 나는 지지 않고 하버드 학생 같은 복장이라고 주장했다(실제로 그랬다).

나의 포인트는, 새로운 환경에 섞이려면 어떻게 보여야 할지 비교적 빨리 배웠다는 것이다. 그러나 훨씬 더 일찍 개발된 심리적·감정적·성적 사고의 영향은 거의 받지 않았기 때문에 나와 사귄 몇 명의 미국 남자들을 꽤나 혼란스럽게 했다. 겉으로는 규범적인(여성스러운) 여자처럼 보이고 말하고 걸었지만, 규범적인 여자들처럼 생각하고 느끼고 행동하지 않았던 것이다. 이러한 모순들과 씨름하는 남자들의 모습을 지켜보는 것은 매우 흥미로운 일이있다. 어떤 사람은 신나 했고, 어떤 사람은 실망했다. 남자들은 솔직하고 단순한 관계를 원해도, 속으로는 여자친구가 복잡하고 수수께끼 같은 것을 즐긴다. 미국 여가수 테일러 스위프트Taylor Swift는 미국 남자들에 관한 나의 비공식적인 인류학 연구를 다음과 같이 깔끔하게 정리해 준다. "Boys only want love if it's torture(남자들은 고문 같은 사랑만 원해)."

내가 자란 핀란드 사회에서는 젠더에 크게 신경 쓰지 않았다. Raparperipiirakka, kirkasääninen, aamuaurinkoinen, kesämökkiläinen (r을 굴려야 한다) 같은 일상용어를 포함해 언어 자체가 젠더화되지 않았다. 심지어 He나 she 같은 말은 없고 오직 대명사 'hän'만 있다. 지금 돌이켜 보면 미국에 오기 전까진 얼마나 젠더 문제에 둔감했는지 놀랍기만 하다.

열세 살 때였다. 부모님은 그날 저녁에 손님이 오셔서 내 도움이 필요하다고 했다. 그러면서 무슨 일을 도울지 선택하라고 했다. 설거지를 하든가, 아빠의 픽업트럭에 스노우타이어를 장착하라고 했다. 지금 생각해 보면 왜 그날 꼭 타이어를 교체해야 했는지 의문이다. 나는 타이어를 달겠다고 했다. 아빠는 방법을 알려 주고 한 시간 후에 볼트가 잘 조여졌는지 확인하러 돌아왔다. 아빠와 관련된 몇 안 되는 좋은 추억이다. 아빠는 "잘했어"라고 했고, 그것이 전부였다. 나의 선택이 특이하다는 이야기도 없었다. 그렇다고 우리 아빠 같은 사람이 페미니스트였을 리 없다. 오히려 젠더 측면에서 어느 정도 미국화된 사람이었고, 오늘날에는 조금 더 페미니스트에 가깝지 않을까. 아빠가 여성혐오자였다는 말은 결코 아니다. 최근 몇 년간 아빠의 입에서 멋진 페미니스트가 할 법한 발언들을 종종 들었다. 물론 그는 그 말을 사용하지 않겠지만.

내가 받은 성중립적 양육 방식은 스칸디나비아 소녀에겐 일반적이었기 때문에 미국의 젠더 관념은 큰 문화적 충격이었다. 이 충격은 여전히 극복되지 않았고, 앞으로도 그럴 것 같다. 인종·민족·종교에 기초하여 사람을 가정하지 않듯, 젠더에 근거해 사람을 판단하는 일은 결단코 하고 싶지 않다.

아빠에게 자동차 타이어를 교체하는 법을 배운 지 20년 후, 당시의 남자친구와 메인주 북부 도로를 달리던 중 바퀴에 펑크가 났다. 남자친구는 옆에서 내가 바퀴를 갈아 끼우는 걸 지켜보았다. 그런데 이 장면을 목격한 경찰관들이 차에서 내리더니 남자친구에게 "숙녀가 남자 일을 하도록 내버려 둔다"며 남자의 수치에 관한 장광설을 늘어놓았다. 그들이 총을 가지고 있어서 아무 말도 하지 않았지만, 나는 속으로 씩씩댔다. 그들은 남자친구뿐 아니라 소위 "숙녀"인 나까지 모욕했기 때문이다.

성차性差 이념의 자연화는 미국 문화를 포함해 대부분의 문화에서 생명관리정치적 조건화의 중요한 부분으로, 이성애적 결혼을 특권화시킨 토대이기도 하다. 젠더화된 행동 규칙들은 일찍부터 그리고 대부분 무의식적으로 내면화되기 때문에 나중에 배운 것일지라도 마치 타고난 경향처럼 보인다. 자연 대 양육 논쟁이 부른 일반적인 오해는 양육의 결과가 자연의 결과보다 변경하기 쉽다는 것이다. 이는 꼭 그렇지 않다. 사회적으로 형성된 행동 방식은, 젠더화된 행동 방식을 포함해서 우리의 정체성과 거의 완벽하게 통합되어 버리기 때문에 그것을 변경한다는 것은 완전히 다른 사람이 되는 것과 비슷하다.

하지만 푸코는 생명관리정치적 조건화가 전적으로 완벽하지는 않으며, 지배적인 사회 이념들은 오작동을 유발하는 틈새와 분열, 취약점들을 포함하고 있다고 지적했다. 무엇보다도, 스스로 저항 세력을 만들어 내는 경향이 있다. 예를 들어, 성적 행위를 통제하려는 시도는 일련의 새로운 성행위를 생산할 수 있고, 특정한 성적 표현 경로가 차단되면 사람들은 새로운 경로를 만들어 내고 그에 따라 다수의 전혀 다른 성적 가능성이 만들어진다.[10] 이런 점에서 모든 사회적 제한은 일련의 대항 세력을 만들어 낸다.

이것은 우리가 왜 지배적인 사회적 가치나 신념, 이상에 의문을 제기할 수 있는지, 사회가 왜 변할 수 있는지를 설명해 준다. 변화가 너무 더딘 것 같아도, 사실상 페미니즘 덕분에 성에 관한 규범들이 불과 몇 십 년 만에 급격하게 변화하여 20세기 중반으로만 돌아가도 여기저기서 절규가 터져 나올 것이다. 이제는 성전환자와 트랜스젠더의 정체성을 포함해 대안적인 성적 표현들이 눈에 띄게 확산되어 여전히 지배적인 젠더 이분법과 이성애가부장제에 빠르게 침투하고 있다. 언제나 지배적인 이상에 용감하게 맞서 반항하는 사람들 덕분에 젠더 유동성과 젠더 변이가 점점 더 보편화되고 있기 때문에, 결과적으로 우리 사회의 전통적인 젠더 관념은 무너지고 있다. 물론 순순히 물러나지는 않겠지만, 현재 상식으로 통하는 성(젠더) 규범은 플로피 디스크나 카세트 플레이어, VCR처럼 낡고 못 쓰는 것이 되리라 난 예상한다.

# 딱 들어맞는 삶이 주는 보상

⋮

난 당연히 젠더화된 사고방식을 하루라도 빨리 한물 간 것으로 만들려고 이 책을 썼다. 이런 맥락에서, 사회적 이념이 완고해 보이는 이유는 그것을 받아들이면 명백한 보상을 주기 때문임을 인정하는 것이 중요하다. 달라붙는 치마를 입고 하이힐을 신고 "크림쉰 스피크 라우더Cremesheen Speak Louder" 컬러 립스틱을 바르면 성공한 커리어우먼의 이미지에 잘 들어맞기 때문에 그렇게 하는 건 직장인으로서의 삶을 더 편하게 만든다.

립스틱 제조사는 뭘 좀 아는 것 같다. 이 립스틱을 샀을 때 나는 중요한 강연을 앞두고 공항에서 상품명만 보고 구매했다. 평소보다 더 (비유적으로도) 크게 말해야 하는 상황이었기에, 이 특별한 순간에 어울릴 적절한 휴대용 팔루스를 찾고 있었다. 나는 이 립스틱이 내가 자신감 있는 전문가라는 메시지를 잘 전달해 주리라 믿었다. 같은 이유로 내가 소장한 유일하게 비싼 구두, 내 키에 6.3센티미터를 더해 주는 알마니 부츠를 신었다. 물론 일부 패션 의상은 전문성을 떨어뜨리기도 하지만, 많은 드라마들이 연출하듯 보그 잡지 화보에서 막 튀어나온 것 같은 센스 있는 패션 감각은 성공한 커리어우먼의 전문성을 높여 준다.

사회의 집단적 신화가 무서운 건, 그것을 장식하고 있는 여러 '사은품들'이 우리가 생각하는 의미 있는 삶과 직결돼 있다는 점이다. 그래서 알면서도, 혹시나 하면서도 그 이념의 상자 안에 자발적으로 발을 들이게 된다. 그림 같은 집과 아이들의 웃음소리, 강아지와 고양이, 영원한 사랑과 달콤한 결혼 생활의 약속이 상자 안에서 반짝인다. 이때 다른 옵션은 바뀔 수 있어도 아이들의 웃음소리는 필수이다. 그러려면 교육과 운동, 사랑과 사교 등이 모두 '적당'해야 한다. 지나친 열정은 촌스럽다.

　사회는 우리가 발랄하게 틀 안에 갇혀 살길 바란다. 생산성 때문이다. 불균형한 사람들은 유능한 노동자, 소비자, 시민이 되기 어렵다. 슬픔에 잠긴 사람들은 쇼핑을 즐기지 않는다. 너무 많이 먹고 마시고 피우고 감정에 자신을 내맡기는 사람들은 국가 의료보험제에 부담을 준다. '지나치게' 사랑에 몰입하는 사람들은 (특히 여자들) 직장에서 공상에 빠지고 정신을 못 차리기 때문에 정신과 의사를 찾아가야 한다. 사랑보다 커리어에 우선순위를 두는 욕심 사나운 여자들은 더 문제다. 그들은 '자연'의 질서를, 정확히 말하면 출산을 거부하기 때문이다. 남자는 거꾸로 욕심이 없을 때가 문제이다. 그들 역시 사회가 기대하는 '부양자' 역할을 소홀히 한다는 점에서 똑같은 실패자 혹은 도전자이다.

　작가나 미술가, 음악가들은 어떤가. 창의적인 사람들은 사회적으로 성공하지 않으면 무책임하다는 소리를 듣는다. 노벨상을 수상하지 않는 한, 고립된 환경을 고집하는 천재들은 반사회적이다. 24시간 중 20시간을 미친 듯이 일하는 직장인도 '미친 액수를 벌지 않는

한' 문제이다. 이 지점에서 적당함의 이상과 노력의 이상이 불편하게 부딪친다. 가장 문제는, '정상적으로' 짝을 만나서 조신하게 결혼하여 애를 낳지 않는 여자들이다. 독신 여성들은 이기적이거나 정서적으로 문제가 있는 사람들이다.

　방탕한 남자도 문제지만, 방탕한 여자는 더 문제이다. 여자가 비정상적인 성욕을 느끼는 것으로도 모자라 감정적 교감 없이 성을 즐기다니! 같은 측면에서 성과 연애 문제에 지나치게 감정적인 남자들도 '남성다움'을 갉아먹는 존재들로 취급된다. 가난한 미혼모는 복지제도를 빨아먹고, 게이·레즈비언·퀴어들은 철딱서니 없이 신을 조롱하고 공동체를 교란시키고 사회의 가치를 파괴한다. 한 마디로, 젠더 이분법과 부부 관계 규범에서 비껴나 있는 사람들은 모두 사회적 부담으로 국가를 피곤하게 한다. 국가는 자기계발 가이드, 동기 부여 연설가, 종교 지도자, 잡지 칼럼니스트, 가짜 과학자들을 동원해 반격에 나선다.

## 이득이 되는 동맹
⋮

결혼하는 사람들은 대부분 "사랑에 빠졌다"는 사실에 근거해 자신이 자유를 선택했다고 믿는다. 그러나 생명관리정치의 관점에서 보면, 결혼을 하겠다는 그들의 선택은 보이지 않는 사회적 이념의 작품이다. 만약 이것뿐이라면 결혼에 대해 불평할 이유가 없다. 적어도 더 진보적이고 혁신적인 형태의 결혼은 친밀한 관계를 맺는 다른 방법들과 다를 바 없을 테니까.

모든 이념이 사기라고 말하는 것도 아니다. 어떤 이념은 건설적일 수도 있는데, 사회적으로 이상화된다는 사실만으로 결혼을 비판하는 것은 비합리적이다. 그것은 많은 미국인이 옹호한다는 이유로 개방성의 이상을 검열하는 것과 같다. 하지만 결혼의 이상화 문제는 적어도 다음의 세 가지 난점을 안고 있다.

첫째, 이 같은 이상화는 젠더 이분법에 기초한 성 역할과 밀접하게 유착되어 있다. 이성애 결혼은 추정상 상호보완적인 성차의 자연화를 지지한다. 둘째, 결혼이 이상화되면서 이와 유사한 다른 형태의 관계는 저절로 평가절하된다. 셋째, 결혼이 개인의 인간성과 결부되고 그 완성으로 여겨지면서 기혼자들에게 주어지는 각종 혜택과 우대가 정당화된다. 미혼자들은?

미국 영주권을 신청할 때에도 그랬다. 수십 년간 뼈 빠지게 일했어도 이를 보증해 줄 상사가 없으면 단번에 거절되는 영주권이 미국인과 결혼만 하면 나온다는 사실이 아무리 생각해도 이상했다. 나는 미국에서 가장 많은 시간을 보낸, 젠더 문제를 빼고는 완전한 미국인인데, 미 국토안전부가 보기엔 그렇지 않은가 보다.

미 국토안전부는 내 인생의 가혹한 낙관주의에 일침을 놓아 준 고마운 존재이다. 내가 얼마나 전문적으로 성과를 내든, 얼마나 많은 책을 쓰든, 얼마나 매끄럽게 미국 사회에 적응하든 상관없이 나는 미국에 소속되지 못한다. 캐나다 국경을 지나 미국으로 들어올 때마다, 나는 집으로 돌아가는 것 같은데 출입국 관리들은 날 무연고자 취급을 한다. 2016년 8월엔 그 무시무시한 캐나다에서 미국으로의 입국이 거부되었다. 나의 모든 학위 일자들과 함께 그해 1년 동안 미국 대학을 방문할 자격 및 그에 관한 상세한 설명이 하버드대학 마크 위에 떡하니 적힌 고용제안서를 지참하고도 난 입국을 거부당했다. 박사 학위 졸업장을 첨부하지 않아 그들의 심기를 불편하게 했다는 건 온건한 표현이리라. 미국인 친구들 중 한 명에게 결혼해 달라고 했으면 바로 해결됐을 문제이다.

결국 난 3일간 필요한 서류를 수집하여 제출한 뒤에야 미국에 입국했다. 캐나다 여권이 있으면 상대적으로 쉽게 입국을 허락해 주지만, 출입국관리소에 불려가 심문받는 건 언제나 두렵다. 어떤 결정을 내리든 그들은 법적으로 아무런 설명을 제공하지 않아도 된다. 그들은 나에게 그저 왔던 곳으로 돌아가라고 말한다. 서류가 아무리 엉성해도 미국인 남편만 있으면 바로 영주권을 준다는 사실은 약간 짜증 난다. 결혼한 사람들에게 영주권을 주지 말자는 얘기가 아니다. 난 다만 영주권 취득에서 기혼자가 미혼자보다 우대받아선 안된다는 말이다.

미국보다 관대하다고 선전하는 캐나다 이민국도 나의 첫 영주권 신청을 거부했다. 당시 토론토대학에서 종신재직권을 얻었는데도 불구하고 말이다. 대학이 지명한 변호사도 이상하다며 머리를 긁었다. 그럼 무엇이 문제였을까?

설마 남편이 없어서? 짚이는 사유가 그것밖에 없었다. 판결에 항소하는 과정 끝에 결국 신청이 받아들여졌지만, 이상한 것은 당시 온라인으로 신청한 외국인 대학원생 두 명은 영주권을 얻었다는 것이다. 나는 안정적인 수입과 이민 전문 변호사까지 있었다. 그 친구들은 당시에는 고용 전망이 없는 학생 신분이었다. 그러나 그들은 빠르게 승인을 받았고, 나의 신청은 거절당했다. 차이점은 그들은 결혼한 사이였다는 것이다.

몇 년 후, 캐나다 시민권을 신청했을 때 나의 의심이 옳았다는 것을 알게 되었다. 그때 나는 이미 대학에서 종신재직권을 얻고 책을 여러 권 출판한 상태였지만, 캐나다 이민국은 내가 미혼이고 아이가 없다는 점에 집착했다. 난 다행히 전년도 소득신고서 사본을 지참하는 선견지명이 있었다. 시험과 직업, 소득 면에서 나에게 시민권을 주지 않을 이유가 없는데도 담당자는 망설였다. 나는 가방에서 조용히 소득신고서를 꺼내어 내가 전년도에 낸 세금 액수를 가렸다. 담당자는 눈썹을 치켜 올리더니 내 서류에 승인 서명을 했다. 캐나다 시민권을 돈으로 산 것이다. 그래서인지 나는 내가 캐나다인이라고 느끼지 않는다. 나는 서로 어떤 연결 고리도 없어 보이는 캐나다와 핀란드의 어엿한 시민이지만, 막상 내가 집으로 느끼는 나라(미국)에서는 시민권은커녕 영주권마저 얻지 못했다. 고통스럽다기보다 황당했다. 대부분의 북미 사람들이 발음할 수 있는 이름을 소유한 백인 여자가 이런 어려움을 겪는다면, 나보다 더 어두운 피부와 발음하기 까다로운 이름을 가진 사람들은 얼마나 더 힘들까.

영주권 신청만이 아니다. 결혼한 사람들은 이른바 '혼인 고용spousal hire' 명목으로 종신재직권 명단에 슬쩍 들어가는 반면에, 독신자들은 오로지 자격으로만 경쟁해야 한다. 배우자와 같은 도시에서 일하는 것이 물론 좋겠지, 좋을 것이다. 하지만 최종 후보자 명단에서 결혼한 동료에게 밀려 채용되지 않은 독신자들은 무슨 죄가 있나. 아무도 살지 않는 시골에 일자리를 얻어 사랑하는 가족과 친구들 곁을 떠나야 하는 건 독신자들에게도 어려운 일이다.

이와 같은 실제적인 차별 때문에 많은 진보적인 학자들, 특히 젠더와 섹슈얼리티 연구자들은 동성애 결혼에 상반된 감정을 느낀다.[11] 동성애자와 레즈비언들이 왜 결혼할 권리를 원하는지 이해하는 한편으로, 결혼이 완전한 개인성의 기표로 사용되는 현실에 분개한다. 현실의 각종 권리들에서 밀려난다는 건 정당한 시민으로서 받아야 할 혜택들에서도 자동적으로 거부당한다는 것이다. 이성애자들은 결혼을 함으로써 영주권을 얻을 수 있는데, 오랜 시간 동고동락한 게이·레즈비언·퀴어들은 이런 기회를 얻지 못한다는 것은 말이 안 된다. 게다가 똑같이 친밀한 관계인데 이성애 커플의 결혼 관계만큼 정당하지 않다는 이유로 배우자의 병실에 접근하지 못한다는 건 어불성설이다. 이런 이유로 동성 결혼을 합법화한 (2015년 6월) 미 연방대법원의 결정은 엄청난 승리다.

그러나 이 승리는 또 다른 그늘을 만들어 냈다. 이성애자건 게이이건 일부일처제 결혼에 관심이 없고 독신으로 남는 사람들은 어쩌란 말인가. 미국 대법원의 결정은 이 독신자들을 상징적으로 그리고 실제적으로 주변화시켰다. 역사적으로 게이·레즈비언·퀴어 하위문화subculture가 번창할 수 있었던 것은 다른 대체 형태의 섹슈얼리티, 관계를 상상할 수 있었기 때문이다. 사회과학자 캐스 웨스턴Kath Weston의 멋진 표현을 빌리자면, "우리가 선택한 가족"[12]은 이성애 사회의 이상에서 벗어나 활기찬 공동체를 형성하고 친밀한 동맹을 맺어 온 게이·레즈비언·퀴어들의 오랜 모토였다. 그러나 동성애 결혼은 여러 면에서 결혼만이 의미 있는 친밀한 관계를 형성하는 유일한 방법이라는 개념을 강화시키면서 다른 형태의 대안적 관계들을 약화시킬 위험이 있다. 사회의 지배적인 행복 시나리오를 따르는 백인 중산층 동성애 커플들에게 특권을 주고, 그러한 방식으로 살아갈 수도 없고 살고 싶지도 않은 사람들을 더욱 소외시킬 가능성이 있다. 이 때문에 많은 관련 학자들은 동성애 결혼은 잘못된 싸움이며, 혼인 여부와 상관없이 모든 사람에게 동등한 권리와 혜택을 주는 제도를 요구하는 것이 바람직한 전략이라고 주장해 왔다.

# 사랑이 노동이 될 때
⋮

결혼으로 얻는 현실적인 이익이, 죽기 직전 상태의 결혼을 구하기 위해 엄청난 노력을 퍼붓는 이유가 될 수도 있다. 어떤 이는 결혼이 갖는 상징성 때문에 이혼을 피할 수도 있다. 하지만 대부분의 경우, 불행한 결혼을 유지하는 희한한 관습의 주된 이유는 확인하고 싶지 않은 낙담과 그로 인한 곤경이다. 나를 행복하게 해 줄 것이라고 믿었던 것이 나를 낙담하게 만들었다는 사실을 인정하기 어려운 것이다. 게다가 결혼 생활을 끝낸다는 건 이제까지 쏟아 부은 시간과 에너지를 낭비하는 셈이 된다. 결국 날 구원해 주리라 믿은 것을 차마 버리지 못하는 것이다. 이는 결혼이 잔혹한 낙관주의의 온상임을 보여 주는 또 다른 증거이다.

벌랜트가 정의한 "잔혹한 낙관주의" 개념을 떠올려 보자. 우리에게 상처를 주는 사회적 이상과 신념 체계, 삶의 방식 등이 언젠가는 우리를 행복하게 해 줄 것이라 믿는 완고한 신념 아닌가. 잔혹한 낙관주의는 지배적 행복 시나리오들처럼 여러 차례의 실망에도 불구하고 친밀성을 포함해서 삶에 대한 낡아빠진 시나리오에 계속 투자하도록 만든다. 결혼 생활의 잔혹한 낙관주의는 회복 불가능하게 느껴지는 것도 결국엔 회복될 수 있고, 어쩌면 그 과정에서 더 나아질 수도 있다는 희망으로 구성된다.

이것이 현대의 결혼이 아메리칸 드림의 논리와 비슷해 보이는 이유이다. 열심히 노력하면 보상을 받는다는 생각. 잔혹한 낙관주의는 일부 기혼자들을 확고한 의지와 끈질긴 노력을 쏟아 부으면 성공적인 결혼 생활을 만들 수 있다고 믿는 감정적인 일중독자로 만든다.[13] 현대 자본주의 사회의 친밀성이 갖는 중요한 역설은, 사랑은 모든 장애물을 극복할 것이라고 말하면서 그 친밀한 관계를 유지하는 데에는 엄청난 관리가 필요하다는 것이다.

결혼 관계를 유지하기 위해 쏟아 붓는 노력이 현재의 굴욕과 고난, 지루함과 갈등을 보상해 줄 것이라는 희망에 혹해 지금도 많은 이들이 결혼 생활에 공을 들이고 있다. 아무리 절망적이고 숨 막히더라도 그만두려고 하지 않는다. 동맹 관계를 유지하기 위해, 더 정확하게 말하면 버릴 수 없는 결혼의 이상을 위해 이미 시들어 버린 리비도와 끊임없는 다툼, 반복되는 환멸을 기꺼이 참고 견딘다.

이상하게도 우리 사회는 노동집약적인 친밀성을 성숙한 것, 심지어 관계를 맺는 고귀한 방법으로 묘사한다. 그래서 결혼 생활에 대해 불평하는 사람들은 어른이 되라는, 어른으로서 암울한 현실을 받아들이고 기대치를 낮추는 법을 배우라는 충고를 받는다. 즉, 아무리 비참하더라도 단기간의 동맹보다는 지속적인 결혼 관계가 낫다는 것이다. 그래서 오래된 결혼은 그 자체가 성공으로 간주되며, 반면 아무리 삶에 짜릿한 활기를 불어넣은 관계라도 오래가지 못하면 실패로 여겨진다. 관계의 지속성이 관계의 성공 여부를 가르는 것이다.

결혼은 우리의 상처를 치유해 주고 과거의 잘못된 선택들을 보완해 주는 제도로 제시된다. 그 "한 사람"을 찾기만 하면 과거에 실패한 모든 관계가 보상받으리라. 독신을 가능한 한 빨리 커플로 만들어야 하는 사회적 난제쯤으로 여기는 게 우리 문화적 상상력의 수준이다. 그래서 결혼하기 전에 연애를 하라고 널리 권장되는 사회적 분위기에서도, 독신은 "실제 삶"으로 들어가기 전에 거치는 일종의 대기실로 보도록 교육받는다.

나는 후자에 속한다. 그러나 나의 주변 사람들은 거의 자동적으로 아직 그 "한 사람"을 기다리고 있다. 왜냐하면 사람은 혼자서는 살 수 없도록 생겨 먹었기 때문이다. 젊어서는 부러움을 받는 독신의 삶이 나이가 들수록 부족하고 불행한 쪽으로 기운다. 독신자들은 절박하게 반쪽을 찾아 헤매는 불완전한 사람 아니면 외로운 사람으로 인식된다. 나처럼 "나는 내 고독한 삶에 충분히 만족한다"고 할라치면, 아직 짝을 못 만나서 착각하는 거라는 타박이 돌아온다.

독신자들은 미성숙하고 이기적이며 자기중심적이고 철이 없다는 점에서 동성애자들과 다름이 없다. 아무리 오랜 친구들이 있고, 커리어가 탄탄하며, 정치적 신념과 세계관이 확고하더라도 말이다. 오죽 못났으면 짝 하나를 꾀지 못했을까. 설마 자발적으로 혼자 사는 삶을 택했겠어? 그러나 이성애 여성들을 포함해서 점점 더 많은 사람들이 결혼에서 멀어지고 있다.[14] 물론 독신의 삶은 아직도 설명이 필요한 상태로 여겨지지만 말이다. 그러면 난 묻고 싶다. "당신은 왜 아직도 결혼해서 살고 있는가?"

# 사랑에 목매지 말지니
## ⋮

독신자들과 허무한 인생을 연결 짓는 추정의 거의 유일한 근거는 사랑이다. 나도 사랑이 다른 관계에선 얻기 어려운 영감靈感 같은 걸 줄 수 있다고 생각한다. 그러나 그렇다고 해서 그것을 위해 언제 폭군으로 돌변할지도 모르는 사랑에 나를 맡길 생각은 없다. 사랑이 행복의 정점이라는 아이디어는 다른 방식의 삶으로 나아가려는 시도를 짓밟을 정도로 강력하다. 행복의 정점에 서서 어디 다른 곳을 쳐다볼 생각을 한다는 말인가.

이쯤에서 우리가 아는 많은 예술가나 학자, 작가나 발명가, 배우 등은 비교적 영구적인 관계를 피했다는 사실을 떠올릴 필요가 있다. 그렇다고 해서 그들의 인생에 사랑이 없었을까. 그들은 그저 사회적으로 인정받을 만한 형식의 사랑을 추구하지 않았을 뿐이다. 그들이 괴팍하거나 외곬이어서가 아니라 결혼이 주는 보상보다 다른 일이 주는 보상을 더 높이 평가했다고 이해할 수는 없을까?

사랑이 부여하는 힘을 부정할 사람은 아무도 없다. 온전히 살아 있다는 느낌, 내 삶을 완전히 살아가고 있다는 충족감 때문에 연애를 하는 사람도 많다. 지루하고 짜증 나던 인생이 갑자기 아름답게 보이는 순간을 쉽게 포기하기란 어렵다. 하지만 우리 모두가 알고 있듯, 이 들뜬 상태는 빠르게 희미해진다. 글쓰기나 그림 그리기 같은 창의적인 활동에서 얻는 만족에 비해서 말이다. 그래서 나는 로맨스나 사랑이 정말로 좋은 삶의 필수 요소인지 확신하기 어렵다. 삶을 풍요롭게 해 줄 더 믿음직스러운 것들이 많은데 말이다.

우리 사회를 지배하는 관계숭배 문화는 지속적인 친밀한 관계 없이는 가치 있는 삶을 살기 어렵다고 끝없이 되뇐다. 성취를 위한 다른 경로들은 열외 취급을 받는다. 하지만 불행한 결혼의 고통 같은 체제의 균열은 잘 감춰지지 않는다. 그 결과, 최근 정해진 결혼 시나리오를 거부하는 사람들이 부쩍 늘었다. 그러다 보니 결혼을 행복의 성배로 제시하려는 이성애가부장제의 반격이 더욱 거세졌다.

특히 이성애자 여성들이 주요 목표물이다. 결혼을 원하라, 결혼하기 위해 노력하라! 사회는 끝없이 메시지를 보낸다. 페미니스트들은 여성들을 속여서 결혼 대신에 경력 혹은 다른 것을 우선시하게 만들었다는 이유로 꾸지람을 들어야 한다. 결혼 생활이 주는 보상에 비하면 일에서 얻는 성취는 무의미한 것으로 그려진다. 여성의 독립이 과대평가되었다는 것이다. 결혼은 따뜻함과 안전함, 편안함과 책임감 있는 시민의 안식처이자 성과 지향적인 차가운 직장 생활의 해독제로 묘사된다. 물론 성과를 잊으라는 얘기는 아니고, 오히려 가정

생활로부터 지지를 받으면 그 과정이 덜 힘들어진다는 뜻이다. 나도 남편이 있으면 이처럼 등이 아프지 않을 거라는 얘기를 의사들한테 몇 번이나 들었던가.

언젠가 나한테 맞는 상담을 해 줄 사람인지 확인차 찾아갔던 정신분석가는 다짜고짜 사귀는 사람이 있는가부터 물었다.[15] "아뇨, 없어요. 하지만 과거에는 많았죠." 그는 눈에 띄게 안심하며 "그렇다면, 뭐, 별로 걱정할 게 없군요." 했다. 그 말인즉, 친밀한 관계를 많이 가진 적이 있으니 아마도 심각한 문제는 없을 것이며, 나의 문제가 무엇이든 상담을 통해 해결될 수 있다는 뜻이었다. 그러면 건강한, 즉 지속적인 관계를 갖도록 이끌 수 있겠지.

그 정신분석가는 내가 독신이라는 점을 비난하지는 않았지만, 내가 독신으로 남고 싶어하지는 않을 거라고 추정한 것이다. 그리고 과거의 관계들을 나의 자발적 선택이 아니라 일종의 실패로 추정했다. 내가 사실은 장기적인 관계에 별로 관심이 없고, 여태까지 관찰해 보았더니 결혼한 사람들이 나보다 만족감이 떨어지더라고 말했다면 그의 표정이 어땠을까. 아마도 내가 과거의 아픔을 회피하려고 방어적이 됐으며, 취약한 진짜 자아를 보호하고자 가짜 자아로 난공불락의 요새를 쌓았다고 했을 것이다. 난 아무 말도 하지 않았다. 물론 다시 그 사람을 찾지도 않았다.

오래가는 친밀한 관계들이 가져다주는 실망을 고려했을 때, 우리가 모두 그것을 원해야 한다는 것은 특이한 관념이다. 사람들은 누군가와 커플을 이루면 근본적인 측면에서 자신이 완성될 것이라고 희망하지만, 현실은 그 반대인 경우가 많다. 관계는 우리를 침식하고 고갈시키고 너덜너덜하게 만든다. 이것이 내 경력과 삶의 다른 가치를 버리고 사랑을 선택한 '보상'인가. 차라리 우리가 그토록 피하려 한 결여와 소외감, 불완전함이 인간 존재의 불가피한 조건임을 인정했다면 다른 대안을 찾을 수 있지 않았을까.

그렇다고 행복한 결혼 생활에 딴지를 걸거나, 독신 생활이 더 위엄 있고 영감을 주며 행복하다고 주장하고 싶지는 않다. 나는 다만 아무리 불행해도 결혼이 미혼보다 낫다는 생각에 의문을 던지고 싶을 뿐이다. 더불어 결혼 생활의 행복이라는 이데올로기가 얼마나 우리 삶에 깊이 침투하여 생명관리정치 형태로 우리를 관리하고 있는지 조명하고 싶다. 엄청나게 많은 사람들을 지치고 무감각하고 비참하고 우울하게 만드는 관계에 묶어 두려면, 그만큼의 문화적 선전이 필요하다. 얼마나 많은 사람들이 결혼 생활에서 고통을 겪고 있는지를 생각할 때, 결혼이 정신건강에 도움을 주는 삶의 방식으로, 독신 시절의 모든 격동과 불안감을 끝내 줄 만병통치약처럼 여겨지는 현실이 차라리 기적에 가깝다.

결혼한 사람들이 독신자들보다 평균적으로 더 만족감이 높다고? 그럼 후자를 불쌍히 여기는 집단적 태도는 과연 무엇을 감추기 위함인가? 독신자들을 소외되고 쓸쓸한 존재로 묘사하면 결혼이 주는 환멸이 감추어지는가? 왜 냉담한 가족 식사가 내가 원해서 만나는 연인 혹은 친구들과의 활기찬 식사보다 낫다는 것인가?

우리는 사랑에 지나치게 공을 들인다. 많은 이들이 삶의 다른 측면을 제쳐 놓고 연애에 집중하고, 그러다가 관계가 끝나면 마치 세상이 무너진 것처럼 군다. 이들에게 사랑의 치유력 운운은 전혀 도움이 되지 않는다. 에로스에 관한 우리 사회의 감성적인 초상화는 에로스의 파괴력을 지나치게 과소평가하지만, 사실은 정반대이다. 에로스는 완전함이나 만족감보다는 삶을 산산조각 낼 가능성이 훨씬 더 높다.

사랑이 찾아오면 도망치지 말라. 그러나 사랑이 당신을 행복하게 해 줄 거라고 믿지는 말라. 사랑을 오해해선 안 된다. 사랑이 욕망과 얽혀 있는 한, 이성으로 통제할 수 없는 욕망의 속성상 사랑 역시 믿을 수 없는 것이다. 욕망이 빠진 사랑은? 그 사랑은 쉽게 지루해지고 짜증과 분노 같은 불쾌한 감정을 끌어들인다. 그래서 사랑하는 사람들이 곧잘 우리를 미치게 하는 것이다. 이런 상태가 됐을 때 사랑을 회복하려는 감정노동은 감정 자원의 낭비다. 다른 데 썼다면 훨씬 좋은 결과를 냈을.

## 3장

# 성별에 대한
# 집착

# 제2차 젠더전쟁

⋮

결혼의 이상화는 남녀가 '자연' 혹은 '신神'의 의도로 서로 보완 관계에 있다고 가정하는 젠더 이분법적 세계관과 관련이 있다. 현재 미국에서 벌어지는 '젠더전쟁'은 세 개 파벌이 주도하는 듯하다. "과학적인"(흔히 진화론적인) 이유를 들어 이분법적 젠더 체제를 옹호하는 이들, 성서를 근거로 기존 체제를 옹호하는 이들, 그리고 이 망할 이분법이 무너지기를 원하는 이들.

난 당연히 페미니스트와 퀴어이론가를 포함한 인문학자들이 거처하는 마지막 파벌에 속한다. 학계 밖에선 페미니스트나 LGBTQ(레즈비언·게이·바이섹슈얼·트랜스젠더·퀴어 혹은 퀘스처너Questioner의 머리글자) 성소수자 등 진보적 운동가들이 상당한 저항을 보여 주고 있지만, 과학파와 성서파가 아직 압도적으로 우세하다. 나는 젠더 이분법은 궁극적으로 패할 것이라고 믿지만, 현재로서는 남녀 성별의 엄연한 구별을 주장하는 '젠더강박장애' 세력의 방어가 만만치 않다.

2016년 미국 공무원들이 뻔뻔하게 반反트랜스젠더(그리고 반퀴어)

발언을 내뱉고, 건장한 백인 남성들이 텍사스에서 여성 공중화장실 입구를 지키며 "제대로" 여성스럽지 않은 (트랜스젠더이거나 아닌) 여성들을 모욕한 사건은, 지금도 얼마나 많은 미국인들이 남녀의 성차를 유지하는 데 골몰하고 있는지를 보여 준다. 이 차이를 모호하게 만드는 이들을 향한 증오는 이 문제에 관심이 없는 사람들이 보기에도 충격적이다.

최근 수십 년간 미국은 여성과 동성애자에 대한 '진보적인' 태도를 미국 체제의 우월성을 선전하는 근거로 사용해 왔다. 우리는 저 미국의 적국들보다 훨씬 더 관대하고 민주적이다! 심지어 아프가니스탄 같은 곳에선 여성해방을 명분으로 군사개입을 정당화하기까지 했다.[1] 플로리다주 올랜도에서 '펄스PULSE 클럽 학살'(2016년 6월 무슬림 남성이 LGBTQ 클럽에 총기를 난사한 사건. 49명이 죽고 53명이 다쳤다)이 일어났을 때 미국 행정부와 언론은 뭐라고 호소했던가. 극단적인 이슬람 지하드주의자들을 "그들"로 호명하며, "그들"의 야만적인 행위에도 불구하고 "우리"는 개방적이고 관용하는 사회를 지향하겠다고 하지 않았던가.

그렇다고 2016년 7월 4일 캐나다 수상이 올랜도 학살 희생자들을 추모하고 LGBTQ+ 공동체에 대한 지지를 보여 주기 위해 토론토에서 행진을 벌이고, 당시 오바마 미국 대통령이 이 학살을 강하게 비난한 것이 아무 의미도 없다는 말은 아니다. 북미 국가의 최고위급 정치가들이 공식 석상에서 이 같은 발언을 한다는 것은 분명 중대한 변화였다. 그러나 이 변화는 오래가지 않았다. 2017년 논리를 거부하는, 입에 거품을 물고 여성과 동성애 혐오와 인종차별을 주장하는 사람이 미국의 새로운 대통령이 되면서 변화의 열기는 급격히 식어 버렸다. 게다가 관련 논란이 일어날 때마다 드러나는 미국 대중의 여론은 동성애와 성소수자 혐오가 아직도 주류임을 보여 준다.

만약 올랜도 학살의 범인이 살해 동기를 IS가 아니라 미국 문화에서 찾으려 했어도 편협함의 자양분은 얼마든지 널려 있다. 젠더와 성적 취향에 관대한 나라라고? 성소수자들에 대한 미국 기독교인들의 적대적인 자세에 눈을 감는다면 그렇게 말할 수도 있을 것이다. 젠더와 성적 취향에 대한 미국의 광신이 그 형태상 다른 문화의 광신과 다를 순 있겠지만, 트랜스젠더와 젠더 및 성적 취향 관련 쟁점을 과거로 되돌리려는 보수적인 시도를 보면 미국이 이 문제에 관대하다는 주장은 성립하기 어렵다. 그토록 많은 미국인의 정신을 감염시킨 젠더강박장애, 궁극적으로 올랜도 무장 괴한의 사고방식과 일맥상통하는 이 장애는 특히 트랜스젠더에게 정신적인 폭력과 심리적 학대를 가한다. '진짜' 여성들을 더 화나게 하는 쪽은 어느 쪽인가? 남성들이 위협적인 존재로 추정한 트랜스젠더인가, 화장실 입구를 막아선 남성들인가?[2]

트랜스젠더이든 시스젠더Cisgender(생물학적인 성과 성 정체성이 일치하는 사람)이든, 여성들은 도시의 거리를 걸을 때 위협을 느낀다. 여성들이 걱정하는 기본적인 안전이 트랜스젠더 때문인가? 아니다. 여성들을 살해하고 강간하고 외모를 지적하는 사람은 이성애 남자들이다. 공중화장실 문에 붙은 아이콘으로 간결하게 상징되는 엄격한 남성/여성 이분법을 옹호하는 사람들은 여성의 안전을 옹호하는 것이 아니다. 그들은 이성애의 특권화, 더 나아가 여성과 기타 성소수자들에 대한 육체적·감정적·심리적 탄압에 입각한 이성애가부장제 사회질서를 옹호하는 것이다.

젠더강박장애는 생명관리정치적 통제가 아예 숨기려고 하지조차 않는 물건이다. 화장실 입구에 대문짝만 하게 남녀 아이콘을 붙여 놓은 곳도 있는 걸 보면 말이다. 성차에 집착하는 사람들은 남녀 사이의 구분이 약간이라도 모호해지면 당장에라도 인류 문명이 종말을 맞을 것처럼 군다. 이것이 성적 다양성이 이토록 비싼 대가를 치르는 이유이며, 공항과 지하철은 물론이고 직장과 학교, 식당과 화장실까지 일상의 전체적인 흐름이 면밀히 조사받는 이유이다. 그토록 다양성을 자랑스럽게 여기는 사회가 성적 다양성 문제에는 왜 이리 노골적인 증오를 드러내는지 의문이다.

나는 이 같은 편견의 노골적인 형태가 너무 자연화되어 있고, 소수의 사람들만 그 심각성을 인식하는 성차별주의로 지탱된다고 주장하고 싶다.

## 진화심리학, 뻔한 거짓말
:

몇 년 전 젠더에 근거한 가짜 과학 진술을 일삼는 진화심리학 특유의 '젠더 프로파일링'을 비판한 나의 책《나는 과학이 말하는 성차별이 불편합니다The Age of Scientific Sexism》(2015) 출판을 상의하기 위해 뉴욕의 유명 출판 기획자를 만났다. 그런데 그녀는 성차별은 제도화되지 않았기 때문에 인종차별과 비교될 수가 없다며 내 책의 출판 작업을 거절했다. 나는 인종과 젠더 프로파일링의 유사점을 비교하는 데 조심해야 하는 그녀의 입장은 이해했으나, 우리 사회에 성차별이 제도화되지 않았다는 말에는 동의하기 어려웠다. 난 젠더 프로파일링이란 것이 많은 사람들이 차별이라고 인식하지 못할 정도로 보편적으로 받아들여지는 독특한 형태를 갖추고 있다고 지적하려 했는데 말이다.

많은 사람들이 성평등은 이루어졌다고, 성차별이 야단법석을 떨 정도로 큰 문제는 아니라고 믿고 싶어한다. 그러나 난 야단을 떨어야 할 문제라고 생각한다. 과거에 두개골 크기로 흑인들의 열등함을 증명하려 했던 것과 똑같은 터무니없는 유사과학에 기대어 지금도 공공연히 성차별이 진행되고 있다. 내가 살펴본 연애심리학과 대중적인 진화심리학 책들에는 다음과 같은 말도 안 되는 주장들이 잔뜩 있었다.

남자는 공격적이지만 여자는 포용적이다, 남자는 자주적이지만 여성은 관계 중심적이다, 남자는 공간을 필요로 하고 여자는 친밀함을 필요로 한다, 남자는 생산적이고 여자는 생식적이다, 남자는 스포츠를 좋아하고 여자는 껴안고 있는 걸 좋아한다, 남자는 젊음·아름다움·여성적인 취약성에 끌리는 반면에 여자는 권력·지위·경제적 자원이 있는 남자를 찾는다, 남자는 구조적으로 바람을 피우도록 생겨먹었지만 여자는 신의가 있는 성별이다, 남자는 포르노에 흥분되지만 여자는 긴 교제에서 짜릿한 흥분을 느낀다 등등. 물론 이 교제는 꽃다발과 비싼 저녁, 긴 대화와 화려한 헌신으로 채워져야 한다.[3]

진화심리학자들은 이 같은 "결과"들이 과학적 "객관성"에 근거하여 나왔다는 주장을 진지하게도 제시한다. 문화적 이데올로기로부터 도용한 게 뻔히 보이는데도, 그들은 젠더에 관한 사회적 신화들이 자연과학처럼 들리도록 분투한다. 그리고 이는 유감스럽게도, 악랄한 신비화의 순환을 만든다. 문화적 이데올로기를 모사하는 가짜 과학의 주장은 수없이 들었던 내용이기 때문에 다수 사회 구성원의 귀에 쏙 꽂힌다.

예를 들어, 과학자들이 남자는 여자보다 성적이고 여자는 남자보다 감정적이라고 일반 대중을 설득시키기는 쉽다. 왜냐하면 이 같은 고정관념은 이미 우리의 사회적 신화를 구성하는 중요한 부분이기 때문이다. 그러니 과학적으로 입증된 사실이라고 하면 의심 없이 믿어 버리게 된다. "여성은 잘 운다. 특히 매월 찾아오는 그때가 되면." 이것이 과학인가?

이처럼 우리 사회에서 성차별주의는 자연화되어 있다. 이상한 것은, 남성들은 물론이고 여성들까지도 이 차별을 자랑스러워한다는 점이다. 이것이 인종차별주의와 성차별주의의 가장 큰 차이점이다. 흑인 남성을 잔인하게 다루는 백인 경찰관들과 차별을 재도입하기를 바라는 백인우월론자들은 인종차별주의를 과시할지 몰라도, 이를 지지하는 흑인은 없을 것이다. 이에 반해, 여성에 대한 사회적 고정관념을 지지하고 심지어 격렬하게 옹호하는 여성을 찾는 건 어렵지 않다. 시민평등권운동을 비난하는 흑인은 찾기 어려워도, 페미니즘을 조롱하는 여자는 얼마든지 찾을 수 있다.

그렇다고 성차별주의가 인종차별주의보다 더 문제라고 주장하는 건 아니다. 미국에서 흑인으로 산다는 것이 어떤 것인지, 언제 주먹이 날아들고 경찰이 잡아갈지 모르는 두려움 속에서 살아야 하는 그들의 상황은, '남성'이라는 사실이 누구에게나 벼슬이 되지는 않음을 보여 준다. 비록 감시의 이유는 다 다르겠지만, 공공장소에서 암암리에 이뤄지는 사회적 감시는 흑인 및 유색인 남성, 모든 인종의 여성들이 공통되게 겪는 일일 수 있다. 더 나쁘게는, 인종차별과 성차별 그리고 트랜스포비아transphobia가 사악한 방식으로 교차하기도 한다. 2016년 대통령선거 기간에 등장한 캐리커처는 도널드 트럼프의 부인 멜라니아를 곡선미 넘치는 디즈니 공주처럼, 버락 오바마의 부인 미셸을 근육질의 트랜스젠더 여성으로 묘사했다. 그런데 공주가 트랜스젠더를 이긴다. 이 만화는 미국 사회의 인종차별과 성차별, 트랜스포비아를 단적으로 보여 주었다.

성차별과 인종차별은 차라리 서로 뒤얽혀 있는, 일부 백인 이성애 남자들 편에서 만들어진 제도의 산물이라고 보는 편이 타당하다. 현재의 사회적 문맥에서 나의 문제의식은, 공공연한 성차별이 상당수 여성들의 지지를 받으며 용인될 정도로 사회적으로 자연화되어 있다는 것이다. 진화심리학자들은 친밀한 관계에서 문화적 조건화가 우리의 행동에 아무런 영향을 미치지 않는 것처럼 주장한다. 연애를 비롯한 우리의 모든 성적 행동이 생식이라는 '자연적인' 의무에서 비롯된 것인 양 설명한다.

이 논리에 따르면, 남자와 여자의 연애 전략이 충돌하는 이유는 남자는 주로 자기 씨를 뿌리는 것에 관심이 있고 여자는 주로 가장 좋은 아빠를 찾는 데 관심을 갖기 때문이다(그래서 여성은 성적으로 까다룹다). 점점 더 많은 사람들이, 어쩌면 비율상 더 많은 이들이 생식 이외의 목적으로 섹스를 한다는 사실도 이런 과감한 주장을 막지 못한다. 아무런 결실이 없는 "쓸데없는" 행위야말로 성과 위주의 신자유주의가 가장 싫어하는 것인지도 모른다. 이처럼 기독교 근본주의자들과 다윈주의자들은 서로의 발부리에 걸려 넘어지며 전자는 신의 이름으로, 후자는 자연의 이름으로 전통적인 젠더 배열을 수호하고 있다.

내가 과학에 거부감이 있다고 오해해선 안 된다. 인간이 동물이 아니라고 말하는 것도 아니다. 난 당연히 진화적 발달을 믿는다. 그러나 내가 나의 책에서 길게 논증했듯, 인간은 정치·경제·고층 건물·대학·나이트클럽·엘리베이터·웹사이트·영화·책 그리고 기타 등등의 복잡한 문화 안에서 살아간다. 먹고 오줌을 누는 것과 같은 우리의 가장 기본적인 생체 기능조차 사회의 통제를 받는다. 다른 사람들과 저녁 식사를 할 때 보통 접시와 포크를 쓰며, 닭뼈를 식탁 밑에 떨어뜨리지 않는다. 그리고 다른 동물들과 다르게 볼일을 볼 때 화장실 문을 닫는다. 도쿄에 여행을 갔을 땐, 화장실 칸막이 안에서 발생하는 소음을 덮는 물소리 버튼이 있는 걸 보고 감탄했다.

그런데 인간의 성행동이 문화에 영향을 받지 않는다고? 만일 그렇다면 사람들은 왜 다른 동물들처럼 대낮에 아무 데서나 성관계를 하지 않는가. 남자들은 그들의 씨앗을 최대한 많이 퍼뜨리고 싶어한다고? 우리 주변엔 자식이 셋만 돼도 많다고 손사래를 치는 남자들 투성이다. 그리고 오늘날 미국인들의 성활동이 침대보다는 포르노 사이트에서 더 많이 이뤄진다는 점을 고려할 때, 성생활과 생식의 진화론적 관계는 취약하기 이를 데 없다.

미국 사회에서 흑인들이 돈을 받지 않고 백인들을 위해 일하는 것이 자연스러웠던 시절을 떠올려 보라. 이때도 일부 과학자들은 각기 다른 인종들이 각기 다른 역할을 하는 것이 자연의 질서라고, 백인들은 생각하고 발명하고 지배하도록 되어 있고 흑인들은 육체노동을 하도록 생겨먹었다고 진화론을 들어 정당화했다. 이 이데올로기는 아직까지도 흑인들이 백인들보다 저임금을 받으며 육체노동을 한다는 점에서 우리 경제의 특징으로 존속되고 있다. 그러나 이 현상을 바라보는 시각은 바뀌었다. 완고한 인종차별주의자들을 제외하고 이것을 인종적 차이로 인한 '자연적인' 결과로 보는 이는 별로 없다. 인종이 아니라 노예제도의 역사적 유산과 기회 균등 부족이 만들어 낸 구조적 문제로 인식한다. 그런데 젠더 문제는 어떤가? 우리 사회는 각 개인이 어떤 사람이고 문화 시스템 안에서 어디에 위치해야 한다고 지정하는데, 이때 그 사람의 생식기 모양을 중요하게 고려한다.

## 상호 보완성의 환상
⋮

진보적인 사회적 관점을 가진 사람들조차 젠더화된 사고에서 위안을 얻는다. 바로 남성과 여성이 조화로운 결합으로 서로를 완성할 운명이라는 것이다. 반면에 진화심리학은 생식의 관점에서, 그러므

로 연애에서 남성과 여성의 의도는 갈라진다고 주장함으로써 남녀
간의 투쟁을 부추긴다. 그러면서 남성과 여성이 이 차이를 극복할
때 "자연스럽게" 균형을 맞출 수 있다고 다독인다.

　말했다시피 우리의 문화적 신화는 여성을 말 그대로 '결여'(다른 말
로 '거세')의 전형으로 여긴다. 그 부족을 상징적으로 채워 주는 존재
가 남성이다. 이것이 우리 사회가 남성 없는 여성은 근본적인 의미
에서 미완성이라는 생각에 도달하는 방법이다. 그에 반해 남성은 자
주적이고 자급자족이 가능한 존재이다. 남성은 여성처럼 관계에 목
매지 않고, 심지어는 관계를 골칫거리로 여긴다고 거듭 이야기된다
(헌신포비아). 다만, 남성이 공공 영역에서 경쟁하면서 느끼는 부담을
더는 데 "여성의 손길"이 이로울 수 있을 따름이다.

　이는 매우 전통적인 사고방식이다. 여성은 사적 영역 안에 머물며,
남성이 공적 영역에서 활동하다가 얻는 걱정을 달래 주어야 한다.
그런 의미에서 여성은 남성에게 인간적인 온기를 공급해 주는 구세
주이다. 오늘날에는 '가정을 지키는 천사' 역할을 하기엔 너무 많은
여성들이 공공 영역에서 활동하고 있지만, 남성의 감정적 구원자이
자 사회의 보편적 실용주의에 온기를 불어넣는 존재라는 여성의 역
할 관념은 근절되지 않았다. 남성은 페니스가 있으니 결여된 존재는
아니지만, 어쨌든 여성이 채워야 할 필요는 존재한달까.

　이런 방식으로 이성애가부장제는 남성과 여성이 서로를 구제해야
한다는 생각을 존속시킨다. 여성은 소위 남성의 야망과 활동 그리고
보호로 지탱되고, 남성은 여성의 부드러운 감성으로 구원받는다. 상
호구제에 대한 이 환상은 결혼을 순수한 만족감의 공간으로 제시하

고, 가장 적법한 친밀함의 형태로 자연화시킨다. 구멍에 맞는 나사가 의자를 안정시키듯, 남자와 여자가 성적·감정적·심리적으로 그리고 존재적으로 잘 들어맞는다는 이미지는 자연의 계획이 성취되는 매혹적인 시각을 제시한다.

그러나 이 유혹하는 힘이 신뢰까지 주는 건 아니다. 결혼한 사람들 중 다수가 결혼으로 사라질 줄 알았던 공허함을 다시 경험한다. 물론 자녀 문제에 집중하거나 사는 게 바쁘면 공허함은 가려진다. 젠더 상보성이란 주문呪文은 그것을 듣고 읊조리는 과정을 통해 우리의 집단적 의식에 깊이 뿌리박힌다. 관계의 실패 같은 부정적인 상황에서도 이 신화의 신뢰도는 떨어지지 않는다. 그 혹은 그녀와의 관계에 문제가 생겼다고요? 그건 상대방의 (젠더화된) 방식을 존중하지 않아서 생기는 사소한 문제랍니다.

이는 명백히 잘못된 조언이다. 왜 성별 차이에서 오는 문제만 문제인가? 무의식적인 동기, 고난의 이력, 존재론적 투쟁 등등 두 사람 사이를 멀어지게 할 이유는 수없이 널렸다. 젠더 차이에만 집착하는 건 인간 존재를 둘러싼 복잡한 변수들을 간과하는 일이다.

주류 문화의 젠더화된 사고방식은 관계의 어려움을 상대방 젠더에 대한 오해 때문이라고 우김으로써 이 복잡함을 몰아내려 한다. 구글에서 '사랑Love', '연애Romance', '관계relationships' 같은 단어를 입력해 보라. 여자가 남자에게 실수하는 열 가지, 당신의 남자가 바람피우지 않게 하는 법, 침대에서 그를 만족시키는 방법, 그가 구혼하게 만드는 방법, 당신의 남자를 꼭 붙잡는 비밀 따위의 내용이 주르르 뜬다. 이런 온라인 문화는 내가 비판한 '노동집약적인 친밀함'의 좋은 예이다. 사랑은 여자의 끝없는 노력과 교활함, 자기훈련을 필요로 한다. 관계 개선을 위해 노력하는 쪽은 오로지 여자이며, 여자는 사랑 말고는 걱정할 일이 없다.

슬프게도, 이런 유의 조언은 언제부터인지조차 알 수 없는 오래전부터 우리 문화에 퍼져 있던 고정관념에서 나온다. 남자친구가 자기만의 공간이 필요하다고 할 때 어떻게 물러나야 하는지 지도받기 위해 인터넷을 돌아다니는 젊은 여성들, 그리고 여성을 행복하게 만드는 비결은 그녀의 말을 주의 깊게 들어주는 것이라고 외우는 남성들은 4반세기 전 존 그레이John Gray가 《화성에서 온 남자, 금성에서 온 여자Men Are from Mars, Women Are from Venus》를 출판했을 때 부모들이 받았던 조언을 자신들이 똑같이 받고 있음을 모른다.[4] 현실과 상관 없이 그냥 그런 것으로 믿어지는 신념에 세뇌당하고 있음을 모른다. 남성이 타고나길 여성보다 더 많은 공간을 필요로 한다는 건 사실이 아니며, 또한 꼭 그래야 한다고 상기시킬 만큼 여성의 이야기에 귀를 기울이는 게 남성들에게 그렇게 귀찮은 일인가? 설사 그렇다 하더라도 이런 것이 정말로 '자연적인' 젠더의 차이일까?

일부 주장은 역사적인 맥락이 분명한, 순수하게 정황적인 내용일 수 있다. 존 그레이가 1980년대에 상담가로서 관찰한 내용에 근거해, 남성은 그들만의 '동굴'로 피하길 바라고 여성은 관계를 갈망한다는 논증이 맞다고 가정해 보자. 만약 그렇다면 나는 수십 년 전 쉴 새 없이 떠들어야 했던 남성의 사회적 근무 환경과, 대부분의 날들을 고독한 집에서 아이들과 함께 보내야 했던 여성의 환경에서 그 이유를 찾을 것이다.

그랬다면 남성은 직장에서 귀가하면 더 이상 얘기를 하고 싶어하지 않고, 여성은 간절히 대화를 원하는 상황이 쉽게 상상된다. 하지만 이는 젠더에 관한 것이 아니라 한 사람의 하루 일과에 대한 내용이다. 나도 대학에 출근하면 내내 떠들기 때문에 집에 돌아오면 입도 떼기 싫다. 하지만 집에서 하루 종일 혼자 일한 날에는 저녁 대화가 기다려진다. 이런 구조적 요인들을 자연적인 젠더 차이로 이해하는 것은 어리석다.

## 젠더 고정관념 프로젝트

．．．

그럼 미국만이 젠더 차이에 집착하는가. 그럴 리가. 세계 대부분의 문화들이 성별 구별을 고집하고, 미국보다 더한 나라가 더 많다. 나는 미국인이 다른 나라 사람들보다 더 성차별적이라고 비난하는 것이 아니라, 왜 아직도 성차별적인가를 묻는 것이다. 미국 사회가 지난 수십 년간 얼마나 급격히 변했는지를 생각하면, 젠더 고정관념의 지속성은 놀랍다.

각 개인이 저마다 다른 심리적·감정적·성적 기호를 가진 단수적인 존재라고 인정하는 사람들조차 남녀를 풍자하는 캐리커처에는 별다른 문제의식을 느끼지 못한다. 인종과 민족, 종교, 수입에 따른 고정관념적 사고에 반대하는 사람들조차 젠더 차이에 기반한 미사여구를 기꺼이 받아들인다.

이는 둘 중 하나이다. 사람들이 젠더 차이에 대한 미사여구를 고정관념적 사고의 사례로 보지 않거나, 그것을 사실 혹은 양호한 상태로 본다는 것이다. 그들이 알아채지 못하는(또는 인정하고 싶지 않은) 것은 젠더 차이의 자연화와 여성 폄하는 분리될 수 없다는 것이다. 추정적인 생물학적 차이에 기반해 조직적으로 이뤄지는 그룹화는 사실상 차별을 피할 수 없다.

바로 이것이 프로이트가 우리 사회의 조직적 원칙 중 하나로 성기에 집착했을 때 그가 근본적인 무언가를 통찰했다고 보는 이유이다. 그는 우리의 집단적 착각이 남성은 남근이 있고 여성은 다른 무언가가 있다는 간단한 사실에 맞춰 정교한 문화적 체계를 만들었다고 인식했다. 남근이 전통적으로, 어쩌면 순전히 그 가시성 때문에, 젠더 차이를 정의하는(여성은 "다른 무언가"를 가지거나 더 모욕적으로 말하면 아무것도 없는) 관계의 표준이 된 장기臟器였다는 사실은 궁극적으로 이성애가부장제의 토대이다. 학자들은 이를 '남근중심주의 phallocentrism'라고 부른다. 비교적 최근까지도 남근의 결여는 여성의 투표와 노동, 재산 소유, 등교, 예술이나 저술 참여, 스포츠, 심지어 공공장소 단독 출입조차 막았다. 이렇게 보면 남근을 특권화하는 것은 분명 프로이트가 지어낸 말은 아니다. 그것은 그가 진단하고 분석한 사회적 현실이었다.

남근 유무로 사람을 차별하는 것은 남성은 전사·지도자·연설가·작가가 되고, 여성은 요리하고 바느질하고 양말을 꿰매야 한다는 개념을 포함한 남성적인 공공 영역과 여성적인 사적 영역을 나누는 데 책임이 있다. 그것은 또한 남성은 무언가를 생산하는 능동적인 존재인 반면, 여성은 페니스와 꽃다발, 초콜릿, 약혼반지 등등을 받는 수동적인 존재라는 관념에 기여했다. 특히 미국 문화는 성적 관통성을 수용성과 일치하는 것으로 가정하는 것 같다. 그래서 그것은 순종과 취약성 그리고 복종으로 코드화된다. 그 결과, 이성애적 성교가 마치 여성에 대한 남성의 정복인 양 남성적 공격성과 여성적 침해라는 성적 상상에 지배되고 있다.

내가 미국 이성애자들의 실제 성관계를 얘기하는 것이 아님을 알 것이다. 난 솔직히 미국에 도착하기 전까지는 성관계에 대해 이렇게 생각해 본 적이 전혀 없었다. 그래서 많은 미국 사람들이 그렇게 생각한다는 것을 깨달았을 때, 이렇게 떠들지 않을 수 없었다. "도대체 왜? 어떤 근거로 관통성이 수동성과 동일하다고 생각하지? 여성이 성적으로 능동적인 게 얼마나 많은데?"

이 의문은 미국의 퀴어이론을 읽을 때 다시 들었다. 성적 위반sexual transgression을 홍보하는 많은 책에서 관통당하기를 선호하는 동성애 남성들이 "여성적" "수동적" "순종적"인 '아래쪽'을 차지하고, 관통하길 좋아하는 레즈비언들이 능동적("남성적")인 위쪽을 차지한다는 관통성/수동성 등식이 발견되었기 때문이다. 가장 급진적이라 할 퀴어 성생활에 관한 학술 연구에까지 미국의 주류 관념이 침투해 있는 것이다. 나는 이 모든 것이 미칠 것만 같다.

이 모든 것을 복잡하게 만드는 아이디어가 바로 '남근이 지배 수단이 될 수 있다'는 것이다. 그것은 여성 또는 다른 남성을 강간하는 데 쓰일 수 있다. 거꾸로 이성애 페미니스트를 포함해 이성애 여성들의 상황을 복잡하게 하는 것은, 여성들 입장에서는 여성혐오 남성들조차 때로 성적 성취감의 원천이 될 수 있다는 것이다. 이것이 그동안 여성들이 화합된 정치적 전선을 이루기가 힘들었던 이유 중 하나이다. 이성애 여성들이 남성들과 맺는 관계는 그들의 압제자가 가끔은 즐거움의 공급자라는 점에서 백인과 유색인의 관계와 다르다.

가난하거나 인종차별을 받는 남성은 압제자인 동시에 억압받는 자이다. 같은 조건의 여성은 더 곤혹스럽다. 가난하고 인종차별을 받는 여성은 종종 어떤 형태의 예속에 가장 결연히 저항할 것인지를 선택해야만 하는 딜레마에 빠진다. 가난인가, 인종차별인가, 성차별인가. 이 세 가지에 전부 저항해야 맞겠지만, 상황은 그렇게 녹록하지 않다. 만약 흑인 남자친구가 경찰차가 무서워 거리를 걷기 두려워한다면, 그에게 페미니즘을 얘기할 것인가 아니면 그를 위로할 것인가? 보통은 후자가 더 나은 선택으로 보인다.[5]

우리 사회의 젠더화된 사고에 동조하기란 너무 쉽거나 불가피하게 느껴지기 때문에, 그런 고정관념을 깨는 사람들이 얼마든지 있는데도 불구하고, 많은 여성들이 젠더 고정관념을 알아서 받드는 형편이다. 여성이 아이를 직접 낳으니까 당연히 남성보다 아이를 더 잘 돌볼 거라고? 개인적인 경험상 이는 순 헛소리다. 내 지인들만 봐도 어릴 때 우리 엄마보다 훨씬 더 아이를 잘 돌보는 남자들이 스무 명은 된다.

말했다시피 나를 임신한 것은 우리 엄마의 삶을 비참하게 만들었고, 그 결과 엄마는 좋은 엄마가 되지 못했다. 그러나 이제는 내가 세상에서 가장 좋아하는 몇 명 안에 든다. 엄마는 활기 넘치고, 총명하고, 결연하고, 강인하고, 73세의 나이에도 지붕을 고칠 수 있다. 물론 어릴 때 나에게 좀 더 관심을 주는, 가끔 나를 안아 주는 엄마였다면 더 좋았을 테지만, 지금은 이에 대한 생각도 조금 바뀌었다. 만약 우리 엄마가 요즘 엄마들처럼 자식을 우주의 중심으로 대하는, 아들딸에게(특히 아들에게) 노력하면 무엇이든 될 수 있다고 가르치는 엄마였다면 지금의 내가 있었을까?

언젠가 기차와 배를 타고 먼 나라로 여행을 떠나겠다고 한 친구가 있었다. 남자였다. 여행 자금은 어떻게 조달하느냐고 물었더니, 그때까지 부족함 없이 살아온 그는 "어떻게든 생길 것"이라고 했다. 그는 적은 돈만 들고 자신만만하게 여행을 떠났다. 얼마 후 그는 그 나라는커녕 근처 도시만 돌아다니다가 돌아왔다.

지나고 보니, 우리 엄마가 내게 이런 몽상을 심어 주지 않은 것이 고맙다. 험악한 엄마가 자녀 교육에 더 이상적이라고 말하려 함이 아니다. 그러나 많은 엄마들이 자녀(남편)에게 과도한 자신감을 불어넣어 주는 것이 진짜 엄마, 심지어 진짜 여성이 되는 길이라고 믿는 흐름 역시 우리 사회의 젠더 고정관념 사업의 결과라고 하면 지나친 주장일까?


## 남자들은 "패쓰"
:

젠더 고정관념은 남성과 여성을 둘 다 약화시킨다. 그러나 여성에게 더 큰 상처를 입힌다는 사실을 부정하기 어렵다. 남성이 선천적으로 여성보다 더 문란하다는 고정관념에 대해 생각해 보자. 남성들은 원하지 않아도 생물학적인 프로그램 때문에 어쩔 수 없이 바람을 피우게 된다는 논리다. 남자들의 바람기에 면죄부를 주는 억지주장이 아닐 수 없다. '그러니 그들의 실수가 어디 전적으로 그들 탓이겠는가. 여성들이여, 불평하지 말고 차라리 못 본 척하라!'

물론 선천적으로 난잡한 사람이 있을 수 있다. 하지만 그건 성별과 무관하다. 남성이 특히 성을 밝힌다는 난잡함의 젠더화는 그런 행동으로 상처받는 이성애 여성에게 너그러움과 관대함을 강요한다. 헌신에 대한 공포, 기념일에 대한 기억상실증, 감성지능의 결여 등등 다른 '남성적' 실수들에도 비슷한 논리가 적용된다. 여자가 남자를 좀 봐줘야지. 뭐, 남자는 원래 그런 자식들이니까. 남성은 감정적으로 둔감하도록 생겨먹었다는 논리는 그들의 눈치 없는 행동에 대한 완벽한 변명이다. 여성의 뛰어난 감성지능 운운하는 말은 칭찬처럼 들릴지 몰라도 사실은 친밀한 관계에서 여성이 더 노력하도록 채찍질하는 수단일 뿐이다. 앞서 여성이 노력해야 할 것들로 도배된 구글 검색어는 그 결과물이다.

여성은 마음을 상하게 하는 남성의 행동을 액면 그대로 받아들여선 안 된다. 그 이면을 읽어 내고 '분석'해야 한다. 여성이 느끼는 '나쁜 감정bad feelings'의 또 다른 원인이다. 나는 여성이 남성보다 뛰어나다는 감성지능이 생산한 심리학적 자원으로 남성의 감성적 불분명함을 용인하고, 그 수수께끼 같은 단서들을 해석하며, 우유부단함을 존중하고, 요구하는 대신에 스스로 깨달을 때까지 기다리도록 여성들이 길들여져 왔음에 주목한다. 여성은 결국 남성의 욕망과 타협

해야 하는 잔혹한 낙관주의를 주입받아 왔다. 오래 버티고 기다려 주면 저들은 언젠가 잘못을 뉘우치고 돌아올 것이라고 믿도록 단련돼 왔다. 그러나 불행히도, 그런 경우는 보기 힘들다. 결국 여성은 아무런 보상도 받지 못할 관계에 엄청난 에너지만 낭비하게 된다.

만약 남성이 진짜로 감성적으로 무능하게 태어났다면, 다른 능력들처럼 갈고 닦는 게 마땅하지 않을까. 감성 능력은 남녀를 떠나 어느 누구도 갖고 태어나는 것이 아니다. 유전적으로 물려받는 것도 아니다. 그것은 우리가 배워야 하는 무언가인데, 그걸 여성에게만 배우도록 강요하는 것이 잘못되었다는 말이다.

안타깝게도, 10대 시절을 대다수의 남자 청소년들이 그렇듯이 온라인 포르노를 보고 비디오게임을 하며 보낸 남성이라면 정서적으로 무능할 가능성이 높다. 감정적인 이해에 둔하고 타인과 관계 맺는 법을 모른다는 면에서뿐만 아니라, 자신의 감정을 해석하는 방법을 모른다는 면에서 그러하다. 전 세계 수백 수천만 젊은 남성들에게 생기는 일이다. 나이든 남성이라고 다를까. 자신의 감정을 얘기하기보다 차라리 쓰레기통을 걷어차는 게 더 남자답다. 이성애가부장제는 나이든 남성들에게도 똑같이 영향을 미쳤다. 그러나 우리 사회는 이 중요한 문제에 눈감고, 그 대신 관계 맺기에 능숙하다는 굴레를 여성에게 씌웠다.

젊은 남성들이 여성혐오적인 포르노를 보고 있을 때, 젊은 여성들은 남자들은 원래 그렇게 생겨먹었으니까 그러나 마음속에는 선의가 있으니까 제발 이해해 주라고 가르치는 로맨틱 코미디를 보고 있으니 남자들은 얼마나 편한가. 난 최근에 특히 남자들에게 병적 이상을 일으키는 것으로 알려진 아스퍼거 증후군Asperger's syndrome도 사실 여성에게 상처 입히는 것이 왜 남성의 운명인지에 대한 긴 변명의 최신판일 뿐이라고 생각한다. 이 증후군이 실재하지 않는다거나 이 병으로 고통받는 사람들이 없다고 말하려는 게 아니다. 나는 다만 이 병의 유행이 남성의 감정적 무능을 사회적으로 용인하는 또 다른 방법이 될까 봐 우려하는 것이다.

관계에 대한 모든 책임이 여성에게 전가되면, 그것을 제대로 해내지 못했을 때의 책임도 여성이 지게 된다. 이것이 일부 여성들이 좋은 관계와 나쁜 관계를 분간하지 못할 정도로 지긋지긋하게 특정 관계에 몰두하는 이유 중 하나이다. 그들은 탈진할 때까지 그것이 남자의 잘못이 아니라고 되뇐다. 남자는 원래 감정적인 면을 다루는 데 너무 서투니까, 그걸 힘들어하니까.

많은 여성들이 노동집약적인 형태의 친밀함 속으로 미끄러져 들어가는 데에는 분명 사회의 젠더화 경향이 영향을 미치고, 이것은 다시 사회의 젠더화 경향을 만들어 여성의 감정적 소모를 부추긴다. 일부 대중 과학자들과 관계 '전문가들'은 관계 문제로 고통받는 여성들에게 그건 불변의 젠더 차이 때문이라고, 남성의 감성적 무능을 견디는 수밖에 아무것도 할 수 있는 게 없다고 악의적으로 떠든다. 하지만 전혀 그렇지 않다. 만일 남성적 냉담함과 차가움, 둔감함, 그리고 자신의 표현이 가져올 결과를 예측하지 못하는 무능함이, 사이버 공간에서의 여성혐오를 포함한 젠더 사회화에서 비롯된 것이라면 이 문제에 대한 해결책은 존재한다.

우리 사회가 이성애 여성을 향해 던지는 기본적인 메시지는 이것이다. 사내애들은 사내애들이니까, 할 수 있는 한 최선을 다하라. 이 메시지는 우리의 연애 관행과 자조문화뿐 아니라 삶의 전 영역에 스며들어 있다. 길거리 성희롱에 대한 우리 사회의 무심한 태도를 보라. 그 정도는 봐줄 수 있는 거 아닌가? 그러나 성희롱의 대상이 여성이 아니라 대머리 백인 남성 같은 특정 사회 집단이라면? 만약 대머리 백인 남성들이 길거리에서 낯선 사람들에게 계속 놀림을 당한다면? 그 일은 즉시 사회의 기본 양식과 화합을 해치는 부도덕한 일로 지탄받을 것이다. 잘하면 대통령이 나서서 탈모 문제를 입에 올리고 싶은 욕구를 자제하라고 호소할지도 모른다.

성희롱만이 아니다. 여성들은 기분이 나빠도 웃어야 한다. "아름다우신데, 좀 웃어요!" "왜 그렇게 표정이 우울해요?" "웃으면 더 예뻐 보일 텐데." 이 주제의 변화형은 무궁무진하다. 물론 남성에게는 웃으라고 권하지 않는다. 웃으라고 권하는 게 무슨 문제냐 싶겠지만, 이것은 특히 여성에게 억지 쾌활함을 강요하는 우리 사회의 억압성을 보여 주는 좋은 예이다. 공공장소에서 남성이 여성의 기분까지 지시할 권리가 있다고 느낀다는 것은 우리 사회의 권력 구조에 대해 암시하는 바가 크다. 우리 사회는 공식적으로는 가정이 여성의 자리라고 말하지는 않아도, 여성이 가정에 머물고 싶도록 끝없이 괴롭힌다.

사회가 강요하는 억지 쾌활함은 당연히 남성보다 여성에게 더 강한 부담을 준다. 거리에서 아무 남자나 붙잡고 웃으라고 말할 수 있는가? 그런데 남자들은 그렇게 한다. 학교로 걸어가면서 그날 강의할 내용을 머릿속으로 구상하는 소중한 시간을 잘 모르는 남자의 '인사말'로 망치다니. 난 말한다. "지금 당신이 40분 분량의 생각을 낭비시켰다는 걸 알아요?" 뭐 그리 심각한 표정을 짓고 있냐는 무례한 인사를 건넸던 남자는 당혹스러워하며 "생각? 무슨 생각을 하고 있었어요?" 한다. 그는 내가 뭘 한다고 생각하는 걸까? 설마 내가 집 밖에 나오는 이유가 자기에게 미소를 지어 주기 위해서라고 생각하는 건가?

강의실 밖에서만 그런 것이 아니다. 내 허리가 끊어지든 말든, 줄리아 로버츠 미소를 짓지 않으면 나에 대한 학부생들의 평판이 금세 나빠진다. 험악하고 까다로운 선생이 되는 것이다. 이는 결국 나의 전문성에 관한 평가에도 영향을 미칠 것이다. 남자 교수들도 어느 정도는 쾌활함의 요구 아래 있지만, 미소와 밝은 태도로 교수로서의 권위를 중화시키라는 압력까진 받지 않는다. 같은 분야의 남성에 비해 감당해야 하는 감정노동의 양이 다른 분야와 다를 바 없이 여성이 큰 것이다.

길에서 만난 낯선 남자 때문에 강의 계획을 망치고 강의실에 들어가서 억지 미소를 지어야 할 때의 기분은 프라이팬에서 불 속으로 들어가는 것 같다. 즉, 무척 나쁘다. 이런 나쁜 감정에서 좋은 게 나올 리 없다. 가장 생산적인 결과는 분노이다. 그러나 대부분의 경우, 나쁜 감정들은 나의 머릿속을 썩게 하고, 다음 명령을 기대하게 하며, 몸이 아플 정도로 사회에 대해 움츠리게 만든다. 나의 만성 허리 통증이 꼭 과로 때문일까?

이는 생명관리정치(사회의 문화적 이념)가 어떻게 우리의 정신뿐 아니라 몸까지 침투하는지 보여 주는 증거이자, 우리의 생물학적 구조와 사회적 권력의 밀접성을 입증하는 예이다. 그러니 평생 동안 인종차별적 시선과 경멸 어린 눈빛을 받고 사는 사람은 어떻겠는가. 그런 적대적인 시선과 미소를 지으라는 젠더화된 명령이 결합하여 일으키는 효과를 고려해 보자. 여기에 나를 보고 판단하고 나의 어떤 점이 매력적이고 혐오스러운지 말할 힘이 있는 자들의 성적인 행동까지 더하면, 왜 나쁜 감정들이 특히 여성에게 더 축적되는지 명백해진다.

내가 우리 문화의 젠더 고정관념과 그 생산자들에게 넌더리를 내는 이유가 여기에 있다. 거리에서 여성을 희롱하지 않고, 자기 몫의 감정노동을 충실히 수행하며, 애인의 생일을 제대로 기억하는 이성애 남자는 이 세상에 없다고? "남편을 어떻게 잡아야 하는지" 늘어놓는 그들은 진심으로 여성을 돕는다고 착각할지 몰라도, 내가 보기에 그들은 여성들의 시간만 잡아먹고 있다. 그들이 말하는 감정적으로 메마르고 천박한 남자들과 연애나 결혼을 해서 여성이 도대체 무엇을 얻을 수 있다는 말인가?

## 왜 여성은 항의하지 않는가?

⋮

성별 고정관념은 거의 언제나 여성의 손해로 귀결된다. 남성에 대한 부정적인 고정관념조차 "따라서 여성의 너그러운 이해가 필요하다"는 식으로 넘어간다. 이성애가부장제는 대충 이렇게 작동한다. 남성에게 정말로 필요한 이상적인 여성은, 섹시하고 귀엽고 배려 넘치고 사려 깊고 충실하고 타협에 능한 정서적으로 성숙한 여성이다. 반면 남성다움에 대한 고정관념은, 음울하고 이기적이며 오만하고 불충실하고 정서적으로 서툰 남성을 제시한다. 좋다, 그렇다면 왜 여성은 이에 대해 항의하지 않는가?

지금까지 얘기한 젠더 차이의 자연화가 가장 큰 이유이고, 그 다음이 여성다움을 여성의 탁월함으로 재코드화recoding하는 경향이다. 젠더 고정관념을 형성하는 이들은 전통적으로 '여성성'을 여성적 탁월함female empowerment의 기표로 다시 코드화한다. 감성지능이 대표적인 사례다. 감정이입과 연민, 이타심과 직관력 등 여성이 남성보다 뛰어나다고 하는 정서적 능력을 바람직한 특성으로 재주조하는 것이다. 여성의 날렵한 손가락과 꼼꼼함, 참을성을 찬양하는 것도 비슷한 주장이다. 여성이 실제로 그럴 수 있고, 그것이 나쁘다는 말이 아니다. 문제는 이런 주장을 근거로 여성의 위치를 가정과 육아로 한정하고 이를 정당화하는 것이다.

저널리스트 헤나 로진Hanna Rosin의 책 《남자의 종말: 여성의 지배가 시작된다The End of Men and the Rise of Women》가 문제적인 이유가 여기에 있다.[6] 언뜻 보기에 로진은 페미니스트 편에, 여성의 발전을 바라는 사람들 편에 있는 것처럼 보인다. 그녀는 우리 경제가 "여성스러운" 특성이 빛을 발하는 쪽으로 변화하고 있다고, 그래서 역사상 최초로 직업 세계에서 여성이 우세한 시대가 열렸다고 공언한다. 의사소통, 감정을 읽고 해석하는 능력, 사회 연결망, 공동의 작업 환경 등 최근에 중시되는 업무 능력들은 모두 여성적인 특성이 아닌가. 결국 남성은 이렇고 여성은 저렇다는 젠더 이분법에서 한 치도 벗어나지 못한 주장이다.

전통적인 '화성'에선 직업적 성공에 필요한 자질이 죄다 남성적인 특성이라면, 로진의 세계에선 여성적인 특성이 우세하다. 이것이 사실이라면 그녀의 말대로 여성의 '승리'일 수 있다. 그러나 젠더 고정관념 자체를 뿌리째 뽑아내고 싶은 사람들이 보기에 이것은 의미 없는 승리다. 고정관념에 도전하기보다 그 고정관념을 여성들에게 유리하게 뒤집은 격이다. 이는 젠더 고정관념을 존속시키는 데 기여한다는 점에서 오히려 여성에게 나쁜 영향을 미친다.

이 대목에서 페미니즘이 무엇인가 하는 근본적인 의문을 던져 보는 게 좋겠다. 흔히 생각하듯 페미니즘은 남성을 무찌르려는 시도가 아니다. 대부분의 페미니즘 연구자와 젠더/섹슈얼리티 학자들은 남성 지배 체제인 이성애가부장제와 이 체제의 수혜자일 수도 있고 피해자일 수도 있는 남성 개인을 구분하여 바라본다. 여성에게만 인간 존재의 결핍을 강요하는 젠더 고정관념에 반대하는 진보적인 남성들은 페미니즘 투쟁의 동지다. 남자와 여자라는 이분법적 젠더 관념을 초월해야만 이성애 여성과 이성애 남성은 물론이고, 동성애자와 트랜스젠더 등등도 모두 같이 살 수 있을 것 아닌가.

페미니즘은 여성이 남성을 어떤 분야에서건 압도하거나 앞지르는 것이 아니다. 이렇게 주장하는 사람들은 페미니스트들이 해체하려고 하는 바로 그 분열적인 젠더 차이를 오히려 강화하는 역할만 할 뿐이다. 여성에게 유리하다고? 그런 주장은 여성과 남성 그 어느 쪽에도 득이 되지 않는다. 압도니 승리니 하는 말들 자체가 남성과 여성을 기존의 대결 국면에 더 단단히 가두기 때문이다.

젠더 고정관념을 우리 문화를 통제하는 이성애가부장제의 강한 지배권의 징후로 본다면, 몇 십 년 전에 젠더 고정관념에 항의하던 여성이 지금은 그것의 부활을 주장하는 최전선에 서 있다는 의미에서 현재의 '포스트페미니즘postfeminist'은 오히려 과거보다 후퇴했다고 볼 수 있다. 로진 같은 여성들은 여성이 젠더 고정관념을 오히려 여성에게 유리한 쪽으로 사용하면 남성을 이길 수 있다고 납득시켰다. 동등한 인간으로서 인정받기보다 '여성스러움'의 가치를 재정의하는 방식으로 말이다.

이런 형태의 여성'해방'은 가망이 없다. 난 '여성스러움'을 근거로 여성의 권한을 강화하려는 시도가 성공할 거라고 믿지 않는다. 남성과 여성이 선천적으로 다르다고 간주되는 한, 여성은 선천적으로 열등하다고 여겨질 것이다. 흑인성을 강조한다고 흑백차별이 사라질까. 어떤 분열이건 간에 '선천적인' 차이를 고집하는 순간, 그 흉악한 마각을 드러낸다.

근본적인 인종적 차이를 주장해선 인종차별주의를 몰아낼 가능성이 별로 없는데, 성차별은 왜 달라야 하는지 모르겠다. 물론 일부 페미니스트들이 찬미하는 '여성스러움'은 많은 여성들을 혹하게 할 것이다. 솔직해지자. 그들 다수는 이성애가부장제가 정의하는 여성성을 즐거운 것으로 경험하기 때문이다. 이것이 내가 머리말에서 여성이 종속을 성애화하도록 길들여진다고 했을 때 의미한 바이다.

이 주제는 다음 장에서 더 철저하게 탐사해 보자. 나는 현재의 맥락에서 이성애 여성들 사이에 젠더 고정관념이 인기를 끄는 이유를 최대한 덜 복잡하게 설명하고 싶다. 연애에 성공하고 싶은 여성들이 여전히 '남성 해석학'을 배우도록 강요받는 이유를 말이다. (이것은 거의 틀림없이 이성애 여성이 취하는 긍정적 사고 형태 중 하나이다). 그들이 관계 문제는 젠더에 대한 오해로부터 생긴다고 하는 자기계발 작가들의 견해에 동의하는 한, 관계가 잘되고 못 되고는 전적으로 자신들에게 달렸다고 느끼는 한, 남자들이 왜 이렇고 저렇게 행동하는지 알아내는 것이야말로 자신들이 직면한 문제를 해결하는 가장 확실한 길이라고 믿을 수밖에 없다. 심지어 사회가 묘사하는 여성성의 틀 안에 자신을 끼워 넣지 않는 여성들조차 이 같은 남성성의 묘사에 일말의 진실이 있다고, 그것이 관계의 어려움을 헤쳐 나가는 편리한 방법이 될 수 있다고 설득당하게 된다.

비슷한 방식으로, 젠더 고정관념 형성에 기여하는 이들은 지배적인 여성성의 청사진에서 벗어나는 것은 곧 사랑의 결핍으로 귀결될 거라고 암시하는 데 능숙하다. 심지어 외견상 여성 편이라는 자기계발서 저자들조차 규범적인 여성성 정의를 준수하지 않는 여자들, 야심이 너무 크거나 유능하거나 자급자족하는 여자들은 남자를 떠나보낼 위험이 있다고 일상적으로 암시한다. 본인의 젠더를 바르게 수행하지 않은 대가는 외로움이다. 이것은 성공적인 반페미니스트 테러작전이다. 사랑받지 못하게 된다는데 어느 누가 심란하지 않을 수 있을까. 가장 거침없는 여성조차 자신을 돌아보고 일정 선 안으로 물러서게 된다. 이것이 내가 경제적 차이와 함께 젠더화된 연애 행동 방식이 우리 사회 이성애가부장제의 주요 거점이라고 풀이하는 이유이다.

젠더 고정관념을 신뢰하는 여성들은, 벌랜트가 정의하듯, 실제로는 그들에게 나쁜 것(제한적이고 강압적인 성별 모델)이 좋은 삶으로 가는 티켓이라고 믿는다는 점에서 잔혹한 낙관주의에 걸려든 것이다. 연애의 성공 여부가 본인의 젠더를 제대로 수행하는 데 그리고 남성의 젠더를 제대로 읽는 데 달려 있다고 믿는 한, 이성애 여성들은 그들의 노력이 만족스러운 관계를 가져다준다는 어떠한 증거가 없는데도 불구하고 노력과 실망 사이를 무한히 오가게 된다. 성공적인 연애라는 신기루는 그토록 유혹적이다.

## 빠른 해결책의 유혹
∴

기본적으로 젠더 고정관념이 매혹적인 이유는, 그것이 삶의 모든 문제에 대해 간단한 해결책을 제시하려고 애쓰는 우리 사회의 실용주의를 이용하기 때문이다. 실용주의는 우리 삶의 모든 측면을 효율 공식으로 정리할 수 있다고 확언한다. 젠더 고정관념은 이 공식을 관계의 영역에 들이대는 시도이다. 젠더 고정관념은 남녀가 인간으로서 공통되게 갖고 있는 모호하고 복잡한 주관성을 (외견상) 우회함으로써 관계의 딜레마를 타개할 빠른 해결책을 제공한다.

사람들은 왜 그토록 진부한 성별 고정관념을 버리지 못할까? 각 개인과 그 관계가 저마다 유일무이하다는 전제에서 출발하면 하나부터 열까지 직접 부딪히며 알아내야 하기 때문이다. 이 사람은 남자니까 저렇고 여자니까 이렇다고 추정하면 얼마나 빠르고 편리한

가. 당연히 잘못된 접근 방식이다. 그건 고작해야 특정 상황에서 누가 무엇을 해야 하는지(운전, 요리, 세차, 청소 등등) 같은 표면적인 규약밖에 건드리지 못한다. 그래서 실제 관계 맺기를 더 어렵게 만들고, 결국 순수한 인간관계의 가능성을 좌절시킨다.

젠더 고정관념은 우리가 연애 운명을 스스로 제어할 수 있어야 한다는, 삶의 다른 측면을 간소화하는 것과 똑같이 관계까지도 간소화시킬 수 있어야 한다는 생각을 옹호한다. 이것이 대중문화가 연애를 한 세트의 규칙으로 정제하는 이유이고, 연애에서 지켜야 할 사항(할 것, 하지 말아야 할 것)을 거듭 재활용하는 이유이다. 특히 이성애 여성에게는 연애의 성공이 옳은 순간에 옳은 조치를 취하는 것에 달렸다는 당부가 지속적으로 전달된다. 머리카락을 넘기고, 고개는 기울이고, 미소를 살짝 지으며, 계산은 그에게 넘기고, 전 애인 얘기는 절대 하지 말며, 어제 욕실 누수를 고쳤다고 말하지 말며, 무엇보다 첫 데이트 때에는 섹스를 하지 말아야 한다(남자들은 헤픈 여자랑은 결혼 안 하니까, 그렇지?). 이 친숙하고 한심한 목록은 모든 이성애 여자가 결혼에 목을 맨다고 가정한다.

나는 그런 말을 한 적이 없는데 "아니야, 넌 내심 결혼을 원할 거야"라고 믿는 남자들의 태도만큼 연애를 파괴하는 것이 또 있을까. 여성은 데이트가 그리고 성관계가 결혼으로 이어지길 원한다는 생각은, 이 문제 빼고는 정말 나이스한 남자들의 머릿속에까지 박혀 있을 정도로 우리 문화에 광범위하게 퍼져 있다. 이런 고정관념이 정말로 짜증 나는 것은 이로 인해 현재의 관계에서 누릴 수 있는 최상의 기쁨을 놓치게 된다고 점이다. 너는 안 그런 척하지만, 아니면 너도 모르게 결혼을 원하고 있어. 이런 생각에 갇혀 있으니 자유롭고 낭만적인 관계가 만들어질 리 있겠는가.

내가 사귄 남자들 중에도 "결혼 생각이 없으면 무슨 소용이야?"라며 돌아선 이가 몇 있다. 그런데 더 어이가 없는 건, 그들 역시 가까운 장래에 어느 누구와도 결혼할 생각이 없었다는 점이다. 자기들도 결혼하고 싶어하지 않으면서 내가 결혼 시나리오에 관심이 없다는 사실에 실망하고 분노하다니. 결혼을 원하지 않는 여성은 너무 신비적이고 표준에서 너무 멀리 떨어져 있기 때문에, 그들은 자기들이 만나는 그녀가 '그 사람'이 아니라고 하면서도, 자기가 언젠가는 그녀를 실망시킬 줄 알면서도, 결혼하고 싶어 하는 여자와 연애하고 싶어 한다.

이건 그냥 바보짓이다. 이는 우리 사회의 지배적인 행복 각본이 사람들의 대안적인 행복 추구를 가로막는다는 또 다른 증거이다. 첫 데이트에서 제단祭壇까지. 관계를 이 직선적인 회로 안에 구겨 넣어 생각하는 건 다른 가능성들을 억압하는 일이고, 이 사고방식에 젠더 고정관념은 분명 어느 정도 책임이 있다. 만약 모든 여성이 결혼을 원한다고, 결혼을 원치 않는다는 건 농간이라고, 남자의 경계심을 누그러뜨려 살그머니 올가미를 조이려는 술수라고 이성애 남자들이 주입받지 않았다면, 적어도 이성애 월드에서는 신나고 재미난 일들이 더 많이 벌어졌을 것이다(적어도 섹스는 더 많이 했을 것이다).

성별 고정관념 산업은 두 사람이, 이성애든 동성애든 그 무엇이든, 그들의 별난 성격이나 트라우마의 내력으로 친밀해지고 복잡한 관계를 맺을 수 있다는 생각을 용인하지 않는다. 그토록 난해하고 미묘하고 말도 안 되는 감정과 관계가 그저 '젠더 차이'로만 설명된다. 더 근본적으로는, 사랑마저 또 하나의 합리적인 과제로 바꿈으로써 우리를 구원하거나 절망에 빠뜨리는 사랑의 힘을 무효화시키려 한다. 얼핏 보면 사랑이라는 비논리적인 열정을 통제하는, 꽤나 안전한 방법 같다. 그러나 어느 누구도 피해 갈 수 없는 통찰의 순간이 찾아오면 그것이 얼마나 바보 같은 짓인지 깨닫게 된다. 젠더 차이에 집착할수록 한 개인이 갖고 있는 특유의 열망과 불안과 염원까지도 완전히 그 차이에 빨려 들어가 어떤 의미 있는 관계도 맺지 못하게 된다.

욕망은 절대로 완전히 예측할 수 없다. 그것은 단순한 신체적 충동이 아니다. 사회적 조건과 문화적 틀, 개인적 배경과 무의식 등이 복잡하게 뒤엉켜 있는 것이 우리의 욕망이다. 젠더 고정관념으로 이 복잡한 욕망을 단순화하려는 시도는 실패할 뿐이다. 때로 사랑이 안겨주는 고통과 환멸로부터 스스로를 지키려는 소망은 충분히 이해하지만, 그 고통을 속여서 굴복시킬 수 있다는 생각만큼 사랑의 본질에 어긋나는 것이 또 있을까. 사랑은 그것을 제어할수록 우리로부터 멀어진다. 젠더 고정관념은 충만함이나 모험 따윈 전혀 없는 시시한 연애문화 속에 우리를 가두고, 사람을 진정으로 변화시키는 연애의 힘을 빼앗는다. 이것이 신자유주의 사회를 특징짓는 '친밀성의 합리화'의 본질이다. 실제로는 아무것도 해결하지 못하는 빠른 해결책.

4장

# 이성애 가부장제의 재발명

# 섹시해 보이고 싶어요

:

친밀한 관계에서 여성이 남성보다 더 열심히 노동하도록 훈련받는 것은 또 다른 사회적 추세와도 관련이 있다. 바로 몸매이다. 많은 이성애 여성들은 문화적으로 이상화된 끊임없는 자기계발의 이상을 자신의 몸에까지 적용한다.[1] 물론 여성들은 몸매 말고도 경력 관리라는 다른 형태의 자기계발도 추구한다. 하지만 21세기 신자유주의 문화에서 여성의 가치는 몸매, 즉 외모와 매력에 집중되어 있기 때문에 여성의 자존감은 남성이 매력적으로 느끼는 체형과 직접적으로 연관되어 있다. 여성의 몸이 생명관리정치의 통제 개념을 보여주는 적절한 예, 즉 푸코식 감시와 처벌의 장소가 된 것이다.

몸은 항상 완벽하지 않기 때문에, 언제나 더 아름다워질 수 있기 때문에, 몸을 개선하는 과정은 끝이 없다. 이러한 맥락에서 '변신'은 현대의 여성문화를 규정짓는 중요한 키워드이다. 여성의 신체를 조작하여 예술 형태로 미화시키는 〈도전, 슈퍼모델America's Next Top Model〉 같은 오디션형 리얼리티 변신 프로그램은 여성들에게 행복은 변신을 통해 얻을 수 있다는 집단적 태도를 노골적으로 드러낸다.

　이 변신은 로맨틱코미디, TV 예능 프로그램, 여성잡지들이 제공하는 각종 화장법과 머리 손질법, 옷과 액세서리 매칭법 등으로 구체화된다. 구체적인 미용 정보는 여성들에게 완벽한 남자, 완벽한 직업, 완벽한 삶을 얻는 데 필요한 것은 신체적 변신이라는 메시지를 끊임없이 전달한다. 직장에서든 연애에서든 성공하려면 끝없이 몸을 통제하고 관리하고 제한하라. 이런 점에서 코르셋과 사이드새들side-saddle(두 다리를 한쪽으로 모아서 타는 경마법) 시대에서 진전된 것이 별로 없다.

　최근에 생일 선물을 사러 젊은 여성들이 이용하는 화장품 가게에 방문했다가 깜짝 놀랐다. 내가 처음 화장을 하기 시작한 이래로 화장품과 화장법이 얼마나 복잡하고 정교해졌는지 감탄했다. 다양한 색조 화장품과 정밀한 도구 외에 특히 인상적이었던 것은, 파운데이션의 여러 색상을 활용하여 얼굴 윤곽을 바꾸는 컨투어 화장법이었다. 배우나 모델들이 이런 화장술을 사용한다는 얘기는 들었어도, 설마 10대 소녀들까지 일상적으로 그러고 있을 줄은 몰랐다. 물론 소녀들에겐 즐거운 일일 수 있다. 그러나 이 사고방식에는 극복할 수 없는 장애물은 없고, 고칠 수 없는 결함은 존재하지 않는다는 압박이 존재한다.

　1960~70년대 페미니스트들이 성차별로부터의 자유를 요구했다면, 오늘날의 포스트페미니스트들은 신체적인 결함으로부터의 자유에 더 집중한다. 주름, 셀룰라이트, 체모 등등의 신체적 '결함'으로부터 벗어나자.[2] 그러나 상업적으로 구성되는 여성성이 어느덧 삶

의 방식이 되어 버린 상황에서, 이 여성성은 어쩌면 인간 삶의 근본적인 불만족에 붙이는 반창고 같은 것일지도 모른다. 물론 남들에게 매력적으로 보인다는 느낌은 일시적인 만족감과 위안을 주기도 한다. 그러나 광고 문구대로 그런다고 우울증이나 불안감 같은 나쁜 감정들까지 사라지진 않는다. 게다가 이러한 실존적 불안 완화법은 본질적으로 불안정하다. 그것은 길거리에서 파는 과자 한 봉지, 아이스크림 한 컵으로도 위협받는 약하디약한 것이다.

굳이 거식증과 폭식증을 들먹이지 않아도 많은 여성들에게 만연한 신체 불안감은 외모지향적인 신자유주의 사회의 고통스러운 하부이다. 그다지 외모로 고통받지 않는 여성들조차 자신의 몸이 원하는 만큼 완벽해질 수 없다는 사실에 수치와 좌절감을 느낀다. 실제로 너무나 많은 여성들이 자기 신체적 존재의 모든 측면을 감시하는 습관이 들어 버린 상황에서, 현대 여성의 주체성에 깃든 강박적인 특성 운운하는 주장은 일리가 있다. 꼭 남성의 시선만이 문제가 아니다. 여성들 스스로가 끊임없이 자신의 외모를 판단하고 남과 비교하고 남성의 시각에서 점수를 매긴다는 게 문제이다. 감시는 비판으로 이어진다. 이상적인 여성성에 비하면 본인의 매력은 하찮다. 이런 의미에서 여성의 역사에서 이보다 더 좋을 순 없다는 이 역사적 순간에 여성들은 마조히즘적인 구속, 불안한 자신감으로 쩔쩔 매고 있다.

신자유주의 상업문화에서 (이성애) 남자들은 그렇게 여자들을 바라보도록 프로그램되어 있고, 여성들은 그런 시선의 대상이 되도록 프로그램되어 있다. 여성들을 좇는 것은 실제 남자들의 시선일 수도 있고 가상의 시선일 수도 있다. 영화학자 로라 멀비Laura Mulvey가 주장한바 '남성적 시선male gaze'으로 중재된다는 말이 바로 이것이다. 여성을 남성의 욕망의 대상으로 위치시키는 평가의 시선.[3]

남성들도 여성의 욕망의 대상으로 제시되기는 매한가지다. 현대 매체문화는 멋진 남자들의 몸을 보여 주면서 시선을 소유하는 남자와 그 시선의 대상인 여자라는 이분법적인 논리를 깬다. 특히 젊은 사람들을 대상으로 한 TV쇼를 보면 상의 탈의한 남자들이 수시로 등장한다(나도 액션 장면만 보려고 CW채널의 드라마 〈애로우Arrow〉를 보는 건 아니다). 그러나 여성들은 의식적인 자아형성self-fashioning에 더 큰 강조를 둔다. 그래서 자신들의 몸에 제3자의 시선을 대입시켜 의식적으로 자신을 대상화한다.

우리는 패션잡지와 길거리 광고판, TV쇼에서 우리를 노려보는 여성성의 이미지들이 조작되었음을 안다. 하지만 알면서도 그런 이미지들이 머릿속으로 들어와 우리의 결함을 비추는 것을 막지는 못한다. 그 '현대적인' 몸매라는 것이 얼마나 비현실적이고 살인적인 줄 알면서도 그 이상을 완전히 떨쳐내진 못한다. 그래서 매체문화의 계략을 뻔히 알면서도 그 상품을 구매한다. 물론 이를 단호히 거부하거나 이에 무심한 여성들도 분명 존재하지만, '섹시해 보이는' 것이 인생의 우선순위인 여성들이 많다는 사실은 부인하기 어렵다.[4]

# 여성성의 가장Masquerade

:

오늘날 많은 여성들이 여성성의 허울facade을 창작하는 예술, 1929년 프로이트의 제자 조앤 리비에르Joan Riviere가 "여성성의 가장masquerade of femininity"이라고 부른 과정을 즐기고 있다.[5] 여성들이 여성성을 끌어올리는 소품들을 활용하여 가벼운 즐거움을 느끼는 걸 누가 막을 수 있을까. 이 자아형성 책략은 실제로 즐거움이 될 수 있으며, 이미 많은 여성들이 능숙한 화장법으로 얼굴 윤곽까지 바꾸며 즐거움을 느끼고 있다. 패드가 들어간 브라, 스틸레토힐, 뱃살 속옷 등은 이 과정을 도와주는 물건들이다. 나도 화장하지 않고서는 절대로 강의실에 들어가지 않는다. 강의가 끝날 때쯤이면 마스카라가 볼을 타고 내려올지언정.

내 제자들 중에도 페미니즘과 꽃무늬 패션에 관한 블로그를 운영하는 대학원생이 있고,[6] 정치와 지미추 구두를 결합시키는 데 능숙한 여성적인 페미니스트 친구들도 있다. 화장이 여성의 특권이라는 광고 문구에 나는 반대하지 않는다. 나는 다만 제한된 틀에 여성의 몸을 꿰어 맞추는 여성성의 상업적 구성이 이성애가부장제의 발명품임을 잊지 말자는 것이다. 일정한 정치적·경제적 진전을 일군 페미니즘의 역사에서 항상 여성 주체성에 부담으로 작용했던 외모 문제가 강조되는 최근의 경향은 분명 페미니즘에 대한 반발로 보인다. 외모에 신경 쓰는 것이 적어도 삶의 다른 부분에서 증가된 성평등을 보상하는 수단이 된 것이다. 젊은 페미니스트들은 섹시해 보이는 것으로 권한의 강화를 경험하지만, 비판적인 관점에서 보면 이는 여성들이 '지나치게' 강력해지지 않았음을 남성들에게 보여 주어 그들을 안심시키려는 시도처럼 보인다.

이건 나의 해석이 아니다. 이미 1929년에 프로이트의 제자 조앤 리비에르가 '여성성의 가장'이라는 개념으로 제시한 설명이다. 리베에르는 전문적이거나 지적인 여성들이 '남성적인' 권력을 강탈한 데 대한 보상으로 종종 과장되거나 과도한 형태의 여성성을 가면으로 골라 썼다고 주장했다. 리비에르가 지적한 성공적인 여성들의 방어 기제, 즉 여성스러운 인상과 섹시한 외모, 애교 부리는 태도 등은 여성의 야망 또는 성공으로 상처 입은 남성의 자존심을 달래려는 시도인 것이다.

여성이 너무 설득력 있게 권력을 차지하고 휴대용 팔루스를 틀어쥐면, 자신의 타고난 권리를 박탈당한 것같이 느끼는 남성들과 기존의 젠더 질서를 지지하는 여성들에게 보복을 당할 수 있다. 여성성의 가장은 이와 같은 보복을 면하려는 전략이다. 젠더 질서가 돌이킬 수 없게 바뀐 것이 아니라, 즉 성공한 여성이 정말로 남성성(혹은 남성적인 특권)을 뺏은 것이 아니라, 나는 여전히 여성이고 기존의 질서도 무사하니 안심하라는 것이다.

리비에르에 따르면, 도둑이 자신의 무죄를 증명하고자 주머니를 뒤집어 보이듯이, 유능한 여성들은 이성애가부장제 사회에서 남성이 소유한 권력을 빼앗지 않았음을 증명하기 위해 기존의 여성성을 가장한다. 사실이다. 철학 같은 남성 중심의 영역에 대해 강의할 때, 특히 이 구역에서 숭배받는 관념에 도전할 때 내가 미니스커트와 하이힐을 선택하는 이유도 이것이다. 웃긴 일이지만, 남성 동료들이 내가 그들의 진열장에서 황금 팔루스를 몰래 치마 밑으로 빼내 간다고 느꼈을 때 발생할 수 있는 공격보다는 낫다. 봐라! 그런 위험한 절도 행각을 벌이기에는 나의 치마가 너무 짧고 구두는 위태로워 보이지 않는가.

분명 슬픈 상황이다. 나는 미니스커트와 하이힐로, 내 분야의 전문가 반열에 오른 데 대해 남자 동료들에게 계속 사과하고 있는 것이다. 마찬가지로 현대 여성들 사이에 유행하는 '변신' 문화는 페미니즘의 진전에 대해 여성들이 남성들에게 하는 대대적인 사과일 수 있다. 물론 근사한 셀카를 찍어 온라인에 올리고 주목을 끌 듯 신자유주의 사회의 일반적인 나르시시즘, 강화된 자기표현의 맥락에서 변신 열풍을 해석하기도 한다. 이 체계에서는 외모가, 즉 겉으로 드러나는 것만이 개성이 되고 사람들에게 인정받는 방법이 된다. 그래서 잔혹한 낙관주의의 법칙에 따라, 간신히 먹고사는 사람들도 내면에 빛을 비춰 줄, 자아형성에 핵폭탄급 무기가 되어 줄 특별한 아이템을 찾으러 쇼핑몰을 돌아다니는 무리에 언젠가 합류할 수 있다는 희망을 계속해서 품는다. 그럼에도 불구하고, 난 우리 사회가 여성의 '예쁜' 외모를 강조하는 것은, 여성의 주체성을 물리적인 표명으로 축소시키려 하는 것은, 삶의 다른 부분에서 진전된 성평등에 대한 용서를 구하는 하나의 방법이라고 해석한다.

# 원해지기를 원한다는 것

:

어떤 사회에서는 베일 같은 관례를 통해 이성애가부장제가 여성 섹슈얼리티의 외부적인 기표를 억압하는 형태를 취한다. 반면에 서양의 이성애가부장제는 오랫동안 남성의 소비를 겨냥해 여성의 섹슈얼리티를 전시해 왔다. 이 패러다임의 과거 버전은 남성을 욕망의 능동적인 주체로, 여성은 그 욕망의 수동적인 대상으로 묘사했다. 최근까지도 여성들이 접근할 수 있는 유일한 형태의 욕망은, 남성의 욕망의 대상이 되고자 하는, 즉 욕망을 받고자 하는 욕망이었다. 이처럼 여성의 욕망은 간접적이었기에 여성이 욕망을 표현할 길은 남성의 욕망을 욕망하는 것이었고, 근본적으로는 원함을 받기를 원하는 것이었다.[7]

상황은 변한 것 같다. 비록 우리 사회는 여전히 여성의 성적 삽입성을 수동적이고 순종적인 태도의 기표로 읽지만, 이제는 여성도 남성을 보고 평가하고 욕망하는 것이 용납된다. 더 나아가, 능동적인 여성의 욕망은 21세기의 주요 광고 콘셉트가 되었다. 옷, 화장품, 향수에서부터 자동차와 콘돔에 이르기까지 여성이 구매하는 모든 상품에 이용된다. 하지만 오래된 젠더 질서의 흔적은 앞서 설명한 변신문화로 남았다. 많은 여성들은 여전히 남성의 욕망을 이끌어 내기 위해 과도한 노력을 쏟고 있다.

남성이 여성보다 더 성적이라는 신화의 진실? 다른 사람을 대상화시키는 과정보다 자신의 대상화를 욕망하도록 요구받는 것이 훨씬 더 복잡하다. 이 해석에 따르면, 생물학적인 양상이 여성을 자신의 욕망 앞에서 주저하게 만드는 것이 아니라, 다른 누군가의 욕망의 수동적인 대상이 되는 종속을 성애화하도록 만드는 심리적인 모순이 여성의 성적 적극성에 영향을 미친다.

욕망의 놀이는 예측할 수 없는 형태를 띨 수 있다. 시선의 운반자가 시선의 대상을 지배하지 못하고 허둥댈 수도 있고, 다른 사람의 관심을 사로잡는 것이 일종의 능력이 될 수도 있다. 아름다운 대상에 사로잡혀 그 대상에 복종하게 된다고, 즉 자신과 자신의 욕망이 그로 인해 혼란에 빠질 수 있다는 주장이 제기되는 이유이다.[8] 그래서 현대 영화와 TV쇼에서는 자신의 섹슈얼리티를 이용해서 남자를 조종하는 여성이 계속 등장하며, 아름다운 여성이 사무실로 걸어 들어올 때 이를 지켜보는 남성이 서류더미를 떨어뜨리는 것이다.

그러나 이성애 로맨스의 세계에서는 여전히 여성들이 욕망의 대상에 직접 접근하기보다는 그들이 보내는 신호에 반응하여 그 욕망의 대상이 접근해 오기를 바라는 것이 이상적으로 그려진다. 여성은 그저 신호만 보내야 한다. 여성도 당연히 욕망을 느끼지만, 그 욕망을 섣불리 표현했다가는 여성스럽지 않다거나 공격적이라는 거부감을 일으키기 십상이다. 그래서 여성은 욕망의 외적 형태를 감춘다. 나는 남성이 여성보다 성적으로 더 열정적이라고 믿는 사람들은 욕망을 숨기는 여성의 능숙한 기술에 속고 있거나 스스로를 속이고 있는 것이라고 생각해 왔다. 따라서 여성이 남성 시선의 대상으로 격하되는 시절은 끝났다고 말하고 싶겠지만, 그 흔적은 여전히 이어지고 있다. 썸을 타는 여성은 썸남이 자신의 매력을 발견해 줄 때까지,

기꺼이 따르겠다고 결정할 때까지 기다리는 게 미덕이다.

길거리 성추행은 우리 사회가 여성들에게 남성의 시선에 궁극적으로는 복종할 수밖에 없다고 말하는 여러 방법 중 하나이다. 어떤 남자라도 언제든지 여성의 매력을 공개적으로 평가할 권리가 있는 것처럼 행동한다. 물론 모든 남자가 이 놀이에 참여하는 건 아니다. 이런 걸 의식적으로 거부하며, 우리 문화를 형성하고 있는 이성애가부장제적 유산들과 아무 관계도 맺지 않으려는 남자도 많다. 거꾸로 일부 여성은 이 남성적 응시를 의도적으로 유발하거나 즐기기도 한다. 그들은 예쁘게 차려입고 파티장에 들어섰을 때 쏟아지는 남성들의 시선에서 강력한 힘을 얻는다고 말한다.

하지만 이렇게 힘을 얻는 순간들의 이면은 공공장소에서 낯선 남성에게 몸매 품평을 듣는 것이다. 직장에서는 도움이 된 전문직 여성들의 복장이 길거리나 전철, 버스 정류장에서는 공격적인 시선이나 발언을 유도할 수 있다. 그래서 나는 클라크 켄트가 공중전화 박스를 사용한 것처럼 학교 연구실을 활용한다. 일이 끝나면 미니스커트와 하이힐이라는 슈퍼우먼의 유니폼을 벗고 버스 잡기에 원활한 의상, 즉 청바지와 운동화로 변신하는 것이다.


## 대상화의 성애화
⋮

이 책의 초반부에서 난 많은 여성들이 이성애가부장제 밑에서 펼

하된 지위에 항의하지 않는 이유는 그들이 자신의 종속을 성애화 eroticize하고, 그것에 즐거움을 느끼도록 교육받았기 때문이라고 주장했다. 이제 내 말이 어떤 맥락에서 나왔는지 이해할 것이다. 상황은 더 혼란스러워졌다. 여성의 자기대상화self-objectification(초여성성)는 한편으로 증가된 성평등을 사과하는 수단으로 작동하고, 다른 한편으로는 여성들에게 힘을 더해 주는 무기 같은 역할을 한다.《남자의 종말》을 쓴 헤나 로진이 폄하되어 온 '여성적인' 특징을 매력적이고 바람직한 특성으로 재구성한 것과 마찬가지로, 포스트페미니즘 문화는 역사적으로 여성의 힘을 빼앗았던 과장된 여성성의 성애화된 이미지들을 도리의 여성의 힘을 강화시키는 기표로 변화시키고자 노력하고 있다.

이는 오늘날 왜 그렇게 많은 포스트페미니스트 여성들이 자기대상화에 적극 참여하는지를 설명해 준다. 심지어 그중 일부는 여성의 가장하는masquerade 즐거움은 물론이고, 여성성이란 힘 자체를 빼앗는다는 이유로 페미니즘을 거부한다. 페미니즘의 역사를 아는 사람들로서는 당황스러울 수밖에 없다. 지금 젊은 여성들이야말로 과거 페미니스트들의 투쟁과 승리의 직접적인 수혜자들이 아닌가. 그런데 그들이 이성애가부장제의 정의, 즉 남성의 정치적·경제적·사회적 우월을 수용하고 암시하는 듯한 태도를 취하고 있는 것이다. 절대 그럴 리 없다고 믿고 싶지만, 현실의 많은 여성들에게 페미니즘은 한심하고 촌스러운 것이 되어 버렸다.

외견상 페미니즘이 여성성(그리고 남자와의 섹스)에 적대적인 것처럼 보이기 때문에, 포스트페미니스트 여성들은 이성애가부장제와 페미니즘 가운데 하나를 선택하라면 결국 전자를 택할 것처럼 보인다. 그러나 전제부터가 틀렸다. 현대 페미니즘은 페미니즘과 여성성 자체를 대조적으로 보지 않는다. 페미니즘이 비판하는 것은, 여성이 상업적으로 형성된 여성성을 극단적으로 숭배했을 때 입게 되는 피해이다. 여성들이 자기 몸에 만족하지 못하고 자신을 괴롭히도록 만드는 그 체계에 본인이 공모하고 있다는 사실을 깨닫게끔, 더 높은 인식의 차원으로 초대하는 것이다. 게다가 오늘날의 페미니스트들은 대중매체가 묘사하듯 섹스를 반대하는 촌스러운 운동가들이 아니다. 페미니즘이 섹슈얼리티를 반대한다는 생각은 완전히 잘못된 것이다. 포르노의 여성혐오를 비판하는 페미니스트들도 섹스나 쾌락에 반대하지 않는다. 오히려 여성의 성적 즐거움은 오랫동안 페미니스트들의 주요 목적이었다.

나와 같은 페미니스트들의 적은 여성성(혹은 섹슈얼리티)이 아니라 딱딱하게 굳어 버린 젠더 고정관념이다. 그러나 상황은 그리 간단치가 않다. 과장된 여성성을 고수하는 여성들은 어느 정도는 젠더 고정관념 지지자들이 바라는 대로 갈 수밖에 없기 때문이다. 더 나아가, 남성을 성적으로 조종해 권력(힘)을 얻고자 한다면 앞서 비판한 친밀감의 도구화에 참여하게 된다. 친밀한 관계마저 계산적으로 접근해선 안 되며, 남성에 대한 여성의 성적인 영향력은 시간이 지나면 사라진다는 우려는 너무 순진한 생각일까?

오해는 마시길. 난 여성의 성생활은 마흔에 끝난다고 믿는 사람이 아니다. 나이 든 여성은 성적인 매력이 없고, 20대 여성들만 남성의 욕망을 일으킬 수 있다는 건 저 짜증 나는 진화심리학의 레퍼토리다. 난 그저 존재의 다른 차원을 희생하면서 특정 차원만 계발하는 사람은 그 차원의 보상이 줄면 내면이 피폐해질 위험이 있다고 지적하는 것이다. 시몬 드 보부아르Simone de Beauvoir도 《제2의 성The Second Sex》에서 이 곤경에 대해 신랄하게 논평하며, 남성의 성적 환상을 부추기는 데 집중하느라 삶의 다른 면을 계발하지 못한 여성들은 성적 모험이 사라지면 존재의 공허감을 느끼게 된다고 안타까워했다.[9] 내가 2장 말미에서 지적한 연애 관계에서 사랑을 과대평가하지 말라는 부분이 바로 이것이다. 연애에 모든 걸 쏟아 붓는 사람들은 다른 성취로를 닫아 버린다는.

문제는 또 있다. 더 근본적으로, 포스트페미니즘의 여성성은 이성애가부장제 사회를 특징짓는 여성의 체계적인 평가절하에 도전하지 않고 권력의 환상만을 제공한다. 마치 아메리칸 드림처럼, 사회적 불평등에 대한 개인적 해결책(행복 시나리오)을 제시하여 정치적 반발을 침묵시키듯, 포스트페미니즘은 여성이 처하는 곤경은 오직 개인의 책임이며 의지가 부족해서 성공하지 못한 것이라고 암시한다. 자, 보라. 여성도 법무장관이나 국무장관이 되는데, 너는 왜 그렇게 못 하는가?

여성의 성취를 가로막는 유리천장에 대해, 부족한 육아복지에 대해, 여성의 승진을 가로막는 직장 상사의 케케묵은 사고방식에 불평하고 싶어도, 포스트페미니즘 세계의 사람들은 그런 불평을 듣고 싶어하지 않는다. 어떻게든 해 봐. 그들은 말한다. 불평해 봤자 저 장애물은 치워지지 않아. 그냥 잊고 태도를 바꿔. 혹시 저 꽉 막힌 페미니스트는 아니지? 이미 양성평등은 성취되었어. 페미니스트는 거추장

스러워. 그들은 사소한 문제에 불평하는 패배주의자 집단이지. 사소한 어려움쯤은 혼자 넘을 수 있잖아. 길을 찾아 봐. 넌 할 수 있어.

미국의 언론학자 수잔 더글러스Susan Douglas는 오늘날 매체들이 여성 의사와 변호사, 형사, 기업 경영자들을 줄지어 내세워 이제 페미니즘은 쓸모없으며, 여성의 성공을 방해하는 건 오직 여성 자신의 노력 부족이라는 인상을 준다고 논평했다.[10] 이제 여성들이 본받아야 할 이상적인 여성은, 온갖 사회적 방해를 뚫고 그러면서도 여성스러움을 잃지 않은 여성 '능력자'이다. 전적으로 틀린 말도, 나쁜 말도 아니다. 하지만 여성 능력자들이 법정과 대기업 임원실을 차지한 광경은, 구조적인 장애물들은 이미 치워져 있고 사회적 실패는 오로지 개인의 책임이라고 암시한다. 성차별은 사라졌고 페미니즘은 역사의 쓰레기통에 들어갔다고 암시하는 각종 매체의 화려한 이미지들은, 우리의 젠더(그리고 인종)가 동등한 관계까지 가기까지는 아직 멀었다는 사실을 흐린다.

## 이성애가부장제의 최신판
⋮

오늘날의 포스트페미니스트 여성들은 페미니즘이 가져다준 정치적·경제적·사회적 승리들은 수용하면서 스스로를 페미니스트라고는 부르고 싶어하지 않는다. 페미니즘의 성공은 기회주의적으로 활용하면서 페미니즘은 너무 암울하다는 이유로 거부한다. 이런 의미에서, 이성애가부장제는 패퇴한 것이 아니라 단지 스스로를 재발명한 것이다. 더 은밀하고 감지하기 어려워져 도리어 과거보다 싸우기 더 어려워졌다.

이성애가부장제의 최신판은 그 불평등한 기반들을 숨기는 데 과거 남성우월주의의 낡고 서툰 버전보다 훨씬 더 세련돼졌다.[11] 여성들이 심지어 이성애가부장제를 즐길 수 있게 변형시켰다. 여성으로서의 매력을 발휘하면 원하는 힘을, 무엇보다 남성들이 싫어하지 않을 능력을 얻게 될 것이라고 약속하면서 여성을 길들이는 대상화의 성애화를 충분히 활용한다. 이 논리에 따르면, 여성의 진정한 능력은 남성으로 하여금 자신을 원하게 하고 다른 여성들이 그런 자신을 질투하게 하는 것이다. 이것이 지금 여성들의 입맛에 맞게 제조된 새로운 버전의 이성애가부장제이며, 페미니즘의 '이빨'이 제거된 새로운 여성의 힘이다.

여성만큼 남성도 좋아할 수 있는 여성 권한 강화보다 더 나은 것이 무엇일까? 이 신버전은 성평등은 이미 달성되었으니 성차별적인 고정관념을 부활시켜도 안전하다고 속삭인다. 수잔 더글러스는 이런 태도에 종종 "다 알잖아 식의 눈치 윙크"가 수반된다고 설명한다. 사실 남자들은 완전 바보들이고, 고추에서 침이나 질질 흘리는 노예들이며, 여성의 대상화는 도리어 남자들을 우습게 만든다는, 그런 신호이다.[12] 초성애화된hypersexualized 여성들은 대상화된 것처럼 보일지 몰라도, 사실 그들이 권력을 쥐고 있잖아. 자신을 대상화해서 남성들을 추근대고 버벅거리는 멍충이들로 만들어 버리니까. 이 아이러니하고 자기반영적인 방식에 뭐가 문제가 있나? 다 장난인데 뭐

잘못됐나? 그 여자는 넘치는 자신감을 선언한 건데, 고지식한 페미니스트들이나 이를 비난하지.

이 현상과 관련하여 미국 저술가 에이리얼 레비Ariel Levy는 오늘날 미국 사회에서 여성들에게는 두 가지 대안이 있다고 제시한다. 따먹힐 만큼 예쁜 것이 제일 중요한 자산이라고 정의하는 초성애화된 문화를 받아들이거나, 본인의 섹슈얼리티를 불편해하고 고상한 척하는 것처럼 보이는 것에 동의하거나.[13] 당연히, 두 번째 대안은 그렇게 매력적으로 보이지 않는다.

물론 여성의 당당한 성적 표현은 남성이 여성보다 본질적으로 더 성적이라는, 여성은 남성을 기쁘게 하려고 어쩔 수 없이 섹스를 한다는 생각을 거부하는 방식이 될 수 있다. 그러나 동시에 여성 스스로 자신의 대상화를 무비판적으로 받아들이는 것이며, 무엇을 어떻게 대상화할지를 이성애가부장제의 성적 상상력이 정한다는 사실을 간과하는 것일 수 있다. 나의 학생들 중 한 명이 요약한 것처럼, 여성들은 이성애가부장제를 이길 수 없다는 걸 깨닫고 그냥 포기한 것 같다. 페미니즘을 포기하고 신자유주의 실용주의자답게 이 시스템을 이길 수 없으면 거기에 동참하는 편이 낫다고 결정한 것 같다.[14]

모든 것을 고려할 때, 여성 섹슈얼리티를 제한하는 것보다는 초성애화hypersexualization가 더 나은 선택 같아 보인다. 과거의 억압된 여성 섹슈얼리티로 돌아가고 싶지 않은 것은 확실하다. 그렇지만 이 찜찜한 기분은 무엇일까. 어느새 선을 넘은 중대한 타협들이 수용되기 시작했으며, 그 타협이 의미하는 바를 이제야 이해하기 시작했다. 문제는 여성의 섹슈얼리티나 성적 과시가 아니다. 성적 대상화가 항상 잘못된 것도 아니다. 다른 사람의 욕망의 대상이 되고 싶고, 그 사람의 마음을 끌기 위해 노력하는 것은 비단 이성애 여성만이 아니니까. 여기서 문제는, 오늘날 포스트페미니스트 여성들이 사회의 지배적인 이성애가부장제 시나리오에서 벗어나는 방식이다. 여성들은 자신들의 에로티시즘을 여전히 자유롭게 표현하지 못하고 있다. 우리 사회가 생산하고 수용하는 여성 섹슈얼리티 형태는 기껏해야 끌려가고 당하는 여성혐오적인 포르노 산업이 거의 전부가 아닌가.

나는 포르노가 본질적으로 비도덕적이라고 생각하지 않는다. 금지되어야 한다고 생각하지 않는다. 심지어 검열되어야 한다고도 생각하지 않는다. 많은 여성들이 남성들만큼 그걸 즐긴다는 것을 안다. 대안적인 페미니스트 포르노 그리고 퀴어 포르노도 존재한다. 이성애 여성을 포함한 더 많은 사람들에게 다른 종류의 포르노를 노출시키는 것이 여성혐오적 포르노에 대한 가장 효과적인 해독제가 될 수도 있다. 나는 포르노의 윤리가 아니라 조금 더 구체적인 문제를 말하고 싶다. 즉, 이성애 여성 섹슈얼리티와 포르노가 점점 더 분리하기 어려워지고 있는 현실 말이다.

오늘날 수많은 이성애자 여성들이 포르노와 관련된 곤경을 겪고 있다는 사실이 간과되고 있다. 자, 이제 여성도 성적으로 해방되었으니 포르노 정도야 받아들일 수 있겠지? 남자가 좀 보면 어때, 안 그래? 이성애 여성들은 아직 표명된 적 없는 희한한 곤경에 처해 있다. 현실 애인과 포르노 속 애인 사이에서 망설이는 남성들을 마주하게 된 것이다. 여성들은 자기 파트너의 성생활에서 완전히 부차적인 위치에 처하게 되었다.

여성의 섹슈얼리티가 포르노화되었는데, 그 때문에 여성이 섹스를 하지 못하게 되었다는 주장은 서로 모순되어 보인다. 하지만 자세히 들여다보면 이 두 문제는 서로 연관되어 있음을 알 수 있다. 오늘날 이성애 여성들은 남성들의 관심을 끌기 위해 말 그대로 포르노 이미지와 경쟁하고 있다. 그러나 아무리 노력해도 포르노를 이길 수는 없다. 결국 여성은 자신을 포르노화시키고도 섹스는 하지 못하는 희한한 처지에 놓였다. 이 같은 남성들의 '외도'와 포르노의 여성혐오에 대해 공개적으로 말할 공간도 없다. 말만 성적인 해방이지 여성들이 할 수 있는 게 없어진 것이다.

## 포르노화의 딜레마
⋮

이성애자 남성들이 소비하는 포르노의 대부분은 부인할 수 없을 정도로 성차별적이다(여기서 'consume'(먹다/소비하다)이라는 단어에 유의하라). 따라서 이성애 여성들은 본질적으로 성차별적인 성문화 속에서 섹스를 할 수밖에 없다. 물론 현대 포르노 문화에는 채찍을 휘두르며 남성을 지배하는 여성의 이미지도 들어 있다. 그러나 가장 흔한 설정은 오럴을 해 주고 싶어 안달이 난, 페니스의 제단을 간절히 숭배하는 여성이거나 남성의 성적 공격성을 유발하는 여성이다. 이것은 우리 문화의 지배적인 성적 상징을 따르는 것이 여성에게 힘을 준다고 믿는, 문화가 이상화하는 것을 체현하면 남성과 동등한 권리를 얻을 수 있다고 믿는 여성들에게 다음과 같은 역설을 들이민다. 힘을 가졌다고 느끼려면 본인의 섹슈얼리티에 대해 여성혐오적인 태도를 취하라. 힘을 얻고자 내가 속한 성을 비하해야 하는 것이다.

이것은 여성들이 여성의 대상화를 즐기도록 교육받는 현상의 극단적인 징후이다. 그리고 슬프게도, 이성애 여성들이 이성애 포르노의 내용과 확산에 대해 불평할 권리가 없다고 느끼는 현상에는 학문적 페미니즘이 부분적으로 책임이 있다.[15] 소위 '섹스전쟁' 시대였던 1980년대 학계의 페미니즘은 이성애 포르노의 여성혐오주의를 비판하는 쪽과 섹슈얼리티의 환상적 측면들을 중시하는 쪽으로 나뉘어 거대한 균열을 드러냈다. 후자 쪽은 '친섹스pro-sex'로 알려졌고, 전자 쪽은 성 자체를 문제 삼지 않았음에도 '반섹스anti-sex'라고 불리게 되었다.

캐서린 맥키논Catherine MacKinnon과 같은 반포르노주의자들은 이성애적 성교는 언제나 남성이 여성을 강간하는 일이며, 모든 형태의 이성애 섹스는 가부장적인 폭력이라고 생각하는 듯한 인상을 주어 다른 페미니스트들을 짜증 나게 만들었다.[16] '반섹스'라는 꼬리표가 붙었으나, 사실 그들은 섹스를 싫어하지 않았기 때문이다. 돌이켜 보면, 그들은 단지 이성애가부장제적인 상상력에서 벗어나 더 흥미진진한 성생활을 원했다고 생각한다.

거의 모든 종류의 '섹스에 찬성하는sex-positive' 페미니스트들과 같이 나는 항상 '친섹스' 편에 섰다. 이성애 섹스도 얼마든지 가부장제와 남성의 공격성으로부터 분리될 수 있다고 주장하는 쪽이었다. 나는 포르노에 대한 비판이 섹스 자체에 대한 도덕적 비난으로 이어질 수 있다는 사실을 경계해 왔다. 이것이 어떤 학생이 나에게 왜 이성애 포르노 비평을 조심스러워하는지 물었을 때 내가 할 말이 없었던 이유이다. 페미니스트들의 포르노 전쟁사를 잘 아는 나로서는 이성애 포르노 비판이 자칫 섹스 자체에 대한 반대로 이어질까 봐 늘 염려스럽다.

나는 강력한 친섹스를 주장하며 반섹스 진영을 단호히 반대했던 퀴어 페미니즘이 등장하던 무렵인 1990년대에 페미니즘을 공부했다.[17] 그래서 맥키논 이름만 들어도 움찔한다. 많은 친섹스 페미니스트들과 같이 난 포르노를 1950년대의 성적 내숭에서 벗어나는 하나의 방법으로 생각했다. 그런데 최근 몇 년 사이에 이 이슈를 다시 평가하게 되었다. 섹스전쟁에서 승리한 친섹스 진영이 이성애 여성들에게 포르노에 대해 불평하는 건 쿨하지 않다고 주장하는 성문화의 확산에 기여했음을 깨달았기 때문이다. 성적 판타지는 본질적으로 비난받아서는 안 된다며 모든 형태의 섹슈얼리티를 찬양하는 페미니즘 문화가 중요한 비판의 길들을 다 막고 있는 것이다. 그리하여 이성애가부장제적 성문화를 비판하는 즉시, 청교도적이라는 등 섹스를 싫어한다는 등 비판의 딱지가 붙게 되었다. 심지어 포르노 소비 문제로 갈등하는 여성 파트너에게 페미니스트적인 친섹스 주장을 내세우는 이성애 남성들도 적지 않다.

이성애 포르노의 여성혐오주의적(그리고 인종차별적인) 양상에 대해 페미니스트 학문이 보이는 태연함은 그것이 대중문화의 다른 부분을 대할 때 보이는 비판적인 태도와 보조가 맞지 않는다. 포르노에 대한 비평을 극구 거부하는 페미니스트들이 생명관리정치의 다른 양상에 대해선 강력하게 비판한다는 점은 주목할 만한 아이러니다.

이것이 그들 사고의 가장 큰 결점이다. 푸코의 생명관리정치 이론으로 오늘날의 모든 문화 요소를 조목조목 분석하면서, 밤마다 여성혐오적 포르노를 찾아 인터넷을 돌아다니는 이성애 남자가 그것을 통해 섹스가 어떻게 실천되고 자신이 성적인 존재로서 어떻게 행동해야 하는지 교육받고 있다는 사실을 인정하지 않는 것은 논리적이지 않다. 왜 인간 주체성의 생명관리정치적 형성에 대한 비판에서 성적 판타지를 제외시켜야 하는가. 오늘날 수십억 매출의 포르노 산업이 이 형성의 강력한 도구로 사용되고 있고, 특히 젊은 남자들을 포함해 새로운 세대 사람들의 섹슈얼리티와 어쩌면 존재의 양상까지도 근본적으로 형성하고 있는데 말이다.

이에 관해선 폴 프레시아도의 추정이 옳을지도 모르겠다. 생명관리정치 비평가 본인들이 이 산업의 열렬한 소비자라는 추정 말이다.[18] 퀴어 및 트랜스 페미니스트 노선을 취하는 프레시아도는 친섹스 편에서 대중 포르노 산업을 비판하는 거의 유일한 사람이다.[19] 포르노가 성적 해방을 성취한다는 그 어떤 주장도, 그것이 여성의 비참함을 딛고 남성이 오르가즘(권력)을 느끼도록 고안되었다는 사실은 바꾸지 못한다.

대부분의 이성애 포르노는 여성을 비하하며 그 때문에 나를 포함한 대부분의 여성들은 그걸 보기가 힘들다. 난 이성애 포르노의 시각적인 부분이 늘 거슬렸지만 맥키논 같은 "나쁜 페미니스트"라고 불리는 것이 두려워서 인정하지 못했다. 다시 말하지만, 난 모든 포르노가 비난받아 마땅하다는 얘기가 아니다. 그리고 만약 커플이 함께 포르노를 보는 걸 좋아한다면, 나는 조금도 이의가 없다.

남성들이 혼자서 대량으로 소비하는 여성혐오적인 이성애 포르노는 여성을 욕망하는 남성과 그 욕망을 흥분시키는 수동적인 대상의 위치로 좌천된 여성이라는 틀 안에 남녀를 가두어 넣음으로써 이성애가부장제의 전통에 복무한다. 온라인 포르노 사이트들은 그 안에서 소비되는 이미지들에 대한 절대적인 통제권을 남성 소비자들에게 준다. 반면에 남성 소비자들이 상대하는 온라인 파트너들은 어떤 의견도 낼 수 없다. 말대꾸를 할 수 없다는 점. 그래서 온라인 속 여성들은 최상의 성적 '대상'이 된다.

포르노는 또한 노동자들의 생명관리정치적 창출에 기여할 수도 있다. 일하다가 잠깐 휴식을 취하고 다음 업무를 수행하기 위해 혹은 하루의 지루함을 견뎌 내기 위해 온라인 포르노를 이용한다고 생각해 보자. 이는 신자유주의적 효율의 전형이다. 빠르고 깔끔하고, '실제' 만났을 때 일어날 '복잡함'이 없다. 포르노 감상은 다시 일을 시작할, 또는 성과를 낼 휴식 역할을 한다. 과거처럼 억압하지 않아도 될, 생산성 향상을 위해 산업화된 성욕 모델. 게다가 그 완전한 자유를 느끼는 순간, 우리는 욕망하는 방법에 대해 매우 구체적으로 학습받게 된다. 포르노를 통해 이성애가부장제적 체계가 직접적으로는 우리의 향상된 생산성으로, 간접적으로는 우리의 욕망으로 돈을 벌 수 있도록 욕망하는 방식을 우리는 교육받는다.

내가 만나 본 젊은 남자들 중 다수가 정기적으로 포르노를 본다고 인정했고, 일부는 포르노 때문에 실제 성생활이 영향을 받는다고 했다. 그러나 대체적으로 시간과 노력을 절약한다는 실용주의적 관점에서 포르노 문제를 보고 있었다.

적어도 1950년대 이후로 진보적인 사회비평가들은 성적 자유를 반란, 즉 반문화적 위반, 저항 또는 전복과 동일시해 왔다. 이 주장은 오랫동안 공식이 되었다. 페미니즘이 대중의 불안과 동시에 일어난 것은 우연이 아니다. 그런데 자본주의가 소비문화에 성적 해방을 끌어들이면서 상황이 다시 반전되었다. 심지어 변태적이라고 간주되었던 섹스까지도 우리가 받는 심리적·감정적·직업적 압박에 성공적으로 대처하는 능력에 도움이 되는 게임 같은 것이 되어 버렸다. 경쟁문화 현상에 도전하는 것이 아니라 그것을 떠받치는 것이 된 것이다. 마트에서 파스타 소스를 사듯, 온라인에서 각종 성적 시나리오를 골라서 구매하는 것은 소비지상주의라는 자본주의적 사고방식을 장려한다. 이는 부유한 사회가 제공하는 걸 최대한 즐기는 것이 우리의 권리라는 메시지를 노골적으로 전달한다.

온라인 포르노 소비자들은 자신들이 좋아하는 성적 시나리오를 골라서 산다는 점에서 다른 자본주의 소비자들처럼 '선택'을 행사한다. 그들이 접근할 수 있는 대부분의 시나리오는 글로벌 대기업들이 만든 것이다. 이는 그들의 선택이 사전에 결정되었음을 의미한다. 다른 한편으로, 상품과 서비스 확산에 따라 번성하는 자본주의의 특성상 포르노 소비자들도 상품 성분은 거의 비슷한데도 상표 때문에 독특해 보이는 파스타 소스를 훑어보는 소비자들 같은 선택의 환상을 느낀다. 더불어, 포르노 소비자들은 자신의 만족이 즉각적이고 지속적이고 노력 없이 이루어져야 한다고 생각하도록 훈련받는데, 이것은 자본주의 신조의 또 다른 반복처럼 보인다. 모든 것은 즉

각 사용 가능해야 하며, 어떠한 손해도 요구받지 말아야 한다! 우리가 선택할 옵션은 무한하다! 바로 이것이 사람들로 하여금 모든 것에 권리가 있다고 생각하게끔 만드는 방법이다.

여성인 나에게 이 현실의 효과는 '나쁜 감정'이다. 강의실 안에 앉아 있는 수십 명의 젊은 남학생들. 아직 여성과의 교류 방식이 저 끔찍한 포르노 이미지밖에 없을 어린 남학생들 앞에 내가 서 있다는 사실이 또렷이 인식된다. 이 같은 성문화가 현실 세계에서 남자들이 여성들에게 접근하는 방식에 어떤 영향도 미치지 않을 거라고 생각하는 것은 비현실적이다. 온라인 세계가 오프라인 세계에 어떠한 흔적도 남기지 않을 거라니.

아마존에 15분만 머물러도 정신을 바꾸어 버리는 강력한 이미지들에서 벗어나기란 어렵다. 열 살 무렵부터 여성혐오적인 포르노를 보기 시작한 남자들이 이런 문화의 영향을 받지 않았다고 상상하기 어렵다. 그 영향은 실제적이다. 포르노를 이용하는 남성들조차 미처 예상하지 못한 결과가 나타난다. 여성을 굴복시키는 포르노를 본다는 사실을 부끄러워하기도 하고, 상상력을 가득 채우게 된 이미지들을 어떻게 처리해야 할지 난감해하기도 하며, 결과적으로 실제 만남이 어려워진다. 자기가 즐기는 비하적인 여성 이미지와 자기가 존경하고 끌리는 현실 여성의 이미지를 조화시키는 데 어려움을 느끼는 것이다. 친페미니즘 남성들도 여성을 존중하지만 온라인 포르노의 유혹이 너무 강하다고 고백한다.

포르노가 안겨 준 죄책감은 거꾸로 현실 애인(여성)을 순결한 처녀처럼 이상화하는 절박한 시도를 낳을 수 있다. 오프라인과 온라인 섹슈얼리티 사이에 선을 긋고 처녀와 '걸레'라는 오래된 이성애가부장제적 이분법을 다시 가져다 쓰는 것이다. 심지어 어떤 남자는 여자와 섹스하는 것보다 차라리 친절한 미소를 받는 것이 낫다고 말했다. 그의 욕망은 온유함으로, 즉 열정의 혼란으로부터 도망가는 사랑, 여자를 이상화시키는 사랑으로 승화된 것이다. 얼핏 여성을 보호하는 것처럼 보이는 이러한 태도는 실제 사랑을 원하는 상대방 여성을 실망시키게 된다.

남자들은 항상 섹스를 원한다는 문화적 유행이 지속되는 와중에, 포르노가 현실 섹스를 원하지 않는 남자들을 만들어 내고 있다는 사실은 역설 중의 역설이다. 온라인 포르노에 꾸준히 접속하다 보면 성적으로 무감각해지게 된다. 성욕이 일 때마다 노트북을 연다면 나중에는 욕망하는 느낌이 어떤 것인지조차 모르게 될 수 있다. 급기야 진짜 여자들과의 섹스가 지루해졌다고 말하는 남자도 있다. 너무 많은 노력이 필요하다면서. 상대방을 즐겁게 해 줘야 하니까. 섹스를 할 때조차 '성과' 걱정을 해야 하느냐며.

## 그 똑같은 옛날이야기

⋮

모든 남자가 그렇지는 않겠지만, 대부분은 온라인으로 섹스를 배웠으리라는 데에는 의심의 여지가 없다. 이는 여성들에게 이런 메시지를 보낸다. 그러니 참아라, 남자가 포르노 보는 걸. 남편이 노트북에서 귀여운 여자 아이돌 사진을 보고 있으면, 그가 하드코어 강간 포르노를 보고 있지 않다는 걸 축복으로 여겨라.

남자는 포르노 없인 살 수 없다는 걸 나에게 설득시키려는 남자도 있었다. 이름이 릭Rick이었다. 물과 공기처럼 남자들에게 필요한 것이니 그걸 받아들이는 수밖에 없다. 여성을 향한 개인적인 조언을 포함해 공공 문화에서 행해지는 이 같은 주장은 터무니없다고 생각한다. 우리 삶에는 원하지만 가질 수 없는 것이 많다. 나는 우선 더 짧은 근무 시간과 더 높은 급여, 조용한 이웃, its와 it's를 구분할 줄 아는 학생들을 원한다. 하지만 이런 것을 항상 가질 수 없다는 사실을 받아들이는 걸 배웠다. 남자는 포르노 없이 살 수 없다는 주장은 남성의 성욕은 본질적으로 제어하기 힘들고, 여성은 딱히 참아야 할 성욕도 없는 것처럼 '자연화'시키는 이성애가부장제의 신화이다.

이는 반페미니스트적인(대중적으로 '과학적인') 진화론이 대중문화에 침투하는 한 가지 방법이다. 보수적인 진화심리학자들에게 남성 섹슈얼리티는 그 무엇으로도 멈출 수 없는 자연적인 힘이라는 생각보다 더 중요한 것은 없다. 그런데 남자는 포르노 없이는 살 수 없다고 강변했던 릭조차 미친 듯한 사랑에 빠졌던 2주 동안은 한 번도 포르노 생각이 들지 않았다고 했다. 그러면서 자신이 그랬다는 사실에 충격을 받았다고 했다. 그는 성적 매력이 아니라 부모님에게 소개할 만한 여자친구를 선호했다. 성적 만족은 온라인에서 얼마든지 채울 수 있으므로, 성적 파트너보다는 좋은 엄마와 며느리가 될 수 있는 아내감을 찾는 것이다.

현실 여성을 이상화하는 태도는 확실히 시대 역행적이다. 만일 온라인 섹스로 죄책감을 느끼는 남자라면 좋아하는 여자와 섹스를 하는 것에 갈등을 느낄 것이고, 릭처럼 자기 여자친구가 고릿적 여자들처럼 행동해 주기를 바랄 것이다. 사랑하는 여자와는 즐기지 않고, 섹스를 즐기는 여자와는 사랑을 나누지 않는. 그러면서 릭은 실제 섹스는 밋밋하게 느껴진다고 인정했다. 이는 실제 여자친구에게 온라인 포르노는 "아무것도 아니다"라고 했다는 그의 주장과 직접적으로 모순된다. 실제가 아닌 가상에 더 만족한다면 아무것도 아닌 게 아닌데.

릭은 여자친구가 그의 온라인 활동에 불평하지 않는 게 당연하다고 했다. 그럼 여자친구의 욕망은? 릭은 내 질문을 이해하지 못했다. 여성은 욕망이 없지 않은가? 그저 남자를 만족시키기 위해 하는 거 아닌가? 섹스 자체를 잘만 좋아하는 여자들이 많다고 말해 주자, 그제야 릭은 이로써 여자들이 어떤 딜레마에 처해 있는지를 이해하는 것 같았다. "여자들이 즐길 권리를 뺏긴다는 말이죠?"

릭과 이런 대화를 나누며 나는 공황장애 증상을 일으킬 뻔했다. 기분이 나쁘다는 건 절제된 표현이다. 친섹스파 페미니스트로서 완전히 패배감을 느꼈다. 물론 릭이 모든 남성을 대표하는 건 아니지만, 그가 특이한 경우가 아니라는 생각에 더 무서워졌다. 릭처럼, 많은 남자들이 자신의 포르노 소비에 대해 당당할 것 아닌가. 이성애 가부장제의 뻔한 자기합리화. 남자는 자기가 원하는 것을 갖고, 여자는 원하는 것이 없는 것처럼 여겨진다.

이성애 포르노는 남성의 욕망이 우선이라는 관념을 뻔뻔하게 강화하는 젠더화된 성경제를 영속시킨다. 여성들이 그냥 "참고 사는"

법을 배운다면, 릭과 같은 남자들과 이성애가부장제는 편할 것이다. 내가 릭에게 포르노 소비는 여자친구를 무시하는 처사라고 했을 때 릭이 했던 대답처럼 "상관없다"고 하면서 말이다. 여자친구가 자신의 요구에 맞춰 주기를 바라면서도, 정작 그녀의 요구는 무엇인지조차 모른다. 여성이 포르노 없는 성생활을 요구해도, 남성은 자신의 방식을 존중해 주기만을 바랄 뿐 여성의 방식에는 관심조차 없다. 성관계에서도 자신의 우월성을 의심하지 않고 인정해 주기만을 바라는 남성에게 여성의 능동적인 욕망 따위가 뭐가 중요하겠는가.

릭에게 그가 어떻게 살든 상관없지만, 나는 나의 감정을 존중해 주지 않는 남자와는 절대로 사귀고 싶지 않다고 말했다. 그는 자기는 특별한 경우가 아니라고, 다른 남자들도 다 자기처럼 생각한다고 강변했다. 그는 왜 자기가 선택을 요구받아야 하는지 억울해하는 것 같았다. 포르노를 보고 싶다면 여자친구와 함께 즐겨야 한다. 왜 남자만 이런 '특권'을 누려야 하는가. 이 같은 특권의식과 탐식의 혼합은 우리 소비사회의 특징이다. 그런데 자본주의에 반대한다는, 명백히 마르크스주의자 성향의 젊은이들조차 이런 특권의식에 젖어 있다.

이런 이유들로 나는 지금의 포스트페미니즘 성문화가 과연 여성의 관점에서 형성되고 있는지 확신할 수 없다. 포르노에 대해 나쁜 감정을 표현하는 여성들이 남성들을 반페미니스트로 만든다는 주장이 진짜 사실인가. 기분이 나쁘면 다르게 느끼는 법을 배우라고? 이것이야말로 이성애가부장제의 사용설명서에 등장하는 가장 오래된 속임수가 아닌가. 만약 여성의 기분을 나쁘게 만들었다면, 그녀가 그 나쁜 감정의 원인을 본인의 나쁜 기분에서 찾도록 유도하라. 남자는 포르노 없이 살 수 없고 여자는 섹스 없이 지내도 괜찮다는 젠더화된 사고방식은 이 오래된 속임수를 새롭게 해석했을 뿐이다. 여성의 욕망은 대수롭지 않으니 불평하기보다 남성이 다른 곳에서 만족을 얻는 걸 다행으로 여겨라.

남편이나 남자친구의 포르노 습관을 진정으로 개의치 않는 여성들이 있다. 실제로는 그렇지 않으면서 괜찮다고 말하는 여성도 있을 것이다. 진짜로 괜찮을 수도 있고, 쿨하게 보이고 싶어서 그럴 수도 있다. 어쨌거나 그 여성들도 언제까지나 체면을 유지하지는 못할 것이고, 그렇게 되면 그들의 관계는 곤경에 빠질 것이다. 그러면 남자들은 너무 예민하다는 등, 융통성이 없다는 등 하는 말로 열세를 만회하려 들 것이다. 실제로 많은 남자들이 이 전략으로 책임을 면한다.

다행히도 점점 더 많은 이성애 여성들이 남성들의 이런 태도에 열받고 있다. 스스로를 여성친화적인 남성인 양 포장하면서 여성혐오적 포르노에 매료된 남성들과 이런 남성들을 봐줘야 한다고 말하는 포르노 문화의 모순은 무시하기엔 너무 거대해지고 있다. 이 모순이 또다른 페미니즘 물결로 폭발하지 않을까. 쓰나미가 되었으면 좋겠다.

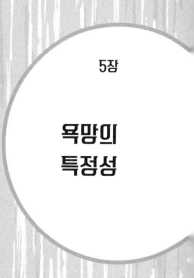

5장

# 욕망의
# 특정성

# 푸코에서 라캉으로

:

내가 지금까지 따라온 푸코식 추리 흐름에 의하면 모든 것이 결정론적으로 보일 수 있다. 지배적인 이념적 구조들에 얽매여, 이성애가 부장제와 같은 억압적인 사회적 배열에서 헤어날 길이 없다는 인상을 줄 수 있다. 비록 푸코는 생명관리정치적 조건화는 절대 전적으로 성공적이지 않고, 우리를 가두는 이념적 그물에는 구멍이 있다고 했지만, 이러한 조건화가 풍토적이고 무형적이라는 그의 확신마저 자유나 자율성이 숨 쉴 공간은 그다지 남기지 않는다.

우리가 인간 주체가 되어 가는 것이, 주체로서의 장기적 존립 가능성이, 집단가치로부터 분리될 수 없다고 가정하는 이론의 맥락에서 개인적 행위성agency은 큰 의미가 없다.

나는 푸코의 생명관리정치 분석이 어떤 방식으로 나쁜 감정들이 사회적으로 생기는지를 이해하는 데 중요한 도구를 제공하기 때문에 전반적으로 푸코의 관점을 취했다. 그러나 그의 관점은 너무 결정론적이라고 생각하기 때문에 난 절대 독실한 푸코주의자였던 적이 없다. 난 항상 인간이 자신의 존재적 선택을 비판적으로 검토할 수 있는 능력과 심지어 도덕적 의무까지 있다고 주장하는 한나 아렌트Hannah Arendt와 장 폴 사르트르Jean-Paul Sartre 같은 철학자들에게 끌렸다.[1] 그리고 프로이트와 라캉의 정신분석 전통에 가장 강한 영향을 받았다.

언뜻 보기엔, 인간 삶의 무의식적인 결정 요인에 초점을 맞추는 정신분석 전통과 자각적인 자기반영성을 강조한 아렌트나 사르트르를 조화시키는 건 불가능해 보일 수 있다. 확실히 푸코식 접근법이 사회결정론에 너무 가깝다면, 정신분석적 접근법은 우리의 운명이 우리가 어쩔 수 없는 무의식적 힘에 의해 결정된다는 생각에 너무 근접해 있다. 그러나 정신분석은 아렌트와 사르트르가 비판받는 포스트칸트파의 합리주의를 피하면서도, 우리의 신념과 선택을 길들이는 사회적 조류를 포함해 우리 삶으로부터 어느 정도 비평적 거리를 둘 수 있는 이상理想 정도는 이 두 사상가와 공유한다. 정신분석은 심지어 우리의 운명을 결정하는 무의식의 흐름으로부터 어느 정도의 비평적 거리를 확보할 가능성까지 믿는다. 그렇지 않다면 왜 분석을 받겠는가?

아렌트와 사르트르와 같이 프로이트-라캉 전통은 우리가 스스로 자신을 사색의 대상으로 볼 수 있는 능력이 있고, 그 결과 따분하거나 강압적이거나 억압적으로 느껴지는 집단생활 요소에 저항할 잠재력이 있다고 제안한다. 또한, 비록 제한적이지만 우리의 무의식적인 경향에도 개입할 능력이 있다. 이 능력을 위해 우리가 지불하는 대가는 불안감이다. 비록 질병, 사고, 성차별, 인종차별, 무의식의 작동 방식 등 삶의 많은 부분이 우리 능력 밖의 일임을 알지만, 그럼에도 우리는 각자의 삶을 소신껏 선택한다. 그래서 상황이 힘들어지거나 일이 계획대로 풀리지 않으면 이 선택의 옳고 그름에 대해 불안해한다.

나는 포스트휴머니즘을 공부하면서 내내 이 실존주의적 선택과, 계몽주의에서 파생된 자유와 자율 개념에 비판적인 포스트휴머니즘 이론 사이에서 갈등했다.[2] 지적 곤경이었다. 내가 그 끔찍한 호숫가 집에서 버틸 수 있었던 것은 그곳을 탈출할 수 있다는 믿음 덕분이었기에, 나의 선택과 행위 그리고 자결권에 대한 인문주의적(계몽주의적) 이상을 완전히 버릴 수 없었다. 그러면서도 프랑크푸르트학파, 프랑스 포스트구조주의에서 탈식민주의 연구, 해체적 페미니즘, 퀴어이론 비평가들이 계몽주의를 비난하는 이유에 대해서도 깊이 공감했다. 개인의 선택과 행위 및 자결권에 대한 계몽주의적 찬미가 특히 비논리적이거나 정서적인 사람들, 그리고 여러 가지 이유로 '타자화된othered' 사람들에 대한 정치적·인식론적 폭력을 야기했다는 주장은 옳다.[3]

한때 신비주의와 편견 및 압제에 대항하는 이성과 평등의 혁명적 수호자로 추앙된 계몽주의가 이성애 백인 남성성만을 완전히 행위적agential이고 자율적이며 능수능란한 이미지로 옹호하고, 다른 주체들은 부족한 이미지로 폄하해 온 것은 사실이고 비판받아 마땅하다. 주관성에 대해서도 너무 개인주의적인 시각을 고취한 건 문제였다. 따라서 내가 자기반영적인 존재이고 내 삶의 의미와 방향을 알아내는 것이 나에게 달렸다는 생각은 문제가 된 계몽주의 원칙을 그대로 베끼는 것처럼 보일 수 있다. 특히 포스트 푸코주의자들은 자기반영성의 이상은 생명관리정치의 교활한 계략일 뿐이라고, 사실 난 자유롭지 않은데 자유롭다는 인상을 주는 계략이라고 주장할 것이다.

인간과 다른 동물 또는 인간과 돌 같은 구분을 끝장내고 싶은 사람들은 프로이트-라캉식 접근법이 다른 독립체를 희생해서 인간에게 특혜를 준다고 주장할 수도 있다.[4] 이러한 비난을 효과적으로 반박할 방법이 없음을 인정한다. 원칙적으로 인간에서 비인간으로 논의의 초점을 옮기려는 시도는 인간이 자행하는 비인간에 대한 착취를 막으려는 의도이기 때문에 이 시도에 반대할 이유가 없다. 하지만 그렇더라도, 자기 존재를 사색의 대상으로 볼 수 있는 능력이야말로 인간과 다른 독립체를 구별하게 해 주는 인간만의 특징임은 부정하기 어렵다.

사색이 자동적으로 착취로 이어지진 않는다. 자기반영성이 완벽한 행위성agency이나 자제와 동일한 것도 아니다. 그것은 사회적 결정론에 대항하는 우리가 가진 몇 안 되는 방어수단일 뿐이다. 이것이 푸코조차도 후기에 자기심문self-interrogation의 힘을 연구하기 시작한 이유일 수 있다. 섹슈얼리티를 포함해 우리의 주체성이 '훈육권력disciplinary power'이라는 생명관리정치적 조건화로 형성된다고 설명한 푸코도 결국 능동적인 자기형성의 이상에 의존한 고대 그리스의 자기배려care 관념을 들여다보았던 것이다.[5]

포스트 푸코주의자들은 대부분 능동적인 자기형성보다 생명관리정치를, 후기의 푸코보다 초기의 푸코를 강조했다. 이로 인해 생겨난 문제들은 결론 부분에서 다시 살펴보자. 여기서 우리가 유의할 대목은, 라캉도 다른 정신분석 사상가들처럼 자기반영성을 (자기 존재를 사색의 대상으로 간주하는 행위를) 중시하긴 했지만, 완전히 행위적인 자아의 이상에 가치를 두지는 않았다는 점이다. 사실상 라캉은 자율적인 계몽주의적 주체 시기 초기의 비평가였다.[6] 그래서인지 그의 정신분석적 접근법은 자기반성을 옹호하면서도, 인간이 필연적으로 자기통제self-mastery에 미치지 못함을 강조한다.

하지만 우리가 완벽한 행위성이나 자기통제를 갖추지 못했다고 해서 어떠한 행위성이나 의지력, 자제력도 없다는 뜻은 아니다. 오히려 라캉식 주체는 대단히 고집스럽고 반항적이다. 내가 라캉에 끌리는 이유 중 하나는 라캉 이론이 내가 앞서 언급한 지성적 곤경을 어떻게든 해결하기 때문이다. 라캉의 이론은 인간이 자기반영이나 자결 능력이 없다고 암시하지 않으면서도 계몽주의적 자유와 자율성 개념들을 피한다. 약간 다르게 말하자면, 라캉은 인간의 주체성이 사회적으로 조건화된 것이며 그러므로 우리 중 자신의 운명을 완전히 제어할 사람은 없다고 인식하는 가운데서도 사회적 결정론에 빠지지 않는다. 어쩌면 내가 이 책을 쓴 목적에 더 부합하는 대목은, 라캉은 다른 동물과 인간의 동류의식을 부정하지 않으면서 (성차별주의적·인종차별주의적) 생물학적 결정론이나 진화론적 결정론 같은 것을 피한다는 점이다.

생물학적 결정론biologism을 우회하는 한 가지 방법은, 유성의 신체와 이 신체에 부과되어 온 남성성과 여성성이라는 문화적 신화 차이를 추궁하는 것이다. 라캉은 이 작업에 착수한 최초의 사람 중 하나였다. 그는 또한 인간의 욕망과 동물의 본능의 차이를 강조함으로써 생물학적 결정론의 지배를 무너뜨린 최초의 사상가였다.

이 장에서 우리가 관심을 가져야 할 것은 인간의 욕망과 동물의 본능 간의 차이다. 라캉이 뜻한 의미로 이해했을 때, '욕망'은 생물학적 결정론뿐만 아니라 푸코의 생명관리정치 분석이 암시하는 사회적 결정론까지 피할 수 있는 열쇠를 제시하기 때문이다. 욕망은 주권적(완전히 행위적이고 자율적이며 자기통제적인) 계몽주의 주체의 몰락이후 행위성을 어떻게 볼 것인지에 대한 방법을 제시한다. 욕망을 심문하는 수단으로서의 자기반영성과 자기반영성의 기회가 되는 욕망 둘 다 정신분석의 주된 연구 범주에 들어가는 건 우연이 아니다. 왜냐하면 둘 다 포스트휴머니즘(포스트계몽주의) 시기의 행위성을 재개념화하려는 탐구와 관련이 있기 때문이다.

라캉은 인간의 생물학이 문화와 사회화의 각인에서 벗어나지 못하기 때문에 욕망의 기능에 자연적인("생식적인") 것은 아무것도 없다는 것을 입증한다. 사회적으로 이해할 수 있는 주체성은 육체적인 충동의 규율화를 요하기 때문에, 욕망은 우리가 섹스를 함으로써 간단히 충족시킬 수 있는 본능이 아니라 우리를 압박하고 심지어 우리에게 고통을 안기는 무정형의 예측할 수 없는 힘이다. 인간이 아예 본능이 없다고 말하는 것이 아니다. 뜨거운 걸 만졌을 때 놀라서 손을 떼는 것 같은 본능은 당연히 있다. 생존하기 위한 (그리고 어쩌면 번창하기 위한) 본능은 분명해 보인다. 나는 단지 욕망이 반자동적인 의미에서 본능이라고 하기에는 너무 복잡하고, 사회적으로 조건화됐다고 말하는 것이다.

욕망에 관해선 항상 무언가 빗나간다고 말할 수 있다. 너무 많거나, 너무 적거나, 또는 틀린 대상에 조준된다. 덧붙여서, 그것은 사회적 규범들로 형성되지만 언제나 그 규범들과 부딪힌다. 이것이 프로이트가 욕망과 문명 사이에 근본적인 갈등이 있다고 생각한 이유이다(동물의 본능과 동물의 사회엔 불가피한 갈등이 없다는 점을 유의하자).[7] 이것이 라캉과 (그의 추종자들과) 같은 포스트 프로이트주의자들이 욕망을 반항적인, 반문화적인 힘으로 여기는 이유다. 욕망은 사회적으로 조건화됐음에도 불구하고, 바로 그 조건화의 제약을 밀어붙이는 경향이 있다는 것이다.

앞선 포르노 분석에서는 욕망이 얼마나 쉽게 생명관리정치적 통제를 받을 수 있는지를 살펴보았다. 그러나 모든 욕망이 언제나 그렇지는 않을 것이다. 이것이 내가 라캉과 정신분석, 욕망의 특정성이 종종 엄청난 고난을 초래하기는 해도 자기결정권의 단초가 될 수 있다고 믿는 이유이다.

## 나쁜, 고통스러운 선택들
**⋮**

먼저 욕망의 특정성specificity이란 무엇인가부터 정의하고 넘어가자. 이는 특정한 대상이 반복적으로 실망을 안겨 주어도 그 대상에 대한 욕망이 고정된 채 변하지 않는 것을 말한다. 바로 이 같은 욕망의 특성이 우리에게 엄청난 고통과 나쁜 감정들을 만들어 낸다. 나쁜 감정과 관련된 욕망은 집단적으로 생성되기도 하고 친밀한 관계에서 생기기도 한다. 집단적 욕망은 대체로 문화적인 근원을 찾을 수 있지만, 개인의 관계에 존재하는 욕망은 그 원인이 매우 사소하다는 차이가 있다.

욕망의 특정성은 욕망을 생식과 동일시하는 진화론 사상가들을 가장 괴롭히는 주장이다. 생식의 성공이라는 관점에서 봤을 때, 완강한 특정성은 분명 생식의 방해물이기 때문이다. 생식의 측면에서는 어떤 이익도 없고, 결국 고통스러운 선택으로 몰아가는 것이 욕망의 특정성이다.

인간의 연애적 습성에 관한 진화론적 설명은 욕망이 고통을 유발하는 현실을 해명하는 데 실패한다.

① 만날 수 없는 사람을 갈망한다.

② 자주 상처 주는 사람을 갈망한다.

③ 실연을 극복하는 것이 불가능하게 느껴질 때가 많다.

심지어 그 사람이 나를 냉담하게 버리고 떠날 때조차 나는 그 사람을 원할 수 있다. 이 모든 상황에서, 우리는 욕망이 마비되고 새로운 사람에 대한 관심이 중단된 채 장기간에 걸쳐 깊은 슬픔을 느낀다. 다른 동물들도 선호는 있을 수 있지만, 인간처럼 신경질적으로 특정 대상에 집착하는 경우는 없어 보인다.

욕망은 특정성 없이도 나쁜 감정들을 초래할 수 있다. 예를 들어, 꼭 하고 싶던 일을 못하게 됐을 때 시무룩해지지 않을 사람은 별로 없다. 나에게 이득이 되는 일임을 알지만 현재 어떤 만족감도 얻을 수 없는 일을 할 때 몸이 무겁게 느껴지지 않기란 힘들다. 이런 상황에서 우리가 여섯 살짜리 꼬마와 다른 점은, 침묵 속에서 속을 끓인

다는 것이다. 아니면, 친구들과 술을 마시든가.

그런데 간절히 원하던 것을 얻은 다음에도 우리는 그것을 잃어버릴까 봐 불안해한다. 아니면, 그것이 정말 그토록 간절히 원할 가치가 있는 것이었는지 의심할 수 있다. 혹시 내가 손에 넣은 이것이 생각만큼 좋지 않은 것이면 어쩌지? 의구심은 면밀한 비교 분석으로 이어진다. 이것이 모든 즐거움에는 손실이, 행복에는 불안이 내재되어 있다고 말하는 이유이다. 행복할 때 불행해질까 봐 걱정하는 경향이다. 가진 걸 잃을까 불안해하고, 대단치 않은 걸 얻은 게 아닐까 두려워한다.

욕망은 어느 정도는 대상의 부재에 의존하기 때문에 욕망에는 어쩔 수 없는 내재적 모순이 존재한다. 원하는 것을 얻는 것은 원하는 것의 가치를 떨어뜨리는 경향이 있다. 그리하여 원하는 것을 계속 원하고 싶다면, 그것을 얻지 못하는 방법을 찾아야 한다. 더 역설적으로, 욕망은 충족되었을 때 가장 애가 탈 수 있다. 그래서 원한다고 믿는 것을 얻지 못하도록 일부러 방해 공작을 펴기도 한다.

그토록 원하는 어떤 것에 익숙해지는 순간, 새로운 욕망의 대상을 찾아나서는 것이 인간의 처지다. 연인 관계도 마찬가지다. 이것이 일부 사람들이 이 사람에서 저 사람으로 옮겨 다니는 이유이다. 새 애인이 과거 애인보다 나은 게 없을지라도, 욕망은 우리를 움직이고 우리는 그 이동에서 뒤틀린 만족감을 얻는다.

욕망의 안식처를 찾지 못하는 무능함은 트라우마가 되기도 한다. 그러나 더 큰 고통은 그 반대의 경우이다. 욕망에서 비롯되는 나쁜 감정 중 가장 중요한 것은, 대체할 수 없는 대상을 잃어버렸을 때 생

기는 괴로움이다. 이를 인간관계로 설명해 보면, 결코 포기할 수 없다고 느끼는 사람을 포기해야만 할 때 우리는 가장 극심한 고통을 느낀다.

대체 불가능한 사람을 잃어버리는 것은 누구나 인정하는 그 어떤 사람으로도 대체가 안 된다. 욕망은 얼어 버리고, 아무리 돌리려 해도 돌려지지가 않는다. 새 사람을 찾아야 할 시간에 그 사람이 누구와 함께 있을지 추측하고, 나의 실수를 후회하고, 다시 만난다면 뭐라고 할지를 고민한다. 친구를 만나도 그 생각, 정신과 상담을 받아도 그 얘기뿐이다.

요점은, 진화론 같은 소위 '합리적인' 과학으로도 설명되지 않는 불합리함이 우리 욕망에는 존재한다는 것이다. 그런데 우리의 연애 습성은 생식 논리를 따른다는 식의 과학적 접근법은 해답은 쉬운 곳에 있다고 조언하여 우리를 더 혼란스럽게 한다.

나는 욕망의 이 끈질긴 집착이 귀중할 수 있다고, 그것이 정신분석이 보호하려는 자기결정력을 역설적으로 키울 수 있다고 제안하고 싶다. 가장 쉽게 생각해 보면, 이 집착은 모든 것을 신속히 대체하도록 몰아가는 자본주의식 사고방식에 저항하게 한다. 우리가 몸담은 소비문화의 맥락에서, 욕망의 집착 또는 내가 애정하는 대상에 대한 충실함이야말로 우리가 지닌 용기, 심지어 윤리적 자세일 수도 있지 않을까.

# 욕망의 마비

∙
∙
∙

프로이트는 사랑하는 사람의 상실로 인한 욕망의 마비를 '멜랑콜리아melancholia'라고 불렀고, 이를 때맞춰 끝나지 않는 애도의 한 유형으로 정의했다. 연애 관계에서 보통은 상실의 여파로 잠시 슬퍼하다가 결국엔 실망을 극복하고, 그 다음엔 새로운 사람을 갈망하게 된다. 그에 반해서, 우울은 잃어버린 대상에 대한 충실함으로 새로운 대상은 생각조차 할 수 없어 무한정 계속되는 슬픔의 종류이다.

프로이트의 말을 바꿔 표현하자면, 우울은 특히 시기상조로 상실을 경험하여 누구를 잃어버렸는지는 알아도 '무엇을' 잃어버렸는지는 모를 때 많이 생긴다.[8] 잃어버린 사람의 정체는 알지만, 미래에 그 사람과 무엇을 할지는 모른다. 단지 그 사람 하나가 아니라, 그 사람과 함께 만들어 갈 관계 및 존재적 길을 잃어버리는 것이다. 이 가능성의 상실은 어떤 사람을 사랑함으로써 영향을 받았을 모든 것, 잠재적으로 가치 있는 나 자신의 미래 버전을 잃어버리는 것이다. 이것은 가슴 아픈 일이다. 그랬다면 어땠을지 잘 그려지지 않는다는 것이 무한정 지속되는 슬픔과 함께 특히 나쁜 점이다.

우울은 이 세상이 뽐내는 모든 즐거움과 매력을 지워 버리고, 오로지 개인적인 비탄의 고독한 영역 안에 은둔하게 한다. 잃어버린 것 외에는 어떤 것도 마음을 끌지 못한다. 어떤 의미에서 슬픔은 주된 애착 대상이 된다. 이것이 꼭 나쁜 것만은 아니다. 우울은 낙관적인 개인에게는 없는 시각의 명료성을, 자각의 정확성을 불러일으킬 수 있기 때문이다. 프로이트가 언급했듯이, 우울한 사람들은 비탄에 시달리는 사람들보다 "진실에 대해 더 날카로운 시각"을 가질 수 있다. 우울한 사람들은 "실제로 자신을 이해하는 데 꽤 가까이 근접"할 수도 있다.[9]

우울은 미래에 더 나아질 거라는 잔혹한 낙관주의를 산산조각 내는 만큼, 어떤 경우에는 긍정적 사고로 그려진 장밋빛 그림보다 더 정확할 수 있는 비관주의를 생성한다. 게다가 우울은 우리의 존재 (내)결여(라캉이 관심 가졌던 존재론적 결여)에 맞서게 하여, 대상을 통해 (내가 사랑하는 대상일지라도) 이 결여를 치유하려는 시도가 신뢰할 수 없는 것임을 보여 준다. 모든 욕망의 대상이 가치 없다고 말하는 게 아니다. 오히려 그 반대이다. 이때 대상과 일정한 거리를 두는 것이 자기이해를 높이는 전제 조건이다.

우울에 시달릴 때 새로운 욕망의 대상을 추구하는 건 잃어버린 대상에 대한 배신으로 느껴질 수 있다. 새로운 사람을 거부하는 것만이 잃어버린 사람과의 추억을 간직하는 유일한 방법처럼 보인다. 우울한 사람, 애도에 빠진 사람에게는 잃어버린 대상과 관계된 것이면 그것이 슬픈 기억일지라도 그 기억을 새로운 열정이나 욕망의 대상으로 대체함으로써 얻게 될 손실보다 낫다.

게다가 욕망이 견딜 수 없는 고통으로 이어진다는 것을 배우게 되어, 다시는 자신에게 욕망을 허락하지 않겠노라 맹세할 수도 있다. 그러나 시간이 흐르면 보통 그런 맹세는 지켜지지 않는다는 걸, 아무리 오래 묵은 우울이라도 시간이 지나면 풀린다는 걸 발견한다. 애도가 완전히 끝나지 않았는데도 고통의 강도가 약해진다. 어쩌다 보니 또 다른 대상을 욕망하게 된다. 불행히도 이것은 우리가 똑같은 방식으로 또다시 상처받을 것임을 의미한다. 프로이트는 '반복강박repetition compulsion' 개념으로 이 슬픈 현상을 설명했다. 계속해서 바꾸려고 노력하는 데도 불구하고, 우리는 고통스러운 욕망의 패턴에 다시 빠지게 된다.

욕망으로 계속 상처받는다는 반복강박은 인간만의 독특한 특징이다. 동물이 살면서 나쁜 교미를 반복해서 선택한다는 얘기를 들어본 적 있는가. 반복강박은 우리로 하여금 관계나 삶의 다른 영역에서 익숙해서 더 미칠 것 같은 상황에 도달하게 된다는 사실을 직면하게 만들어 나쁜 감정을 삶의 한 요소로 인정하게 만든다. 심지어 그런 상황이 운명같이 느껴질 수도 있다. 마치 인생은 그렇게밖에 진행될 수 없는 것처럼. 왜 이렇게 되는지 궁금하지 않은가?

나는 우리가 느끼는 나쁜 감정들 중 상당수는 사회적으로 생성된다고 주장했다. 예를 들어, 우울과 불안은 가난 같은 불안정한 환경에 대한 합당한 반응이다. 그것이 어려운 가정사나 다른 종류의 트라우마에서 기인했을 수 있다는 점에서 반복강박을 설명하는 외적 원인이 있을 수 있다. 그러나 반복강박은 무의식적 요소가 강하기 때문에 외적 요인보다는 우리의 선택과 행동에서 반복되는 실수들로부터 수수께끼처럼 발생하는 것처럼 느껴진다.

우리가 우리의 잘못으로부터 배우고, 우리의 실수가 미래의 비슷한 실수를 예방해 준다면 참 좋겠지만, 보통은 그렇지 않다. 상황은 정반대다. 우리가 단호하게 고통스러운 유형을 피하려 하면 할수록, 어쩐 일인지 그 그물에 더 빨려 들어가는 듯한 느낌이 든다. 이를 프로이트는 이렇게 설명한다. 반복강박은 비록 뒤틀린 방식이지만, 우리의 형성적인 상처들을, 우리가 어린 시절부터 짊어져 온 것들을 치유하도록 도와주려 한다는 것이다. 이는 우리를 반복적으로 똑같이 괴로운 상황에 두면 언젠가는 그것을 완전히 제어하여 다시는 상처 입지 않을 것이라는, 우리의 무의식적 희망을 반영한다.

연습이 완벽을 만든다고, 이번에는 상황이 다를 거라고 믿게 하는 우리 안의 무언가가 바로 잔혹한 낙관주의의 무의식적 형태이다. 불행하게도 실제로는 그런 일은 거의 일어나지 않는다. 우리는 죽을 때까지 계속 그 똑같은 패턴을 반복할 가능성이 높다. 이런 의미에서 반복강박은 정말로 우리의 운명 전부를 결정하고, 결국 지금의 나라는 사람을 형성한다.

아이가 요구하는 사랑은 아무리 좋은 부모라도 줄 수 있는 것 이상이기 때문에, 아무리 안락한 가정에서 자란 사람이라도 마음의 상처를 완전히 피할 수 없다. 그러니 냉담하고 과격하고 폭력적인 양육자 아래서 자란 사람은 그런 양육자에게 생존을 의탁해야 하는 절박한 이유로 극심한 고통에 노출되게 된다. 어린 시절에 당한 학대의 비극은 그들이 그들을 해치는 바로 그 사람들에게 신체적으로 그리고 감정적으로 얽매여 있다는 것이다.

프로이트는 이와 같은 아동기의 심리적 트라우마가 크든 작든지 간에, 가상이건 현실이건 간에 관계없이 우리가 평생에 걸쳐 처리하려고 애쓰지만 처리되지 않는 감정적 잔여물을 남긴다는 가설을 세웠다. 반복강박은 이 처리 과정이 일어나는 한 가지 방법이다. 이것이 프로이트가 완전히 정상적인 정신의 삶 따위는 없다고, 모든 사람이 크고 작은 신경증을 갖고 있다고 말한 이유이다. 프로이트는 이런 이해를 바탕으로 모든 치료 진료를 만들었다. 그를 조롱하는 사람들조차 현대 심리치료의 기원이 *그*가 발명한 '대화 치료'로 거슬러 올라간다는 사실을 부정하지 못한다. 무언가 잘 안 되니까 심리치료를 받는 것이다. 요약하자면, 욕망은 우리 삶의 방향을 꼬이게 하고, 때론 일그러뜨리며, 친밀한 관계를 '바로잡기' 어렵게 만든다.

## 라캉의 결여 이론

:

프로이트의 천재성이 인간 욕망과 동물 본능 간의 차이를 알아본 것이었다면, 라캉의 천재성은 인간 주체성의 사회적 특징과 우리가 느끼는 근본적인 결여감 사이의 관련성을 설명한 것이다.

나는 아이들이 사회화를 겪으며 본인들의 인지 능력을 초과하는 의미의 상징세계를 접하게 되고, 그 결과 (실존적으로 또 존재론적으로 겸허하게) 부족감과 소외감을 느끼게 된다고 설명했다. 이러한 존재 (내)결여와, 프로이트가 반복강박과 연결시킨 대인 관계에서 겪는 구체적인 고행 양상을 실제로 구별하는 것은 거의 불가능하다. 이 두 가지 결핍 형태는 서로를 보강하는, 삶을 특정 짓는 방법들일 수 있다. 그러나 현재의 맥락에서 주목해야 할 것은, 우리의 존재론적 결여가 특별히 인간적인 경험으로서 욕망을 발생시킨다는 라캉의 가설이다.

우리는 우리 자신의 본질적인 부분이 잘려 나갔다고(잘못 배치됐다고) 느끼기 때문에 사물들을 원하며, 그러한 것들이 우리를 다시 온전하게 만들어 줄 것이라는 무의식적인 희망을 품는다. 우리는 아이 시절에 (어느 누구도 의도하지 않았을지언정) 본질적으로 우리에게 상처를 주는 사회적 세계에 노출되기 때문에, 이후 우리 삶에는 논리적인 방식으로 연애적 선택을 인도하는 생식 본능은커녕 상실의 흔적 없는 욕망, 단순한 욕망 따위는 있을 수 없다. 라캉의 이 이론이 반발을 산 것은, 이처럼 너무나 인간적인 곤경을 묘사한 데다 '거세'(결여)를 여성의 부족함을 드러내는 징후가 아니라 인간의 근본적인 조건으로 다루었기 때문이다.

우리 사회가 역사적으로 여성에게 결여의 낙인을 강요한 것은 많은 남성들이 자신들의 결여(상처 입음)를 필사적으로 피하려 했음을 드러내는 표시다. 만약 남성들이 이 결여를 아무렇지도 않게 받아들였다면, 굳이 여성을 폄하하거나 억압할 필요가 없었을 것이다. 시몬 드 보부아르와 버지니아 울프Virginia Woolf로부터 동시대의 페미니스트들에 이르기까지 많은 여성 지식인들이 주장했듯이, 여성은 모든 시대에 걸쳐 남성들의 온전함을 재확인시키기 위해 결여를 의인화하도록 요구받아 왔다. 남성들이 능동적이고 행위적인 주체라는 그들의 지위를 마음 편히 믿을 수 있도록, 여성은 수동적인 대상으로 코드화되어 왔다.

라캉은 사정 후 축 늘어지는 페니스가 발기된 페니스의 억압된 쌍둥이며 또 예견할 수 없는 결과라는 점에서, 페니스보다 더 명백하게 거세를 상징하는 것은 없다고 생각했다. 이 부분은 다음 장에서 더 자세히 음미해 볼 것이다. 이번 장에서는 우리가 사랑하는 사람, 영혼의 동반자라고 믿는 사람만큼 우리의 영혼을 충만하게 해 줄 대상은 없다는 일반적인 믿음을 고찰하려 한다. 그 한 사람에 대한 집착, 개인을 완성시키는 과정으로서 결혼에 대한 강조, 개인을 보호해 주는 장치로서 핵가족의 소중함에 대한 환상으로 이루어지는 우리 사회의 연애 시스템은 인간 존재의 불완전함에 대한 단순한 반응으로 형성되었을 수 있다.

라캉의 욕망 이론은 남성과 여성이 서로를 보완한다는, 서로 '결여된' 것을 제공한다는 이성애가부장제 관념을 어느 정도는 따라간다. 우리 사회의 문화적 신화에 따르면, 남성보다 더 따뜻하고 높은 감성지능을 소유한 여성은 메마른 남성들을 구원해 주는 존재이다. 따라서 여성은 자신들의 세심함과 인내심, 너그러운 보살핌으로 남성을 인간답게 만들어야 할 책무가 있다. 그 대가로 남성은 여성에게 보호와 실용적인 지원을 제공한다. 여성 특유의 불합리성이 상황을 위태롭게 만들 때에도 남성은 특유의 이성으로 이를 바로잡을 의무가 있다. 이러한 신념들이 성별 고정관념 형성의 핵심 이념이다. 그런데 라캉은 온전함에 대한 갈망이 특히 자신에게 결여된 바를 "자연적으로" 소유한 다른 사람들에게 그 결여를 메우도록 잘못 부담 지우는 방식을 설명하며, 이 신념들의 환영적이고 순전히 이념적인 기반을 강조했다.

욕망이 생식 면에서 효율적이지 못한 이유 중 하나는, 욕망은 초점을 아이들이 아니라 심리적 온전함과 관련된 성적 파트너에게 맞춘다는 것이다. 번식의 욕구가 인간 삶에 아무런 의미도 없다는 것이 아니다. 그것도 당연히 역할이 있다. 일부 사람들에겐 자식이, 라캉이 진단한 바로 그 존재 안의 구멍을 메우는 역할을 한다. 부모가 의도하지 않더라도 자식은 그 구멍으로부터 효과적으로 시선을 돌리게 할 수 있다.

이것저것 요구하는 아이들을 키우는 와중에 존재적 부족함을 느끼기란 어려운 일이다. 어린 자녀 셋을 둔 친구는 "나 아직 살아 있는 거 맞지?"라고 내게 물었다. 그런 상황에서 마음에 난 구멍이 우선순위로 떠오를 리 없다.

사람들은 생식을 원한다. 하지만 생식이 우리 욕망의 주 목적은 아니다. 만약 그랬다면 목적을 이루는 데 집중하며 욕망을 잘 배분하여 합리적으로 사용할 것이며, 그랬다면 친밀한 관계가 안겨 주는 고통 따윈 없었을 것이다. 욕망이 그토록 고통스럽고 실망스러운 이유는 그것이 본질적으로 불가능한 것을, 즉 자기완성을, 결여의 무효화를 갈망하기 때문이다.

서양철학은 처음부터 이 사실을 알았다. 플라톤의 《향연The Symposium》에는 인간이 한때는 네 개의 팔과 네 개의 다리, 그리고 서로 반대 방향을 보는 두 개의 얼굴을 가진 균형 있는 생물이었다는 아리스토파네스의 설명이 나온다. 그런데 어느 날 인간의 오만함에 화가 난 제우스가 인간을 약하게 만들고자 절반으로 나눠 버렸고, 그때부터 인간은 자기의 잃어버린 반쪽을 찾아 헤매다가 어렵사리 그 반쪽을 찾으면 다시는 헤어지지 않겠노라 맹세하게 되었다고 한다.[10]

라캉은 이 같은 추론 방식으로 인간이 신경을 갉아먹는 결여의 감각으로 고통받고 있으며, 이 고통의 경감을 다른 사람, 특히 욕망의 대상에게 기대한다고 분석했다. 아마도 다른 동물들은 이런 문제를 겪지 않을 것이다. 동물들의 욕망은 자신의 존재적 불안을 마법처럼 없애려는 바람이 욕망의 동기가 되지는 않을 것이다. 이것이 인간의 욕망을 종의 번식 본능으로 단순화시킬 수 없는 이유이다.

# 당신 안의 당신보다 더 많은 것
⋮

이 세상의 어느 누구도, 설령 내가 사랑하는 사람이라도 내 존재 안의 무無를 채울 수 없다고 해서, 그 사람이 그럴 수 있다고 생각하는 것까지 막을 순 없다. 라캉의 장난스러운 표현에 따르면, 내가 당신과 사랑에 빠지는 이유는 당신 안에 "당신보다 더 많은" 무언가가 있기 때문이다.[11]

　당신은 수수께끼 같은 내 완성의 열쇠를 들고 있는 것처럼 보인다. 뭐라 말할 순 없지만, 당신보다 "더 많은" 것이 당신 안에 있다. 내가 잃어버린 작은 한 조각, 절대 찾을 수 없을 거라고 생각한 그 조각을 당신이 들고 있다. 당신의 눈에서 내가 잃어버린 조각의 희미한 빛이 보이고, 당신의 목소리에서 내가 상실한 목소리의 희미한 메아리가 들린다. 내 안에서 이미 죽었다고 생각한 것이 당신의 손길을 만나 다시 꿈틀대기 시작했다. 이것이 내가 왜 당신이, 오직 당신만이 내 삶에 특별한 빛을 더할 수 있다고 느끼는 이유이다.

　헤아릴 수 없이 많은 소설과 시, 영화, 노래들이 이 마법 같은 경험의 영감 넘치고 애처로운 측면을 기록했다. 푸치니의 오페라 〈나비부인〉을 차용한 데이비드 헨리 황David Henry Hwang의 연극 〈엠.버터플라이M. Butterfly〉에는 이러한 속절없는 시도에 대한 날카로운 묘사가 등장한다. 프랑스 외교관 갈리마르는 얌전하고 성적으로 과묵한 중국의 여장 스파이를 만나 '그녀'야말로 꿈에 그리던 여자라고 믿게 된다. 스파이는 그의 자존심을 절묘한 방식으로 치켜세우며, 그가 남자답고 중요한 사람인 것처럼 느끼게 해 준다.[12] 극은 남자 스파이가 그토록 완벽한 여자 흉내를 낼 수 있었던 이유가 바로 갈리마르가 추구한 자기과장적 이미지를 되비추는 환상, 여성성에 대한 남성의 환상을 제공했기 때문임을 보여 준다. 결국 애인의 정체를 알게 된 갈리마르는 자살로 생을 마감한다. 그가 원했던 건 현실이 아니라 환상, 환상의 대상으로서의 여자였기 때문이다. 이처럼 여자를 남자의 환상의 대상으로 말 그대로 '조립'하는 테마는 오비드의 〈피그말리온Pygmalion〉부터 할리우드 영화 〈귀여운 여인Pretty Woman〉까지 이어진다.[13]

'잃어버린 반쪽' 신화의 영감을 주는 측면에 대해선 알랭 바디우의 설명이 효과적이다. 그는 우리 존재의 근본적인 좌표를 변화시키는 힘을 지닌 "사건"의 유형으로 사랑을 설명했다. 이렇게 삶을 바꾸는 사건으로서의 사랑은 자기애의 반대이다. 사랑하는 사람의 도착을 수용하려면 나의 존재를 완전히 재편성해야 하기 때문이다. 정의상 통제도 할 수 없고 완전히 이해할 수도 없는 다른 사람을 위한 공간을 만들기 위해 내가 독립체로서 고안한 삶의 방식들을 포기해야 한다. 이 순간부터, 타자의 수수께끼는 나를 흥분시키고 자극하고 각성시키고 가끔은 미치게 한다.

이것이 토드 맥고완이 사랑이 "좋은 투자"인 경우는 드물다고 주장한 이유이다.[14] 사랑은 꼭 평온한 자족감의 이익을 가져오는 것도 아니고, 우리가 추구하는 완전함을 주지도 않는다. 오히려 우리를 탈선시킬 가능성이 훨씬 더 높다. 우리의 연애문화는 사랑을 길들이고 안전하고 편리한 것으로 만들려고 하지만, 우리 삶의 평범한 흐름을 끊어 버린다는 의미에서 사랑이란 사건은 그렇게 안전하고 편리한 것이 아니다. 사랑이란 사건은 그것이 희망을 주는 것만큼 트라우마도 줄 수 있다.

바디우가 이론화했듯, 사랑이란 사건은 나로 하여금 타자가 내 존재를 완성해 줄 것이라는 환상에 투자하도록 허락하지 않는다. 오히려 정반대이다. 사건으로서의 사랑은 타자를, 나를 온전히 만드는 데 봉사하도록 만들어진 대상이 아니라 그 자신의 정당한 자격을 지닌 주체로 보도록 강요한다. 타자도 나와 마찬가지로 결여(거세)의 생명체임을 인정하도록 요구한다. 결국 나는 결함이 있는 사람을 사랑하는 과정을 받아들여야만 한다. 이는 사랑이란 사건이 왜 항상 표면적인 이유(사회적으로 인정받는 신체적·직업적 특성 같은)가 아니라 우리의 심금을 울리는 다른 깊이에서 일어나는지를 설명해 준다.

사랑이란 '사건'이 일어나려면, 내가 지닌 욕망의 윤곽과 어느 정도 들어맞으면서 앞서 설명한 자기애 유형에 빠지지 않도록 하는 사람을 만나야 한다. 그 사람은 나의 안주를 방해하며 내 존재에 생기를 불어넣을 뿐만 아니라, 나를 당황시키는 만큼 거울 역할 따위는 하지 않는다. 그 사람은 기쁨을 주는 거울의 평온한 표면이 아니라,

내가 완전히 살아 있다는 고통스러울 정도로 생생한 느낌을 준다.

그러나 욕망을 이 정도로까지 끌어올릴 수 있는 사람은 많지 않다. 인간의 욕망은 동물의 생식 본능과는 다르기 때문이다. 우리는 많은 사람들에게 끌릴 수 있지만, 이런 식으로 우리를 움직이는 사람을 만나기란 쉽지 않다. 살면서 수많은 사람을 만나고 호감을 느끼지만, 그중 우리의 욕망을 완전히 활성화시키는 기운이나 특성을 가진 사람은 손으로 꼽을 정도다. 롤랑 바르트가 주장하듯, 나의 마음을 사로잡는 건 그 사람이 입술을 깨무는 방법, 머리를 기울이는 각도, 잔을 드는 손가락 모양처럼 극히 사소한 디테일이다.[15]

욕망을 생성하는 결여에 대한 이러한 설명은 사랑에 빠지는 것이 왜 그토록 도취적인지, 무턱대고 갈망하게 되는지 명확하게 한다. 왜 나는 그 사람을 대체 불가능한 존재로 경험하는가? 내 마음이 일단 그 사람을 점찍으면, 그 사람이야말로 이 끈질긴 결여의 느낌과 소외감을 쫓아 줄 힘이 있다고 결정하게 되면, 그때부터는 그 사람을 포기하는 것이 사실상 불가능해진다. 그 사람을 포기하는 것은 내 존재의 온전함에 대한 희망을 포기하는 것이기 때문이다. 나의 온 존재가 걸린 사람을 순순히 떠나보낼 수 있는가. 욕망과는 쉽사리 타협이 되지 않는다.

이러한 유형의 욕망이 얼마나 우리를 취약하게 만들고 쉽게 비탄에 빠뜨릴 수 있을지 예상하기란 어렵지 않다. 그래서 실연은 그토록 쉽게 우리를 깊은 우울 속으로 유인할 수 있다. 우리는 그 사람을 잃어서 슬퍼할 뿐 아니라, 언젠가 우리의 결여가 메워질 가능성이 사라진 것을 애도한다.

욕망의 특정성은 우리를 비탄에 빠뜨릴 수 있다. 가장 순도가 높을 때, 가장 완강할 때 일어나는 욕망은 간단한 연애술로 제어하기엔 너무나 솔직하고 강력하다. 이런 욕망은 우리가 연애적 운명을 제어할 힘을 빼앗아 간다. 그것은 관계를 안전하게 처리하려는 모든 시도에 대한 면역 같은 것이다. 심지어 이 대체 불가능한 것이 언젠가는 대체 가능해진다는 사실조차 아는. 이 욕망은 상실의 망령 없이는 사랑이란 사건이 일어날 수 없음을 안다. 우리 문화는 올바른 조치를 취하면 상실을 방지할 수 있다고 조언하지만, 욕망은 그 특정성으로 인해 절대로 잃어버려선 안 되는 것을 잃어버릴 가능성을 인식한다. 그래서 우리는 우리를 해칠 힘을 가진 나쁜 감정들을 인식하면서도 모험에 나서는 것이다.

## 욕망의 두 얼굴

**⋮**

인간 욕망은 두 개의 다른 면을 갖고 있다. 하나는 일반적이고 안일하고, 다른 하나는 구체적이고 적어도 잠재적으로 반항적이다. 앞 장에서 나는 대체적으로 일반적인 면을 이야기했다. 1장에서는 소비문화가 우리의 욕망을 이미 정해진 존재적 목표와 삶의 방식, 그리고 상품 꾸러미로 돌린다고 논증했다. 2장에서는 신자유주의 사회를 특징짓는 친밀성의 합리화를 분석했다. 3장에서는 진화심리학자들과 성별 고정관념에 구애된 다른 문화적 권위자들이 제안하는 욕망의 환원주의적 해석을 비평했다. 그리고 4장에서는 이성애 여성이 스스로 자신을 남성을 위한 욕망의 대상으로 만들도록 사회적으로 조건화되는 방식을 살펴보고, 포르노그래피를 통해 욕망의 상업적 생산을 검토했다. 이번 장에서는 그에 반하는 특유한, 그러므로 비관행적인 욕망의 빈도에 초점을 맞추었다.

푸코의 생명관리정치 분석은 욕망의 일반적이고 안일한 측면을 분석하는 데 도움이 되었다. 라캉 역시 그가 상징계symbolic order라고 부른 공동사회적 이념들이 우리가 우리의 욕망에 대한 진실(특정성)을 놓치게 하는 방법들을 이야기했다. 그러나 정신분석 사상가로서 라캉은 어쩌면 잠재적으로 반항적인 욕망의 빈도에 훨씬 더 관심이 있었을 수 있다. 임상 의사이자 이론가로서 그는 욕망을 장악하는 상징계의 지배력을 약화시키고자 했다. 그는 환자들이 욕망의 특정성에 접근할 수 있다면, 그것을 숨기는 문화적 조건화의 껍질을 깰 수만 있다면 어떻게 될지 보고 싶어 했다.

이것이 내가 이 장에서 푸코에서 라캉으로 이동한 이유이다. 그러면서 나는 내가 왜 푸코를 많이 존경하면서도 항상 라캉에게 더 끌렸는지를 깨달았다. 나는 소비문화가 어떻게 욕망을 감상적인 연애로 전환시켜서 수익을 얻고(2장), 이 문화가 어떻게 욕망을 포르노그래피로 전환시켜 이익을 보는지(4장)에 관심이 있지만, 욕망의 불변성에 더 끌리는 것이다. 불편한데도 불구하고 대상을 귀하게 여기는 비이성적인 충실함. 이런 유형의 욕망은 완고하게 생명관리정치적 조건화에 저항하는, 인간 삶에서 남은 몇 안 되는 것들 중 하나라는 의미에서 역설적으로 자기결정 영역으로 기능하기 때문이다.

이 문제를 다음과 같이 요약해 보자. 만약 생명관리정치적 조건화가 현대 서양의 주체를 정서주의sentimentalism와 포르노그래피 사이에 떠 있게 한다면, 이러한 양상에 타격을 줄 유형의 욕망만이 이 훈육의 주문을 깨뜨릴 가능성이 조금이라도 있을 것이다. 어떤 이는 사랑(사랑의 사건)이라고 부르는 것 말이다.

나는 그 무엇보다도 자유와 자율성, 행위와 선택과 관련된 자기결정권에 관심이 크다. 내가 속한 학문 분야와 약간 갈등을 빚었던 것도 그래서이다.[16] 너무 진지하게 '휴머니즘적'으로 들리고, (계몽주의와 정치적·인식론적으로 폭력적인 것으로 간주되어 온 바로 그 사고방식의 개념에 가깝다는 의미에서) 구식으로 보이고, 이데올로기적으로 미심쩍어 보이기까지 하는 존재적 의미성과 자립성에 대한 질문들에 너무 관심이 많은 것이다.

앞에서도 말했다시피, 내가 이러한 질문들에 매료되는 이유 중 하나는 자기결정권에 대한 갈망으로 버틴 개인사 때문이다. 내가 어떻게 살 것인가에 대한 어느 정도의 발언권 없이는 생존할 수 없을 것 같은 느낌이었다. 그리고 이러한 매료의 지성적 근거는, 내가 라캉을 사회결정 이론가가 아니라 자기결정 이론가로 읽은 것이다.

집단적 이념이 우리의 정신적 삶에 끼치는 영향, 즉 훈육권력의 장소로서 상징계에 대한 라캉의 분석은 여러모로 푸코의 생명관리정치 분석과 비교할 만하다. 그러나 라캉 이론의 독창적인 점은, 상징계를 (비록 불완전하게나마) 빠져나가고 결과적으로 우리 존재에 통제 불가능한 단일성의 유형을 부여하는, 사회적 이념(생명관리정치) 분석으로는 설명될 수 없는 그 어떤 것에 대한 강조이다.[17] 특정성을 지니는 욕망은 그러한 도피를 할 수 있는 독립체 중 하나이다.

욕망을 훈육하는 문화적 조직은 생식적 이성애의 일반화라던가 이성애 여성이 스스로 자신을 남성 욕망의 대상으로 보는 경향 같은 대세를 조직할 만큼 막대한 영향력을 갖고 있다. 그러나 그 영향력은 절대로 완벽하게 작동하지 않는다. 퀴어들은 동성애 욕망을 드러내며 반항하고, 여성은 능동적인 욕망을 표출한다. 사회가 표준화를 위해 끊임없는 노력을 쏟아 붓는 데도 불구하고, 욕망의 주머니들은 항상 반항적으로 남는다. 그리고 그중 일부는 그것을 억누르고 있는 경계면 위로 자주 흘러넘친다. 이것이 우리가 욕망을 예측 불가능한 유형으로 분류하는 이유이다. 우리가 욕망하지 말아야 한다고 말해지는 사람들을 욕망하고, 회사 책상에 앉아 공상에 빠지고, 현명하지 않은 관계를 맺고, 균형 있고 합리적인 삶을 사는 데 아무런 도움이 되지 않을 환상에 빠져 에너지를 낭비하는 이유가 바로 이것이다.

비록 좋은 성과와 높은 생산성, 지속적인 자기계발의 신자유주의 에토스는 자주 우리의 욕망을 장악하여 그것이 원하는 것을 욕망하도록 만들지만, 거꾸로 우리의 욕망도 이 에토스를 탈선시킬 수 있다. 우리는 우리를 자유분방하고 목표 없이 살아가게 만들 수 있다. 욕망은 좋은 성과 따위에 조금도 관심이 없다. 긍정적 사고 따윈 대놓고 무시한다. 우리의 걸음에 활기 대신에 낙담을 불어넣을 수도 있다. 이것은 당연히 집단적 삶의 매끄러운 작동을 방해한다. 이것이 비평가들이 욕망의 이데올로기화 방식을 이해하면서도, 언제든 사회를 전복시키는 힘으로 등장할 수 있는 욕망의 가능성에 주목해 온 이유이다.

우리는 지난 장에서 상업적 이성애 포르노의 헤게모니가 욕망을 반항적인 독립체로 볼 수 있는 우리의 능력을 어느 정도 침식했다고 결론지었다. 자본주의는 우리의 욕망을 어떻게 활용할시를 잘 안다. 이성애 포르노는 이 노하우의 색인이고, 지금도 가게 창가에서 TV 광고와 잡지에서 우리를 유혹하는 색색의 물건들도 마찬가지다. 비행기 안에 비치된 면세품 잡지만 봐도 자본주의가 그 뻔한 물건들로 얼마나 집요하게 우리의 욕망을 끌어내려 하는지 정신이 얼얼할 지경이다.

이러한 추세는 〈홈랜드Homeland〉나 〈더 킬링The Killing〉, 〈더 브리지 The Bridge〉 같은 최근 TV 프로그램에서도 목격할 수 있다. 이 쇼들의 여주인공들은 신체적으로는 매력적이지만 조울증이나 자폐 성향이 있으며, 비사교적이고, 반모성적이고, 지나치게 성적이라는 점에서 사회적인 여성성 규범과는 거리가 멀다. 뒤의 두 작품이 스칸디나비아 드라마라는 사실은 우연이 아닐 것이다. 확실히 우리 사회는 급속히 변화하는 젠더 규범에 맞서고 있다. 그리고 자본주의는 이 사회적 노력조차 수익성 있는 사업으로 전환시키는 방법을 찾았다.

확실히 자본주의는 자본주의에 저항하는 노력조차 수익으로, 매력적이지 않았던 것조차 대중에게 어필시킬 줄 안다. 하지만 우리의 욕망은 얼마든지 소비자본주의의 목적을 약화시키는 방향으로 나아갈 수 있다. 욕망은 우리를 자유분방하게도 하고 아무 목표 없이 살게도 한다. 실연으로 인한 우울증처럼 욕망의 환멸로부터 생기는 나쁜 감정들은 특히나 지배적인 행복 시나리오에 저항하도록 만든다.

사랑에 거절당한 사람이 성과나 생산, 자기계발 따위에 관심이 있을 리 없다. 어느 정도 시간이 지나야 쓰라린 기억이 가라앉으며 이런 것들이 다시 삶 속으로 들어온다. 때론 나쁜 감정을 의식의 가장자리로 밀어내고자 쉴 새 없이 일에 매달리기도 하지만, 상처가 아물기 전까지는 실용주의 사회가 원하는 방식대로 살 수 없다.

좌절당한 욕망으로부터 느끼게 되는 괴로움은 우리를 완전히 비합리적이고 때로는 약간 미치게 만들기 때문에 우리 문화의 분별 있는 자세에 심각한 타격을 줄 수 있다. 이런 의미에서 욕망의 좌절은 욕망 그 자체보다 길들이기가 훨씬 더 어려울 수 있다. 사회질서는 그것이 원하는 바를 똑같이 원하도록 우리를 꼬드기지만, 우리의 욕망이 특정 대상에 꽂히는 순간, 우리가 그것을 원하지 않도록 지시할 수 없다. 비록 우리는 그것을 포기하라는 요구를 받지만, 그런다고 해서 대체 불가능한 것이 대체 가능한 것으로 바뀌지는 않는다. 잃어버린 것을 애도할 시간이 지나기 전까지는 새로운 사랑을 강요받을 수 없다.


## 욕망의 윤리

⋮


욕망의 윤리적 가능성이란 무엇인가? 특정한 대상을 대체 불가능한 것으로 여기고, 우리의 이성과 세상이 아무리 그것을 포기하라고 해도 끝끝내 놓지 않는 욕망의 성향에는 분명 기특한 무언가가 있다.[18] 욕망의 완강한 집착에서 윤리적으로 감탄할 무언가를 찾아보는 것이 욕망의 윤리적 가능성이다. 왜냐하면 이러한 집착은 우리로 하여금 집단문화적 요구에 반항하게 만들기 때문이다. 다른 모든 사람들처럼 욕망하라는 압력에 맞서 우리만의 선택을 옹호하게 만드는 것이다.

예를 들어, 주변 사람들이 잘못된 나이, 인종, 성별, 민족, 종교, 계급, 교육 수준의 사람과 사랑에 빠졌다고 나를 뜯어말릴 수 있다. 내 선택이 현명하지 못하다고 말할 수도 있다. 이러한 상황에서 욕망의 특정성은 우리에게 그 욕망을 고수할 용기를 준다. 기존의 사회질서가 보내는 어떠한 경고에도 끄떡하지 않을 정도로 욕망의 저항은 견고하다.

욕망이 은근히 반항적인 구석이 있다고 말하는 건 이 때문이다. 외부의 반대에도 불구하고 사랑하는 사람과 같이 있으려는 욕망의 힘은 세다. 어떤 사람의 가치를 사회 일반의 실용적 기준이 아니라 내 욕망의 윤곽과 얼마나 잘 들어맞는지로 평가하게 하는 것, 그것이 욕망의 특정성이다. 바로 여기서 관계성이라는 윤리가 생겨난다. 사회적으로 별 볼 일 없더라도 내 욕망의 주파수에 공명하는 사람이면 내가 충실할 자격이 있다.

이렇게 생각해 보자. 상업문화는 우리의 욕망을 방해할 반짝이는 유혹을 생산하기 위해 밤낮없이 일한다. 우리는 그 유혹에 이끌려 기존의 물건을 버리고 최신 모델을 구입한다. 그다지 성능이 나아진 게 없는 새 버전의 휴대폰이 매년 출시되고, 해마다 수없이 많은 새 차들이 재고로 남는 이유이다. 결국 상업문화는 우리가 했던 선택에 대한 헌신의 결여로 번창한다.

욕망의 특정성은 사람만을 대상으로 하지 않는다. 상업적으로 판매되는 물건들도 이 대상이 될 수 있다. 버리라고 권장되는 물건들의 귀중함을 알아보고 대체 불가능한 것으로 인식하는 것도 욕망의 특정성으로 설명된다. 이 욕망의 특정성으로 인해 우리는 모든 것을 사용하고 버리라고 권하는 자본주의식 사고방식에 반기를 들 수 있다. 이 물건에서 저 물건으로 흘러가는 소비 광란에 참여하기를 거부하는 것, 이 또한 윤리적 입장이 될 수 있다.

욕망의 특정성이 가장 두드러지는 대상은 역시나 사람이지만, 무생물도 그 대상이 될 수 있다. 아끼던 접시가 금이 갔어도 버리지 않고 접착제로 붙여서 사용할 때, 우리는 과도한 자본주의에 대한 열광을 우회하는 것이다. 최근 유행하는 잡동사니 없는 삶(미니멀 라이프) 역시 이러한 맥락에서 해석된다.

나도 내 삶이 불필요한 물건들로 걸리적거리는 것이 싫어서 정말 필요하고 꾸준히 사용할 것만 소유하려고 노력한다. 나는 찬장이나 냉장고, 거실이 물건들로 가득 차 있는 것이 싫다. 드물게 새 물건을 살 때에는 그것이 현재 내가 갖고 있는 것보다 나은지, 그래서 내 삶을 향상시킬지 잠시 고민한다. 결과는 대부분 그렇지 않다이다.

어쩌면 매월 마지막 주에는 생활비가 떨어져 친구들에게 돈을 빌려야 했던 젊은 날의 경험 때문일지도 모른다. 더 어린 시절, 더 가난했던 부모님한테 배운 습관일 수도 있다. 엄마는 아직도 내가 태어나기 전부터 쓰던 냄비에다 커피를 끓인다. 비록 결핍에서 생겨난 습관일지라도 정서적으로는 더 풍성하게 느껴진다. 더 적게 가질수록 삶이 더 풍성해지는 느낌이다. 친구들 옷장에 가득 쌓인 옷들을 보면 심란하다.

　난 중형 여행가방 하나면 1년 내내 여행을 다닐 수 있다. 다른 사람들이 '공룡'이라고 부르는 구식 노트북으로 대부분의 책을 썼다. 결국 덮개가 잘 안 닫히는 데다가 여행 다닐 때 너무 무거워서 새 걸 사야만 했다. 그러나 반짝이는 새 노트북으로 타자를 치는 지금, 난 아직도 옛것을 그리워한다. 요즘 노트북은 과열도 안 되어 손이 시리다. 컴퓨터도 휴대폰도 기본 기능 외에는 모두 삭제. 나에게 대체 불가능한 것은, 나의 주의를 산만하게 만드는 것이 없는 것이다.

　온전함을 추구하는 인간의 욕구가 여러 대상과 방식으로 채워진다는 사실이 얼마나 다행인지. 그 한 사람뿐만 아니라 구식 노트북과 빛 바랜 청바지로도 충족된다는 것은 축복이 아닐 수 없다. 만일 사랑이 유일한 성취의 원천이었다면 많은 사람들이 만성적인 불행에 시달릴 것이다. 그런데도 우리는 연애에 우리의 감정적 자원을 집중하는 실수를 자주 저지른다. 부분적으로는 우리 사회가 사랑이야말로 삶의 정점이라는, 사랑 없는 삶은 미완성이라는 생각을 강화시키기 때문이고, 우리 자신도 가장 확실한 자기완성 수단으로서 사랑을 생각하기 때문이다.

　나도 사랑이라는 사건, 한낱 연애가 아니라 존재의 대규모 재편성으로 이어지는 사랑에 비할 것은 없다고 인정한다. 이 사건의 파트너를 발견했을 때처럼 신속하고 확실하게 우리를 다른 세계로 인도하는 것이 또 있을까. 그러나 다른 동물과 달리 인간은 다양한 물건과 활동, 관심사에서 충족감을 느끼고, 그런 것을 찾아낼 능력이 있다. 비록 그 물건과 활동이 완전한 만족감을 주지는 않더라도 어떤 만족감도 주지 않는 것은 아니지 않는가. 우리의 만족감은 불완전하지만 모두 다 중요하다.

가끔 우리는 대체 불가능한 것을 대체하도록 강요받는다. 다행히도 끝없이 이어질 것처럼 보이는 우울조차, 욕망의 가장 집요한 마비조차 시간이 지나면 새로운 대상으로 향하도록 풀어진다. 만성 우울증처럼, 그렇지 않다면 우리 삶은 의미를 잃어버릴 것이다. 우울 자체도 나름의 아름다움이 있지 않은가. 회복 불가능한 상태에 대한 집착이 가져다주는 쓰디쓴 달콤함은 충분히 매혹적이다. 우울은 한때의 기억을 위해 상실의 현실을 계속 거부한다. 그것은 과거를 위해 현재를 희생하며, 가끔은 그 희생이 가치 있게 느껴지게 한다.[19] 그러나 중단 없이 이어지는 삶은 우울의 지하실에 출구를 파라고 떠민다.

그래도 상실은 우리의 내면에 흔적을 남긴다. 그 흔적은 내면을 일깨우고 우리가 어떤 사람이 되는 데 기여하며, 정신 안에 계속 머물러 있는다. 우리의 성격은 우리가 경험한 모든 상실의 잔여물을 함유하고 있다고 말할 수 있다. 어느 정도는 상실의 기록을, 특히 대체 불가능한 것을 대체하려고 했던 고통스러운 시도의 내력을 표현하는 것이 우리의 성격이다. 많은 것을 잃어버린 사람은 그렇지 않은 사람보다 더 복잡한 성격을 갖는 경향이 있다. 부서져야 할 그 모든 이유에도 불구하고, 부서지지 않고 사는 법을 배운 것이다.

6장

# 불안의 시대

# 불안을 없애려는 불안

:

우리 시대의 본질에 가장 가까워 보이는 나쁜 감정이 있다면, 그것은 우리가 숨 쉬는 공기 속에 포화 상태로 맺혀 있는 것처럼 보이는 불안이다. 그것은 일상의 구석구석에 숨어 맴돌며 우리의 머리를 식민지 삼아 우리 몸에 잠입했다가, 휴가 때처럼 한가한 때에 고집스럽게 우리를 찾아온다.

나는 그래서 7월보다 2월에 목가적인 케이프 코드(매사추세츠주 남동부에 있는 반도)가 더 좋다. 여름 시즌에는 뉴욕과 뉴저지에서 온 스트레스로 가득 찬 사람들이 해변에 앉아 휴대폰에 대고 소리를 지른다. 휴가가 이런 식이면, 도시에서의 삶은 어떠할지 짐작밖에 할 수 없다. 다른 시대 사람들도 틀림없이 불안을 경험했을 테지만, 우리가 속한 이 정신없고 성과지향적인 시대는 이것을 악화시키고 있다.

언제나 존재했던 현실에 단지 다름 이름을 붙여 부르는 것뿐이라고? 그럴 수 있다. 변한 것은 불안의 강도가 아니라, 그것을 병이나 문제로 인식하는 경향일지도 모른다. 불안은 치료가 필요한 일종의 질병이 아니라 우리 삶이 원래 그런 것일 수 있다.[1] 어쩌면 불안은 항우울제로 이익을 보는 제약회사들이 발명한 질병일지도 모른다.

분명한 것은, 불안이 의학적 맥락에서 널리 논의되고 약물 치료 대상이 된 것은, 매체문화가 이 주제를 손쉬운 분석 대상으로 삼은 것만큼이나 불안의 유행에 크게 기여했다는 점이다. 그럼에도 불구하고, 다수의 사람들이 이 시대에 특히 불안을 고조시키는 무언가가 있다고 느낀다. 우리가 높은 성과와 생산성, 끊임없는 자기계발, 그리고 무한긍정을 요구하는 실용주의 원칙을 수용한 결과 치르게 된 "살 1파운드"(셰익스피어의 희곡 〈베니스의 상인〉에 나오는 고리대금업자 샤일록이 안토니오에게 요구한) 같은 것이 아닐까.

심지어 건강을 유지하려는 노력조차 불안을 유발할 수 있다. 꼼꼼히 몸을 관리하면 병에 걸리지 않을 거라고 우리 사회는 강조하지만, 이 또한 어느 정도는 우리의 생산성을 향상 및 유지시키려는 생명관리정치의 전략이다. 어떤 쾌락은 적절하고 부적절한지를 규범화하는, 즉 즐거움을 도덕화시키는 수단이다. 더욱이 관리라는 것은 꾸준한 조사와 평가 및 감시의 다른 말이다. 음식과 건강을 비롯해 우리의 일상생활이 어느새 위험관리의 대상이 된 것이다. 희한하게도, 위험관리는 우리를 더 불편하고 불안하게 만든다.[2]

어떤 이는 패스트푸드로 자신의 몸을 천천히 죽이고 있는 한편으로, 다른 이들은 모든 식사를 강박적으로 점검한다. 안전한 유기농인지, 몸에 해로운 세균이나 불순물은 없는지, 케일이나 블루베리 같은 슈퍼푸드가 들어 있는지 확인한다. 건강한 식단에 집착하는 사람들은 언제나 불안을 느낄 뿐만 아니라, 그런 식단을 식탁에 올리는 데 많은 정신적 · 경제적 비용을 지불한다. 건강을 위해 헬스장에 가거나 명상 수업을 듣는 것도 마찬가지다. 이러한 활동 자체가 잘못된 것이 아니라, 끊임없는 사기감시와 심리적 부담 등 이런 활동을 하는 데 들어가는 비용을 우리가 인식하고 있어야 한다는 말이다.

진단 의학의 발달은 아직 생기지 않은 미래의 질병까지 예측하고 검진할 수 있게 만들었다. 그래서 우리는 완벽하게 건강한 순간에도 끊임없이 불안해한다. 유방암 발견을 위해 실시하는 유방촬영술은 이 딜레마의 완벽한 사례이다. 조기 진단으로 얻는 이점이 검진 시 노출되는 방사선에 대한 불안감마저 잠재우진 못한다. 물론 일부 사람들은 검진으로 생명을 연장하지만, 이로 인해 다른 불행을 얻게 되는 이들도 있다.

우리 사회는 어떤 경우라도 조기 진단을 하지 않아 병에 걸리는 것보다는 낫다는 합의라도 있는 것 같다. 하지만 이 논리가 모두에게 적합한지는 확신할 수 없다. 차라리 모르는 위험을 감수하는 쪽을 택하는 이들도 있으니까. 과학역사학자 찰스 로젠버그Charles Rosenberg가 관찰한 바와 같이, 진단 능력의 발전은 "몸속에 있는 적에 대한 무지 속에서 살았을 수도 있는 수백만 명의 사람들에게 변화된 이야기를 제공해 왔다."[3] 잠재적인 질병을 알아내는 검사가 쓸모없다고 말하고 싶은 것은 아니지만, 너무나 많은 사람들이 일찍 죽을까 걱정하느라 완전히 살아 있음을 느끼지 못하는 것은 유감스럽다. 걸릴 수 있는 질병에 대해 걱정하느라 즉흥적으로 살 수 없다면, 그것은 이미 죽은 것이나 다름없다고 말하면 지나칠까?

# 두 종류의 불안

:

우리는 앞에서 인간 존재가 처한 본질적인 조건에서 나오는 나쁜 감정과 사회적으로 생성된 나쁜 감정의 차이점에 주목했다. 이러한 차이는 불안의 두 가지 측면으로 연결된다. 첫째는 실존적이고 피할 수 없는 불안이고, 둘째는 스트레스 상황에서 발생하는 피할 수 '있는' 불안이다. 첫 번째 불안은 라캉이 인간 주체성의 기반이 된다고 본 결여(무, 공허, 허무)와 관련되어 있다. 두 번째 불안은 가난과 같은 더 상황적인 결여, 혹은 과로나 병에 대한 걱정 같은 구체적인 조건들에서 비롯된다. 구체적인 조건에서 생겨나는 불안에서는 가치를 찾기 어렵지만, 서구의 지적 전통은 앞서 살펴본 자기반영성(자기 존재를 사색의 대상으로 보는)과 실존의 차원에서 첫 번째 불안을 지속적으로 검토해 왔다.

하이데거Martin Heidegger는 우리의 자기심문 능력을 필사必死에 대한 불안(죽음을 피할 수 없다는 인식)과 연결시켰다. 인간의 삶을 오래 지속되는 "죽음으로 향하는 존재being toward death"로 규정한 하이데거는, 바로 이 삶의 덧없음과 씨름해야만 한다는 점에서 삶을 자각적이고 심문적이라고 보았다. 사르트르도 이와 비슷한 방식으로 불안의 철학, 즉 심연의 가장자리에 서 있는 존재의 불확실성과 씨름하는 철학으로 실존주의를 발전시켰다. 사르트르에게 자유와 자율성, 자기결정권은 불안과 분리될 수 없는 것이다. 왜냐하면 선택할 수 있는 능력(자유)에는 그 선택에 책임이 있다는 인식과 잘못된 선택에 대한 두려움(불안)이 동반되기 때문이다. 이는 거꾸로, 불안을 느끼는 만큼 우리는 처음부터 우리 자신을 자유로운 존재로 인식한다는 뜻이기도 하다.

라캉이나 하이데거, 사르트르의 접근법을 통합해 보면, 인간 존재는 절대로 완전히 통합적이거나 안정적일 수 없으며 불안과 동요에서 완전히 자유로울 수 없다. 이 철학자들은 똑같이 우리 삶의 구성적인 취약성을 존중한다. 라캉의 맥락에서 설명했듯이, 우리 삶에서 무언가가 빠져 있다는 느낌은 우리가 결코 완전히 온전하거나 치유되거나 성취했음을 느낄 수 없다는 의미다. 이는 반드시 나쁜 것은 아니다. 결여야말로 일종의 불안처럼 이해되는 이 공허를 달래 줄 대상과 활동을 추구하도록 우리를 자극하기 때문이다. 따라서 (실존적인) 불안 없이 사는 것이 혹시나 가능하다면, 우리는 우리에게 가장 소중한 것들 없이 살아야 될 수도 있다.

세상의 창조적인 사람들은 일상적인 조화와는 거리가 멀었다. 프로이트가 괜히 정신적 고통과 상상력의 노동을 연결 지은 것이 아니다. 확실히 불안을 포함해서 고통의 승화는 책이나 노래, 그림을 만들어 내는 가장 확실한 경로이다. 이것이 내 혈압이 너무 높다는 의사의 걱정에 내가 어쩔 수 없다고 대답한 이유이다. 글을 쓰거나 뭔가 창조적인 작업을 하는 사람은 반은 의도적으로 상처받은 마음과 사귄다. 고통스러운 경험은 결국 한 페이지의 글이 되고, 한 곡의 노래가 된다.

적어도 나에게 글쓰기는 고통의 잔여물이 창조적인 활동으로 변환되는 것이다. 그런데 이 활동은 라캉이 '거세'라고 부른 결여를 직면하지 않으면 진행되지 못한다. 창조력이 막혀 고통받는 사람들에게 자제나 균형, 완벽의 추구 따위는 도움이 되지 않는다. 이는 고통이 뒤따르는 교훈이다. 거세, 즉 부족함이 인정되었을 때에만 단어들이 흐른다. 비록 언제나 불완전하게 흘러도 흐르기는 흐른다.

정신적 고통에 대해 생각할 때마다 나는 정신분열증이 있었던 파보 삼촌을 떠올린다. 그는 많은 면에서 부인할 수 없는 지극히 고통스러운 삶을 살았다. 그는 병에 시달렸고, 자신이 왜 아픈지 알면서도 스스로 치유할 수 없다는 사실을 부인했다. 자신의 병을 이해했지만 치료할 수 없었다. 하지만 내가 나중에 목격한 보스턴, 토론토, 뉴욕과 같은 도시의 출퇴근 통근자들의 굳은 표정에 비하면 그의 눈빛은 얼마나 빛이 났는지.

그는 가끔 말도 안 되는 허튼소리를 했다. 부엌에서 왔다 갔다 하면서 자기가 빨아 먹은 각설탕에 우리 엄마가 독을 넣었다고도 했다. 하지만 체스를 둘 때에는 완전히 집중했고, 백과사전을 통째로 외웠다. 고립된 우리 마을에 찾아온 여호와의증인들을 말로 이겼다. 그는 수많은 주제에 대해 흥미로운 대화를 나눌 수 있었고, 그래서 사람들은 그와 대화하기 위해 몇 시간씩 동행하기도 했다. 책이라고는 거의 없었던 우리 집에서 나에게 프로이트와 니체에 대해 말해 준 사람도 파보 삼촌이었다. 그는 음모를 꾸미는 듯한 눈빛으로 "대학에 가서 프로이트를 공부할 수 있다"라고 말했다. 비록 삶의 끝에 그에게 처방된 약이 그의 빛을 죽였지만, 그는 내가 아는 사람 중 가장 생생히 살아 있는 사람이었다.

내가 정신적 불균형을 완전히 손해로 보지 않고, 다른 사람들이 병적이라고 생각하는 것의 가치를 인정하는 사상가들에게 끌리는 이유가 어쩌면 파보 삼촌 때문일지도 모른다. 프로이트는 그런 사상가들 중에서도 일인자이다. 그는 우리 모두가 어느 정도는 병적이라는 것을 보여 줌으로써 병리학을 상대화시켰다. 무엇보다도 소위 '정상적인' 사람들의 꿈도 정신질환자로 진단받은 이들의 심리적 과정과 똑같이 복잡한 구조로 되어 있으며, 우리 모두에게 광기의 기미가 어느 정도는 있다는 것을 보여 주었다.

라캉은 내게 자기완성과 지속적인 균형과 만족의 불가능함을 받아들이도록 가르쳐 주었다. 인간 주체성의 기본적인 구조상 삶이라는 것이 그렇게 깔끔하게 포장되지 않는다는 것을 가르쳐 주었다. 삶은 책꽂이에 꽂힌 자기계발서들의 제목대로 매끄럽게 정리되지 않는다. 삶은 언제나 어느 정도 골치 아프고 복잡하고 제어하기 어렵다. 그래서 우리는 늘 불안하다. 니체는 고통과 창의성은 동전의 양면이라고 나를 설득시켰다. 프루스트Marcel Proust와 바르트는 욕망의 동요를 존중하게 했고, 크리스테바Julia Kristeva는 멜랑콜리아에 묻혀 있는 상상력을 보여 주었다.

정신분열증을 주체성을 분쇄하는 정치적 전복 수단으로 가치화한 들뢰즈Gilles Deleuze와 가타리Félix Guattari는 나의 관심을 전혀 끌지 못한 거의 유일한 유럽 사상가들이다.[4] 나의 삼촌이 원했던 건 들뢰즈식 분쇄의 정반대였다. 그는 스스로를 들여다보는 삶, 아무리 일관성 없고 불안으로 가득 찼을지라도 자기 삶의 윤곽을 인식하는 삶을 원했다. 삼촌은 고대 그리스 철학의 영향을 받아 탐구적인 삶과 완전한 혼란 사이에 있는 영역을 추구하도록 가르쳐 주었다.

이것이 아마도 내가 현대 이론의 중요한 가닥들의 특징인 자아 파괴의 이상화를 그다지 좋아하지 않고, 이러한 이상화에 대한 비평이 내 학문적 연구를 관통하는 이유일 것이다.[5] 이 이론들은 완전히 이성적이고 일관되며 자율적인 계몽주의적 주체성의 대안을 끊임없이 강박적으로 찾는다. 이러한 급진적인 자아 파괴 모델들의 문제는, 그 모델을 완전히 실천할 수도 없거니와 휴식이나 통찰력의 가능성을 모두 배제한다는 것이다. 아렌트가 말한 "정신적 삶life of the mind"를 배제하는 것이다.[6] 들뢰즈와 가타리가 옹호한 자아분해self-disintegration는 라캉이 '누빔점quilting points'[7]이라고 부른 정신적·감성적 이정표들이 전혀 존재하지 않는 삶을 제시한다. 정신분열증을 앓고 있던 우리 삼촌에게도 그런 이정표들이 있었는데.

나는 주체성의 분쇄에는 별로 끌리지 않는다. 그러면서 행복하고 성공적이며 완벽하게 작동하는 관계 등을 추구할 때 이것이 잘못된 방향은 아닐까 의심한다. 분명 정신분열증은 추구해야 할 이상은 아니지만, 온전한 정신을 갈망하는 것도 추구해선 안 되는 것이 아닐까. 바로 이것이 불안과 같은 나쁜 감정들을 해결할 방법(약, 스파, 요가, 명상, 상담, 돈 벌기)이 있다고 우리를 설득하는 실용주의 문화의 시도를 경계하는 이유이다. 사람들이 불안을 덜 느끼는 것에 반대하는 것이 아니라, 평정을 얻는 데 덜 집중하면 덜 불안할 거라고 생각할 뿐이다.

나는 우리 사회가 평정을 중시하는 주된 이유가, 그것이 우리의 성과 및 생산성, 긍정적인 태도를 촉진하기 때문이라고 생각한다. 평정을 얻으려는 노력이 도리어 더 많은 걱정을 끼친다는 아이러니,

이것이 내가 이 책의 맨 앞에서 언급한 딜레마이다. 우리를 나쁜 감정들로부터 자유롭게 해 주겠다고 안심시키는 바로 그 문화가 새로운 나쁜 감정의 무리를 생산하고 있다. 사회가 균형의 미덕을 선전하는 외중에 우리의 정신없는 생활은 불균형의 과잉으로 치닫는다. 차별과 같은 억압적인 사회 상황들이 불안과, 인간 삶의 기초적인 불안을 넘어서는 나쁜 감정들을 만들어 내는 것만이 문제가 아니다. 상대적 특권을 가진 사람들도 너무 압박을 받아 극도의 불안과 우울을 경험한다. 이것이 우리가 피할 수 없는 불안의 영역에서, 피할 수 있는데도 피하지 못하는 불안의 영역으로 빠져드는 방법이다.

## 남근의 수축

⋮

불안을 다룬 글에서, 라캉은 불안을 인간 삶의 피할 수 없는 요소로서 탐구한다. 불안을 다른 사람들(타자the other)[8]과 관련하여 발생하는 정동情動(affect)의 관점에서 바라본다는 점에서, 그의 분석은 우리 시대가 왜 불안의 시대가 될 수밖에 없는지를 들여다볼 가치 있는 단서를 제공한다.

한편으로 인간 주체는 타자 없이는 존재할 수 없기 때문에, 즉 어느 누구도 타인의 보살핌(적어도 관계) 없이는 생존할 수 없기 때문에 라캉의 분석은 인간의 피할 수 없는 기본적인 불안감을 다룬다고 볼 수 있다. 다른 한편으로, 불안감은 다른 사람에 대한 반응으로도 발생하기 때문에 라캉의 설명은 오늘날 사람들이 왜 특히 쉽게 불안을 느끼는지 설명하는 데 도움이 된다.

모든 것을 단순화시키는 위험을 무릅쓰고, 나는 라캉이 타자가 불안을 일으킬 수 있는 세 가지 방법을 제안한다고 말하고 싶다.

첫째, 타자는 나의 결여와 부족함에 대한 감각을 심화시킬 수 있다(나에게 상처를 입힐 것 같은 위협).

둘째, 타자가 너무 가까울 수 있다(나를 숨 막히게 할 것 같은 위협).

셋째, 타자는 이해할 수 없는 요구와 욕망으로 나를 혼란스럽게 할 수 있다(타자가 내게 보내는 메시지를 해석할 수 없기 때문에 나에게 기대되는 바가 무엇인지 알 수 없어 동요한다).

타자와의 관계에서 나를 불안하게 만드는 이 세 가지는 겹칠 수도 있다. 예를 들어, 나에게 너무 가까이 다가오는 타자 때문에 혼란스러울 수도 있고, 혹은 나에게 상처를 줄 것 같은 타자가 너무 가까이 올 수도 있다.

라캉이 결여를 또한 '거세'로도 불렀다는 사실에 기반해, 불안을 일으키는 타자의 세 가지 모습을 라캉의 용어를 살짝 바꿔 다음과 같이 재구성할 수 있다. 나의 부족함을 드러내고, 나의 결여를 심화시킬 것 같은 위협을 주는 타인은 나의 거세자castrator이다. 나에게 너무 가까이 와서 나를 숨 막히게 할 것 같은 위협을 주는 타자는 사마귀다(성관계 도중이나 직후에 짝의 목을 자르고 잡아먹는 곤충). 도저히 이해할 수 없고 읽을 수도 없고 어리둥절할 정도로 모호한 타자는 수수께끼 같은 기표이다.[9] 이 세 가지 시나리오가 우리가 지금 느끼는 불안의 원인과 어떤 관련이 있을까.

이 세 가지 중 첫 번째 시나리오, 즉 타자가 거세자일 경우를 설명할 때, 라캉은 이성애자 남성의 성적 실정에 대한 불안을 유머러스히게 언급한다. 성관계 중에 페니스가 여성의 봄속으로 사라지는 것만이 그걸 되찾지 못할지도 모른다는 불안감을 주는 것이 아니다(바기나 덴타타vagina dentata, 즉 이빨을 가진 질). 이성애자 남성은 상대 여성에게 성적 쾌락을 주는 데 필요한 능력이 자신의 능력을 초과할수 있다는 사실을 알고 있다는 것이다. 현실적으로는 한 번 느끼는 걸로도 만족하지만, 여성이 오르가즘을 여러 차례 느낄 수 있다는 걸 알기 때문에 이성애 남성은 여성의 쾌락 역량이 무한할 거라는 불안을 느낀다.

여성의 쾌락은 남성처럼 (적어도 임시적으로) 꼭 오르가즘으로 끝나지 않아도 된다. 지칠 때까지 연기될 수 있다. 그러나 남성은 그럴 수 없다. 오르가즘은 남성의 쾌락을 끝낼 뿐만 아니라, 더 당황스럽게도 발기의 소실로 이어진다. 즉, 은유적인 거세, 그 행위를 지속할 수 없는 무능함으로 이어진다. 라캉은 팔루스의 수축 혹은 팔루스의 소실을 이야기하며, 성취해야 하는 바로 그 순간에 팔루스는 어쩔 수 없이 흔들린다고 말한다.[10] 무한해 보이는 여성의 쾌락 잠재력에 맞닥뜨렸을 때, 페니스는 용맹하게 노력해 보지만 목표를 달성하기 전에 언제나 포기해 버린다. 내 말이 아니라 라캉의 말이다.

"그 … 기관은 매번 이르게 굴복한다고 말할 수 있다. 제물이 될 때가 다가오면, 일반적인 경우, 이미 오래전에 책임으로부터 빠져나간다. 코딱지만 한 조각도 안 되는, 하나의 증표, 부드러움의 기념품 외에는 더 이상 파트너에게 존재하지 않는다. 거세 콤플렉스란 바로 이런 것에 관한 것이다."[11]

페니스는 우리 사회가 묘사하듯 통제의 장엄한 기관이 아니라, 이성애 관계에서 이르게 포기하고 임무를 완수하기도 전에 도망쳐 버리는, 여성에게는 별 쓸모가 없는 유품 정도, "부드러움의 기념품"으로 오그라든다. 이래서 남성의 오르가즘이 거세의 또 다른 이름이다. 또 다른 부분에서 라캉은 기말 과제를 제출해야 하는 순간에 사정하는 학생을 생생하게 묘사하며, 남성 오르가즘과 불안감 사이의 노골적인 관련성을 제시한다. "무엇을 건지게 되는가? 그에게 본래 기대됐던 것은 과제이다. 그런데 그의 무언가가 잡아채였다. 과제에 온 신경을 모아야 할 때, 바로 그 순간, 그는 사정한다. 불안의 절정에서."[12]

그렇다면 불안은 지배력을 잃거나, 기대에 미치지 못하거나, 부족하거나 만회하지 못할 거라는 두려움과 관련이 있다. 여성은 페니스가 없지만, 내가 강의할 때 휴대용 남근을 쥐듯 여성도 팔루스 권력을 열망할 수 있다는 사실을 상기해 보자. 이렇게 볼 때 라캉은 이성애 남성의 성적 성과에 대한 불안을 젠더와 상관없이 우리 모두가 경험하는 불안, 즉 우리가 우리에게 주어진 일을 잘해 낼 수 없을 것 같을 때, 무언가를 잘못하고 있는 것 같을 때, 우리가 대면해야 하는 어려움을 어떻게 해야 할지 모를 때, 혹은 근본적으로 뭔가 이상한 것 같을 때 갖게 되는 불안에 대한 비유로 삼은 것이 분명하다.

만약 세 시간짜리 강의 초반에 내가 나의 휴대용 남근을 떨어뜨린다면, 즉 말을 더듬거나 헛소리를 하면, 그 강의 전체가 어떻게 될까? 이러한 의미에서 불안은 내가 상황을 통제하지 못할 것이라는 걱정과 동의어이다. 라캉이 이성애 남성의 성적 불안을 사례로 선택한 것은 우연이 아닐 것이다. 왜냐하면 우리 사회에서 자신과 자신의 환경을 지배하는 통제력이 있어야 하는 사람은 이성애 남성이기 때문이다. 라캉은 이성애 남성의 성을 얘기함으로써 우리 중 누구도 불안에서 자유로울 수 없음을 보여 준다. 우리는 모두, 심지어 가장 자신감 있어 보이는 이들조차도 어떤 면에서는 부족하고, 탈구되고, 앞뒤가 안 맞고, 훼손되어 있다.

## 전능의 조장
**⋮**

팔루스가 "힘의 도구 역할을 하도록 요구받으면", 이성애가부장제가 팔루스를 권력의 기표로서 특권화한다면, 그것이 불안정해질 때 그 소유자는 "전능을 조장하고 싶다는 유혹을 받는다."[13] 이것이 라캉의 주장이다.

우리는 자기의 불안감을 달래려고 남을 후려갈기려 드는, 즉 전능을 조장하는 남자들에게 익숙하다. 이러한 관점에서 이성애가부장제는 여성이 남성에게 제기하는 것처럼 보이는 위협에 대항하는 정교한 방어기제일 뿐이라고 주장할 수도 있다. 일부 남자들이 자기의 성과를 끊임없이 선전해야 한다면, 즉 자기의 전능함을 여자들에게 상기시키려 든다면, 그것은 그들이 근본적으로 불안하게 느껴서이다. 쾌락을 느끼는 능력이 무한대인 여자와 섹스를 하는 남자가 자기 능력에 불안해하듯이, 이성애가부장제의 보통 남자는 권력을 과시함으로써 자신의 부족함을 과잉보상해야 할 필요를 느낄 수 있다. 라캉이 드러내는 것은 이 '권력'이 항상 환상적이라는 점이다.

물론 환상 속의 권력일지라도 실제적인 효력이 없지는 않다. 마치 인종차별처럼, 이성애가부장제는 심리적·감정적·물리적으로 실제 효력을 발휘한다. 나의 요점은, 이 권력이 근본적으로 현실적인 것에 기초하지 않았다는 것이다. 즉, 권력을 가진 것처럼 보이는 남자들도 결국 결여되어 있고, 우리 모두 다 거세된 존재라는 것이다. 남자들은 이 사실을 숨기기 위해 전능을 조장하고, 역사적으로 조장해왔을 뿐이다.

왜 이성애 남자들은 특히 성전환자들에게 불편한 감정을 느낄까? 트랜스젠더 남성은 팔루스가 갖는 권력의 불안정성을 명백하게 드러낸다. 페니스 없이 태어난 사람이 페니스를 갖게 되고, 오르가즘의 수축을 경험하지 않는다는 점에서 만들어진 페니스가 '원조'보다 더 오래 간다면, 원조 소유자들로선 큰일이 아닐 수 없다. 그래서 일부 과격한 남자들이 총(부서뜨릴 수 없는 팔루스)을 들고서 트랜스젠더들을 뒤쫓는 것이다.

문제가 되는 것은, 단지 남성은 여성에게 '결여'되어 있는 것을 가지고 있으며 그래서 그것을 가지고 여성을 지배하는 권리를 부여받는다는 이성애가부장제의 가장 근본적인 약속만이 아니다. 더 문제는 페니스를 가지고 태어난 이들의 성적 실천이다.

말했다시피 프로이트는 이성애가부장제적 사회구조에서 페니스가 가진 상징적인 중요성을 알아보았다는 점에서 선구적이었다. 라캉도 이 통찰에 충실했지만, 팔루스의 권력이 흔들리는 다양한 방식을 예견하는 데 프로이트보다 더 큰 관심을 기울였다. 어떤 의미에서 라캉은 팔루스에 권력을 부여한 것은 우리 자신임을 똑똑히 보여주었다. 팔루스 신전에서 춤추기를 멈추면 그 권력은 소멸할 것이다. 라캉은 냉정했다. 나의 남자도 다른 남자들과 다름없이 똑같이 성교를 하고 "그걸 축 늘어뜨린 채 누워 있다는"[14] 걸 깨닫는 순간, 여성은 이성애가부장제 내에서 자신에게 주어진 역할이 무엇인지를 깨닫게 된다. 그것은 남성의 에고ego를 떠받쳐 주는, 즉 실제로는 존재하지 않는 힘을 그가 가지고 있는 것처럼 연기해야 하는 것이다. 따라서 논리적으로 보면 여성이 이 역할을 거부하는 순간, 그의 힘은 약해진다.

일부 해석자들은 라캉이 이성애가부장제 질서를 옹호한다고 비난했다. 나는 동의할 수 없다. 왜냐하면 라캉은 팔루스를 찬미한 것이 아니라 그 영광이 순전히 환상의 영역에 속한다는 것을 다양한 방식으로 보여 주기 때문이다. 라캉도 만약 팔루스가 자기 이론의 중심에 있다면, 그것은 팔루스의 장엄함 때문이 아니라 그 "타락한 대상"으로서의 지위 때문이라고 분명히 말한다. "주체성의 초점은 이탈하는, 서서히 사라지는 팔루스에 맞춰져 있으며 … 성교 시의 수축은 거세의 차원 중 하나를 밝히는 방식으로 주목받을 자격이 있다."[15]

만약 라캉이 팔루스를 자주 끌어들이고, 불안에 대한 그의 글이 페니스의 붕괴에 대한 농담으로 가득 차 있다면, 그것은 그가 관심을 가진 것이 수축과 거세, 결여였기 때문이다. 주체성은 "서서히 사라지는 팔루스", 즉 우리가 권력에 대해 취하는 모든 자세의 완전한 실패이다.[16] 이 실패는 시간이 지나면서 이성애가부장제의 범위를 바꾸었지만, 그 질서와 페니스를 안정의 기표로 경의하는 관습을 뿌리 뽑기는 너무나 어렵다는 점을 의미심장하게 보여 준다. 그것이 실제이든 환상이든, 우리에게는 권위의 상징이 필요하기 때문이다.

어쨌거나 이성애 남성의 성적 불안에 대한 라캉의 논평은 오늘날 우리가 느끼는 불안감이 이성애 남성이 처한 곤경과 별로 다르지 않음을 보여 준다. 무한대의 욕망을 품은 것으로 추정되는 여성 앞에 선 남성처럼, 우리는 실패를 두려워하고, 대응하기 힘든 요구 앞에서 수축될까 봐 두려워한다. 높은 생산성과 성과, 끊임없는 자기계발과 쾌활함의 에토스에 압박당한다. 서구의 주체는 분투하고 또 분투하도록 가르침을 받는다. 우리는 할 수 있는 한 빠르고 힘차게 앞으로 가도록, 그러고도 또 일어나 앞으로 가도록 배웠다. 우리는 무언가를 성취하라고, 그리고 이전의 성과를 끊임없이 넘어서라고 배웠다. 그 끝에는 행복 같은 보상이 있기를 바라면서. 그래서 이성애 남성이 침대에 유혹적으로 누워 있는 여성을 보며 느끼는 두려움을 느끼며 숨이 찬다. 우리는 끊임없이 거세에, "서서히 사라지는 팔루스"에 가까워진다.

더 나쁜 건, 우리가 잘할수록 기대치가 더 높아진다는 것이다. 그 이성애 남자처럼. 나름대로 성공적으로 작업을 마쳤다고 생각했는데, 아직 만족하지 않은 그녀처럼. "잘했는데 더 잘할 수 있어. 내가 보여 줄게."

자비 따위는 없다. 물론 사랑하는 여자와 섹스를 한다면 약간의 자비를 베풀어 줄지도 모른다. "괜찮아." 그러나 우리 사회처럼 끊임없이 성과를 요구하는 상대라면? 그녀는 더 잘할 수 있다고 계속 '격려'를 퍼부을 것이다. 교수가 학생의 논문에 써 주는 240자 메모처럼, 이메일 편지함에 도착한 내 업무 능력 평가처럼, 인터넷에 넘쳐나는 내 책에 대한 끔찍한 리뷰와 평가처럼.

우리가 경험하는 '거세'는 잔인하고 즉각적이며 영원할 것처럼 보인다. 대부분이 긍정적이더라도 부정적인 평가에만 집중하게 된다. 나를 거세시키는 타자의 태도는 가볍지만, 거세를 당하는 나는 절박하다. 이럴 땐 주문을 외울 수밖에. 너는 이미 항상 거세되어 있었고, 주체성은 거세와 동일하다. 너의 결여와 함께 사는 법을 배워라. 네 안에 있는 부정성을 받아들여라, 지배는 환상이다…. 다른 방법은 와인 한 병을 따는 것이다.

## 사마귀 시나리오

이는 불안을 유발하는 타자의 세 개 얼굴 중 첫 번째 얼굴이다. 두 번째 얼굴은 사마귀다. 라캉에 의하면, 이 타자는 과도한 근접성으로 심지어 우리의 결여만큼을 또 빼앗을 것 같은 위협을 주는 인물이다. 결여를 심화시킬 것 같은 상황만큼이나, 라캉의 표현대로 "어떠한 결여도 가능하지 않은" 상황도 두렵기는 매한가지다.[17] 즉, 우리의 결여까지 완전히 빼앗을 것 같은 타자이다.

결여는 인간의 필수 구성물이다. 우리의 인간성을 구성하고 본능과는 다른 욕망의 존재로 만드는 것이 결여이다. 따라서 이 결여를 빼앗을 것 같은 타자도 우리에겐 위협적이다. 결여는 우리의 의식, 즉 자기반영 능력·소외감·무능함과 창의적으로 씨름할 능력과 기타 인간으로서의 독특한 특징들을 만들어 낸다. 그래서 그것이 깊은 상처가 되는 것도 원치 않지만, 그것을 아예 잃고 싶지도 않다.

라캉은 우리가 먹을 때 볼 때 화장실 갈 때와 같은 사회적으로 중재된 기초적인 신체 기능에서 결여를 잃게 됐을 때 벌어질 시나리오를 제시한다.[18] 이러한 행위를 통해 유아는 유아 입장에서는 전능한 존재인 보호자와 처음 교감한다. 라캉의 요점은, 이러한 교감이 우리의 정신 형성에 매우 중요한 흔적을 남기기 때문에 나중에 희미하게라도 그때가 떠오를 수 있으며, 그때 타인과의 관계에서 느낀 것과 비슷한 무력함을 느끼면 불안에 빠진다는 것이다.

기저귀 가는 것과 배변 훈련은 분명 타자가 무서울 정도로 가까이에 있는 상황이다. 배변 훈련을 받을 때 타자(어른)는 바로 앞이나 옆에 서서 일을 보는 게 좋을 거라고 암시한다. 그런데 이때 타자가 나의 노동의 생산물을 가져다가 변기 안에 버린다는 점에서 이 상황은 거세의 시나리오이다. 학생이 기말 리포트를 제출할 때 자신의 한 조각을 타자에게 잃는 것처럼 말이다. 타자는 지나치게 가까울 뿐만 아니라, 나의 노력을 면밀히 살피고, 때로 개 주인들이 손에 비닐봉지를 들고 참을성 있게(때론 없게) 개들에게 건네는 것과 같은 격려의 말을 한다.

이런 상황에서는 개들에게도 타자가 너무 가깝다. 마찬가지로 비록 말로 표현하진 못하지만 아이에게도 타자(엄마 아빠)가 계속 나의 엉덩이를 닦고, 나를 계속 자기 무릎 위로 올릴 것 같은 가능성은 타자에게 버려질 것 같은 두려움보다 더 위협적일 수 있다.[19] 성인의 삶에서 이러한 불안감을 유발하는 장면을 상상하기란 어렵지 않다.

먹는 것도 그렇다. 모유 수유(혹은 포유)는 아마도 타자가 가장 근본적인 단계에서 우리에게 개입하는 순간일 것이다. 생물학적인 것으로 해석되는 현상들의 정신적·심리적·사회적 의미에 관심을 가졌던 라캉은, 이와 같은 만남에서 중요한 것은 젖 혹은 젖병 혹은 모유가 아니라 그 모유와 함께 따라 나오는 '전갈'이라고 강조한다. "나는 네가 먹는 것이 필요해." 아이가 엄마의 가슴이나 젖병을 밀치는 행위는 아이가 먹어야 할 필요와 요구, 욕망을 담고 있다. 배고픔을 충족시키려는 아이 자신의 요구이자, 동시에 타자의 요구에 대한 반응이다. 이러한 의미에서 젖 혹은 젖병은 일종의 기표이다. 아직 뜻을 판독할 수 있는 능력을 획득하기도 전에 유아가 판독하도록 요구받는 초기의 기표, 즉, 수수께끼 같은 기표이다.

이 기표 이야기는 나중에 다시 하고, 여기서는 타자가 너무 가까워서 그 요구를 피하기 어려운 시나리오인 점에만 주목하자. 내가 부모님을 방문할 때마다 다음과 같은 상황이 꼭 벌어진다. 아빠는 정성껏 상을 차려 주시지만, 그 음식을 반드시 맛있게 먹을 수 있는 건 아니다. 내가 지금은 배가 부르니 저녁에 먹겠다고 하면, 아빠는 딱딱거리면서 "지금 당장 먹어야 된다"고 강요하신다.

아빠가 왜 꼭 오후 2시에 내가 먹길 바라는 건지는 분명하지 않다. 이 요구는 나보다는 아빠에 관한 일이다. 나로서는 아빠가 원하는 때에 내가 배가 고프지 않은 것이 그를 배반하는 것 같다. 아빠가 나의 다른 부분을 통제하지 못했기 때문에 이 부분을 통제하려고 하는 것 같다. 아빠는 내게 사랑을 주려고 하는데 내가 거절하는 것이 그에게 상처를 주는 것일 수도 있다. 아빠 역시 자신이 왜 이런 요구를 하는지 잘 모를 수 있다. 나는 가끔 소란을 피우기 싫어서 그냥 억지로 먹는다. 그리고 낮잠을 잔다.

이 시나리오에서, 타자는 내게서 뭘 (자기결정권 빼고는) 뺏겠다고 위협하지 않는다. 타자는 나더러 억지로 삼키라고 강요한다. 그는 너무 가깝고, 너무 고집스럽다. 출퇴근 시간에 지하철 안에서 낯선 사람과 몸을 맞댈 때처럼 친밀하지 않은 상황에서도 마찬가지다. 길을 지나면서 내 몸의 다양한 부위에 대해 온갖 무례한 말을 하는 남자도 마찬가지다. 한 흑인 학생은 백인 동네에 갈 때마다 아이폰을 내려다보며 구글 맵을 읽는 척한다고 했다. 안 그러면 백인 남자들이 다가와 길을 잃었는지 물어보니까.

이러한 예들은 타자를 피할 수 없는 공공장소에서 사회적 권력 차이가 더 두드러지게 나타난다는 것을 보여 준다. 불안에 대한 라캉의 논평에서 후기자본주의, 성차별적·인종차별적·동성애 혐오적 서구 사회를 정의하는 정동affect(≒정서)은 불안이라는 분석으로 넘어가는 것은 어렵지 않다. 라캉의 분석은 우리 사회에서 불공평하게 분포되는 불안과 같은 나쁜 감정들에 대한 나의 주장으로 곧장 연결된다. 비록 라캉은 불안이 인간 삶의 피할 수 없는 요소라고 분명히 암시하지만, 예측할 수 없는 타인의 변덕을 겪어야 하고 이 변덕이 여러 형태를 취할 수 있으며 다른 사람들에게 다르게 영향을 미친다는 추정을 이 불안과 연결시키지 못할 이유는 없다. 나는 다만 여기서 젠더와 인종이 차이를 만든다고 제시할 뿐이다.

이것은 대수롭지 않은 일이 아니다. 내 인생에도 길거리 추행 때문에 집 밖으로 나가고 싶시 않을 때가 있었다(그래서 내가 계속 이 주제로 돌아오는 게 아닐까). 나에게는 공공장소에서 마주치는 낯선 시선과 지적이 나쁜 감정들의 주요 근원이었다. 비만인 퀴어 친구는 다른 사람들의 평가하는 눈이 두려워 집을 떠나는 것이 불안하다고 했다. 그래서 아침마다 무엇을 입을지 선택하는 단순한 행동이 엄청난 불안감을 불러온다고 한다. 퀴어/전문가로서 어떤 옷을 입어야 할까? 어떻게 입어야 사람들을 덜 혼란스럽게 하면서 전문가로서 보일까?

라캉은 불안에 대한 설명에서, 아기는 거울에 비친 자신의 모습을 볼 때 그 이미지에 사로잡히는데,[20] 아기와 이미지의 관계는 그 이미지 뒤에 서 있는 어른을 통해 중재된다고 말한다. 그래서 아기는 자기 이미지를 인정해 달라는 듯 보통 어른을 향해, 증인을 향해 고개를 돌린다. 거울 속 이미지가 타자에게 성공적으로 제의되지 못할 때, 타자가 그 이미지를 부족하다거나 이상하게 본다고 느낄 때 그 이미지는 괴로움을 느낀다. 이것이 동성애 혐오 등으로 상처받은 많은 어른들이 처한 곤경이다.

우리가 불안을 이길 수 있는 길은 없다. 결여가 너무 지나치거나 너무 부족하다. 타자가 우리가 이미 느끼고 있는 것보다 우리를 더 결여되게 만들까 봐 두려워하거나(거세 시나리오), 우리를 숨 막히게 만들까 봐, 즉 우리의 결여를 빼앗아 결여마저 결여될까 봐 두려워한다(사마귀 시나리오. 그러나 결국 끈적거리는 펄프 신세가 되는 사마귀 파트너의 운명은 거세의 전형을 보여 준다는 점에서 이 또한 거세 시나리오라고 볼 수 있다). 어쩌면 우리는 인간 주체로서, 결여와 욕망의 주체로서 어쩔 수 없이 거세하는 타자와 사마귀 사이에 매달려 있을 수밖에 없다. 타자는 언제나 위협적이거나 사악하다는 뜻이 아니다. 나의 요점은, 우리가 맺는 관계의 대부분이 주변 사람들과의 관계에서 완전히 무력했던 가장 초기의 관계들을 모사(반복)하는 한, 어느 정도의 불안감은 모든 관계에 내재돼 있다는 것이다.

그러면서 라캉은 이런 농담을 던진다. 아마도 우리를 가장 불안하게 만드는 "타자"는 신일 거라고. 특히 전도서를 보면 하나님은 우리가 어떻게 즐거워해야 할지까지 지시하지 않는가. 아무리 신이라도 타자가 나의 즐거움에 간섭하기 시작하면, 그때부터는 모든 것이 혼란스러워져 즐거움도 불안한 즐거움으로 바뀌게 된다. 그래서 라캉은 성경에서 불안의 진정을 구하는 사람은 "그걸 한 번도 훑어보지 않"은 사람이라고 했다.[21]

슬라보예 지젝Slavoj Žižek 같은 라캉주의자 해설자들은 우리에게 즐거움을 명하는 신의 관념을 우리 사회의 강박적 즐거움과 연결 짓는다. 즐거워하라, 가능한 한 최신 상품으로. 즐거움에 대한 사회적 강박이 소비문화에서 그 즐거움을 찾도록 하는 집단적 기대에 지배당한다는 것이다.[22] 이것이 앞서 살펴본 우리 사회를 지배하는 자기실현(과 긍정적 사고)의 에토스를 이해하는 한 방법이다. 우리는 우리의 즐거움을 통해 우리의 가능성을 실현하도록 요구받는다.

즐거움의 유혹은 전방위에서 다가온다. 우리가 해야 할 선택은 끝이 없어 보인다. 이 중에서 어떤 즐거움을 추구해야 할지 알 수가 없다. 과연 지금 경험하는 즐거움이 최상의 즐거움인지도 모른다. 아이스크림 가게에서 아이스크림을 먹다가 옆 테이블에서 더 맛있어 보이는 아이스크림을 먹는 걸 발견하곤 입맛이 떨어신 아이와 같은 곤경에 처해 있다. 게다가 마약이나 술, 담배, 프렌치프라이, 아이스크림 등 우리 사회가 제공하는 다양한 즐거움 중 일부는 우리에게 해가 된다는 걸 알기 때문에 우리의 즐거움은 불안과 분리될 수 없다.

# 수수께끼 같은 타자
:

하지만 친밀한 차원에서 다른 사람과 관계를 맺는 것만큼 우리의 불안을 유발하는 것은 없을 것이다. 다른 사람이 내게 무얼 원하는지 알 수가 없기 때문이다. 타자의 메시지는 극히 이해할 수 없고 불안을 느낄 정도로 수수께끼 같다.[23] 소통의 불투명함과 불안 그 자체는 어느 정도는 인간 삶의 본질적인 요소이다. 우리는 다른 사람들이 무엇을 의미하는지 확신할 수 없고, 다른 사람들은 그들이 무엇을 의미하는지 확신할 수 없다. 소통이라는 건 항상 우리 중 아무도 완전히 이해할 수 없는 무의식적인 의미로 융합되기 때문이다.

이러한 무의식적인 의미들은 종종 비언어적으로 남는다. 정확한 이름을 댈 수는 없지만 사람들 사이에서 정동의 흐름으로 움직인다. 정확한 의미를 표현하지 못한 채 떠 있다가 여기저기 돌아다니고, 갑자기 결정화되거나 분산된다. 정동은 흔히 표면에 있고 분명히 실재하지만, 그 메시지를 전달하는 기표들(단어들)은 파묻혀 있다.

우리가 다른 사람들에게 받는 수수께끼 같은 메시지들은 가장 좋은 상황에서도 그게 무슨 의미인지 완전히 이해할 수 없기 때문에 부모, 선생, 동료, 연인, 친구 혹은 수다스러운 마트 직원마저 우리를 신경질 나게 하고 불안하게 만들 수 있다. 어떤 종류의 관계이든지 관계에 들어간다는 것은 곧 예측 불가능함에 우리 자신을 노출시키는 위험을 감수하는 것이다. 바꿔 말하면, 우리는 종종 우리를 비껴가는 정동들까지 이해하려 한다.

말했다시피, 타자의 수수께끼 같은 메시지가 일으키는 불안은 삶의 아주 초기부터 경험하는 것이다. 아이에게 젖이나 젖병을 줄 때부터 그 행위에는 요구가 따른다. 아이는 어떤 일이 왜 일어나는지, 왜 주변 어른들이 특정한 방법으로 특정한 시간에 특정한 행동을 하려 하는지를 이해할 정신적 능력이 없다. 마찬가지로 타자의 메시지를 수신하는 주체로서 우리의 지위는, 대인 관계의 불투명한 영역과 그러한 불투명함에 수반되는 일종의 답답함과 오해에서 비롯된다.

대인 관계의 불투명함은 이미 정해진 실존적인 현실이다. 하지만 결여와 불안과 같은 실존적인 현실이 상황적인 형태로, 즉 원칙적으로 피할 수 있지만 사회적 권력 차이로 인해 일부 개인은 피할 수 없는 형태로 변형된다면 얘기는 달라진다. 누구에게는 정상적인 수준을 넘어서는 결여와 불안 덩어리가 있다면, 결여와 불안 둘 다 증가시킬 대인 관계의 불투명이 정상치 이상으로 존재한다면, 심지어 이것이 어느 정도 예측 가능한 문화적 패턴으로 굳어졌다면?

나는 이성애자 여성들은 남성의 욕망과 협상하도록 훈련되고, 인내와 이해와 배려로 친밀한 관계를 유지할 책임이 있다고 교육받은 결과, 감성지능의 부담을 떠안게 되었다고 주장했다. 이를 타자의 메시지로 재해석하면, 여성은 남성의 수수께끼 같은 메시지를 판독하도록 훈련받는다고 할 수 있다. 더 구체적으로 말하면, 이미 일어난 상실을, 예를 들어 남자가 전화를 걸어오지 않는 것을 남성의 양면성과 관련짓고 여성의 노력으로 극복 가능한 일시적인 장애물로 해석하도록 훈련받는다.

저 사람의 양면성은 남성 특유의 양면성이야. 이걸 이용해서 내가 원하는 방향으로 상황을 바꿔야지. 그러나 우리는 그렇게 할 수 없다. 이것이 바로 우리 사회의 로맨틱 산업과 자기계발 산업의 가장 치명적인 점이다. 남자는 '원래' 양면적이지만 여자의 노력으로 극복할 수 있고, 온갖 술수를 동원하면 남자는 넘어오게 돼 있어. 어림없는 소리다.

이런 착각 때문에 많은 여성들이 불운한 대인 관계에 엄청난 노력을 낭비하게 된다. 명확하지도 않고 결국 아무것도 아닌 '무언가'에 대한 희망 때문에 에너지와 마음의 평안을 허비한다. 답은 정해져 있다. 그 사람이 나를 원하거나 원치 않거나. 이 간단한 결론을 두고 왜 수백 권의 책을 읽어야 하는지 정말 모르겠다.

다른 사람의 양면적인 욕망과 협상해야 하는 의미 없는 과정에 들어가는 곤경이 꼭 여성의 것만은 아니다. 이성애 남성들이 속아 넘어가는 여성의 양면성도 있다. 바로 과거의 상처이다. 상대방 여성의 주저하는 태도를 과거의 트라우마 때문이라고 믿으면 꽤 오래 참을 수 있다. 그녀가 과거의 가슴 아픈 가족사나 연애사 때문에 마음의 문을 닫았다고 생각하면, 그녀의 변덕스러움을 오히려 동정하게 된다.

실제로 많은 남자들이 그러고 있다. 그녀가 나를 이렇게 홀대하는 건 그녀의 가족이나 전 애인 때문에 마음이 "고장 나서"라고 스스로를 설득하고 있다. 이 남자들에게 그녀의 무관심이나 차가움은 단지 여성의 근본적인 취약성을 가리기 위한 귀여운 쇼에 불과하다. 이 남자들은 무슨 일이 있어도 다른 사람들처럼 그녀를 실망시키거나 해치지 않을 것임을 증명함으로써 이 연약한 여성을 구해야 한다고 느낀다. 결국 그들은 피를 흘리고 절룩거리며 관계에서 벗어난다.

상처를 입은 사람들의 정서적 양면성에 대한 관대한 해석이 사실 완전히 틀린 것은 아니다. 과거에 겪은 고통 때문에 망설일 수 있고 애매한 태도를 보일 수 있다. 따라서 문제는 그 욕망의 양면성이 정당한지 여부가 아니라, 이러한 양면성을 받아 내는 사람들이 무한정 참아야 하는지다.

욕망의 비이성은 우리가 원하는 방식대로 그것을 통제할 수 없음을 의미한다. 이것은 양면적으로 느껴지는 사람들은 보통 그들이 원해도 그들의 감정을 바꿀 수 없음을, 즉 그들의 불확실성이 그들 탓이 아님을 의미한다. 하지만 아무리 그래도 연인의 시큰둥함을 불평하지 않는 배려심 깊은 남자가 되려고 할수록 결국 더 큰 상처를 받게 된다는 사실은 변하지 않는다. 궁극적으로 우리가 관계에서 계속 상처를 받는 이유에는 큰 차이가 없다. 과정은 다 달라도 특정한 시점을 넘어서면 고통의 이유 따윈 중요해지지 않는다. 그 시점을 넘어서면, 중요한 건 우리가 겪어야 하는 것보다 더 많은 고통을 겪고 있다는 사실이다.

## 양면성의 폭력
### ⋮

권력 게임에서도 의도적으로 관계의 모호함을 이용하는 사람들이 있다. 이런 게임의 폭력성을 인식하는 건, 어둡고 불분명하며 불가해한 것의 가치를 알아보도록 훈련받아 온 비판인문학자로서 더 어려웠다. 나 같은 사람들은 라캉의 텍스트를 읽을 때에도 그 명확한 부분보다는 (불안을 유발하는) 비지배, 즉 지적인 거세를 받아들이도록 배웠기 때문이다.

전후 유럽 사상가들은 그들의 이해할 수 없는 글쓰기 스타일을 계몽주의 합리주의에 대한 비판의 중요한 일부로 생각했다. 앞에서도 언급했듯이, 이 이성주의는 흔히 그렇지 못하다고 여겨지는 이들의 주변화와 결합되어 있었다. 비합리적이고 지나치게 감정적인 여성과, 비슷하게 비합리적이고 지나치게 감정적인 식민지인들. 이와 같은 정치적·인식론적 폭력을 배경으로, 전후 사상가들은 불투명한 산문 스타일을 혁명적인 행위로 생각했다. 그리고 여러 면에서 정말 그랬다. 그것은 인문주의 학문의 윤곽을 바꿔 놓았다. 그것을 경멸하는 사람조차도 객관적인 진실이나 명확한 의미 같은 이상에 의존하는 것을 다시금 돌아보게 한다는 점에서 그들의 산문에 감동받았다.

문제를 더 복잡하게 만드는 건, 내가 속한 학문 분야 이론이 최근 몇 십 년간 남들에게 명확성을 요구하는 것은 윤리적 실패이고 대인 관계의 불투명성을 인내하는 것이 윤리적 미덕이라고 주장해 왔다는 점이다. 포스트휴머니즘 윤리는 다른 사람에 대한 근본적인 불가해를 숭배하는 것이야말로 고결하다고 강조해 왔다. 계몽주의의 이성주의를 거부한 논리적 결과였다. 합리성이 폭력으로 이어진다면, 모호함이나 불투명, 불해독과 불이해는 폭력에 대한 대항이다. 이것은 적어도 테오도르 아도르노나 에마뉘엘 레비나스, 시몬 드 보부아르, 자크 데리다, 주디스 버틀러 같은 유명한 사상가들이 양면성의 수용을 이상적인 가치로 내세운 이유를 부분적으로 설명해 준다.

아도르노는 투명성을 대죄로 보았다. 그건 대중문화의 요구에 대한 굴복이다.[24] 레비나스는 타자를 침범할 수 없는 밀도의 영역으로 이론화함으로써, 타자가 어떻게 행동하든 상관없이 우리는 무조건적인 존중과 경의와 보호를 받을 자격이 있음을 시사했다.[25] 드 보부아르는 "애매성의 윤리"를 인간 삶을 특징짓는 종결의 부족, 불안을 유발하는 미해결에서 도피하려 하지 않고 이를 자유의 전제 조건으로 받아들이는 실존주의적 태도의 중요한 요소로 받아들였다.[26]

우리 시대와 더 가까운 데리다는 예술 형식과 아포리아(해결할 수 없는 모순들)에 대한 우유부단함을 도덕적 선으로 승격시켰다. 특히 후기 작품에서, 선물은 아무런 대가를 기대하지 않을 때 진정한 선물이며, 용서도 다른 동기가 없을 때 진실된 용서라고 주장하며, 우리는 무조건적으로 주고 용서해야 한다는 생각을 개발했다. 그는 심지어 진정한 용서는 "용서할 수 없는 것을 용서"하는 것이라고 제안했다.[27] 버틀러는 더 직접적으로 대인 관계의 불투명성에 대한 존중

에 윤리를 맞추었다.[28]

이것은 우리가 직면해야 할 엄청난 생각 체계이다. 나도 대인 관계의 불투명함의 맥락에서 인내의 미덕을 발휘해야 한다고 써 왔지만, 최근 몇 년 사이에 이 불투명함이 복잡한 대인 관계의 입장임을, 무엇보다 이것이 공격적으로 이용될 수 있음을 깨달았다. 대인 관계에서 투명성을 요구하는 것이 본질적으로 비윤리적이라는 생각이, 즉 타자에게 솔직한 답변을 요청하는 것이 항상 조금은 부당하다는 생각이, 감정적 너그러움을 이용해 먹고 싶어 하는 사람들에게 편리한 도구가 되는 걸 목격했기 때문이다.

이는 21세기의 관계성이 처한 주요 딜레마일 수 있다. 관계를 맺을 때 불투명함을 수용하도록 요구받는다는 점에서 애매성의 윤리가 사회적 현상이 된 것 같다. 이 현상이 가져온 결과는, 관계를 분류하는 귀찮음을 거부하는, 우정과 사랑 사이에서 줄타기하는 관계를 반복적으로 이어 가며 어떤 선택도 요구하지 않는 관행을 즐기는 사람들의 나르시시스트적인 독백을 듣는 데 숱한 시간을 허비하게 된 것이다. 그들은 모든 것에 권리가 있다고 느끼기 때문에 어떠한 선택을 하지 않아도 되는 것, 결정하지 않는 것을 현대 문화의 일부로 여기는 것 같다.

끝없는 경청의 시나리오가 내 앞에서 펼쳐졌을 때, 나는 내가 끔찍하게 불행할 때조차도 착하게 구는 여성의 역할을 겸손하게 수행하고 있음을 깨달았다. 비명을 지르고 싶은데 나는 계속 웃고 있었다. 그리고 결국, 내 안의 구식 페미니즘이 불투명함을 사랑하고 데리다를 가르치고 희미한 푸코주의자이자 포스트 레비나스주의자인 나를 이기고 "이제 그만!"이라고 소리치게 했다. 물론 독백을 이어가던 상대방 남자는 깜짝 놀랐다. 이는 아마도 가장 라캉주의자 같은 행동이었으리라.[29]

나는 양면성의 윤리를 명분 삼아 문화적으로 허가된 남성적인 오만을 더는 충족시켜 주지 않겠노라 결심했다. 물론 대인 관계에서 투명성과 책임을 요구하는 것은 여전히 모호함을 용납하지 못하는 자아를 보호하는 방법이 될 수 있다. 하지만 명확성을 요구하는 것보다 애매성에 머무는 것이 더 미덕이라는 윤리적 입장은 아무리 정당화하려 해도 감정적 긴급성을 주장하는 걸 불가능하게 만든다. 간단히 말해, 애매성은 트라우마를 입은 사람들에게 다시 트라우마를 입힐 수 있다. 관계의 불투명성으로 인해 과도한 불안을 경험한 사람에겐 명확한 반응이 필요할 수 있다.

트라우마가 없는 '정상적인' 사람에게도, 다른 사람의 불투명성은 장기적으로 무기력을 일으키는 원인이 될 수 있다. 아무런 위험이 예상되지 않을 때조차도 장기간에 걸쳐 몸과 머리가 쉴 새 없이 과도하게 자극받는 이들에게 관계의 모호함이 어떤 영향을 미칠지 상상해 보라. 이런 사람들은 외부에서 들어오는 메시지로 본인의 기본적인 안전 여부를 가늠하는 경향이 있어 외부 메시지에 끊임없이 촉각을 곤두세운다. 이들에게 수수께끼 같은 관계, 관계의 모호함은 곧 불안의 폭우를 의미한다.

나 역시 어린 시절에 아빠의 발자국 소리만 들리면 알 수 없는 불길함을 경험했다. 그래서 지금도 흐릿한 대인 관계가 불길하게 느껴진다. 나는 솔직한 대답을 해 줄 수 없는 사람들과 붙어 있을 여유가 없다. 신비감이 욕망을 부채질한다는 단순한 이유로 감정의 양면성을 성애화하기는 쉽다. 욕망의 춤에서 흔하게 보는 밀당이다. 하지만 나는 다른 사람의 불투명함이 그를 꼭 더 매력적으로 만드는 것은 아니라는 것을 배웠다. 대부분의 경우, 그런 남자는 나를 지치게 한다.

이것이 내가 질질 끄는 정서적 교착 상태를 견디느니 차라리 사람을 잃는 것을 택하는 이유이다. 나는 나의 긴급성, 지금 앞으로 나아가기 위해 지금 마무리가 필요하다는 감각은 내가 체질적으로 과도한 동요 상태를 갖게 만든 내 과거의 잔여물이라는 것을 알게 됐다. 간혹 레비나스의 기운이 감도는 진보적인 윤리에 따르면, 대인 관계를 끊는 건 용납될 수 없는 일일 수 있다. 하지만 그렇게 해야만 나는 살아남을 수 있었고, 결국 살 가치가 있는 삶을 살게 되었다.

불안 속에는 여러 종류의 트라우마가 숨어 있을 수 있다. 이것이 불안을 해석하기 어려운 이유이다. 흔히 불안을 느끼면서도 왜 그런지 모를 때가 있다. 최근에 정신과 의사 부부와 저녁 식사를 하며 나의 개인적인 문제를 상의한 적이 있다. 나는 열다섯 살 이전의 내 인생을 기억하지 못해서 걱정된다고 말했다. 그들은 즉각 통찰력 있는 답변을 내놓았다. "그냥 너무 불행했던 시간이었을 수 있지."

사실 그랬다. 기억상실이 일어날 만큼 그 기이한 호수 옆 집에서 살았던 삶은 내게 여러 가지 트라우마를 남겼다. 비록 성적 학대를 받거나 하진 않았지만, 어린 나로선 소화하기 힘든 어려움들이었다. 아마도 죽을 것처럼 느껴질 때까지 이불 속에 갇혀 있던 게 가장 컸겠지만, 그때의 삶 전부가 내겐 해로웠다. 가난, 절망, 혹독한 말, 주위의 불안감과 우울.

  문득, 그 시절에 학교까지 가는 길이 왜 그리 힘들게 느껴졌는지
깨달았다. 멀기도 했지만, 추위 때문이었다. 그게 내 숱한 불안의 원
인이었다. 나는 단지 아빠 때문에 겁을 먹고 몸을 웅크린 것이 아니
었다. 그곳은 살이 에일 듯이 추웠다. 바깥 우편함 앞에서 오돌오돌
떨며 학교까지 데려다 줄 택시를 기다렸던 아침들. 난 왜 부엌이 아
니라 밖에 서 있었을까. 초저녁에 학교에서 돌아오면 장작 난로의
따뜻함은 이미 식어 버리고 내 방은 여전히 추웠다. 내 인생의 첫 20
년은 대부분 추워 죽을 것 같은 냉기로 긴장되어 있었다. 자기 자식
을 빗자루로 죽였다는 불행한 여자 유령이 무서워 어둠이 내리면(겨
울에는 오후 3시면 해가 졌다) 방을 나갈 때마다 몸이 굳었다. 유치해도
어쩔 수 없었다.

  몸은 그런 기억을 기억한다. 심지어 이를 의식하고, 적극적으로 바
꾸려 해도 바꾸지 못한다. 내가 아무리 세상은 따뜻한 곳이라고, 나
를 다치게 하는 곳이 아니라고 되뇌어도 내 굳은 어깨는 풀리지 않
는다. 고질적인 등 통증이 학생들의 문법을 고치는 일과 관련이 있
음도 알게 되었다. 그건 의심할 여지없이 버스에서 메스꺼움과 싸우
며 5개 언어의 문법을 공부한 과거와 관련이 있을 것이다. 학생들의
과제물을 채점하고 일어나면 메스꺼움이 인다. 나쁜 문법을 모두 토
해 내고 싶다.

  내가 이 장에서 말하고 싶었던 것은, 때로 우리의 불안은 깊고 우
리가 기억할 수 없는 형성적 경험으로까지 이어진다는 것이다. 여기
에 사회적 불평등과 성과 지향적인 사회에서 마주치는 일상적인 어

려움을 더하면, 불안에 관한 한 우리가 할 수 있는 건 분투하고, 실패하고, 되는 대로 계속 나아가는 것이다. 여성의 무한한 쾌락 능력을 상상하는 이성애 남성 같은 산혹한 낙관주의 속에서 우리는 계속해서 우리의 할 일을 하고, 또 하고, 또 한다. 그리고 녹초가 된 채 눕는다. 그리고 다시 어물어물, 그럭저럭 해 나간다. 우리 중 일부는 라캉주의자가 된다. 라캉은 우리에게 어떤 특정한 시점을 넘어서는, 피할 수 없는 불안의 시점을 넘어서는 치료법이 없다는 걸 가르쳐 주기 때문이고, 그건 희한하게도 위안을 준다. 이를 과감하게 내 식으로 바꿔 보면, 확실한 미래가 있는 사람에게는 아무런 미래가 없다.[30]

결론

# 그래, 인정하자

# 나쁜 감정의 나쁜 점과 좋은 점

**⋮**

마지막 장 앞에서 난 어느 정도의 불안감은 인간의 삶에서 불가피하며, 우리의 지적 전통은 그것을 자주 자유의 책임과 연관지었으며, 약간 뒤죽박죽이거나 균형이 깨지거나 그냥 괴짜인 것은 창조성이나 존재적 격렬함과 병행할 수 있다고 했다. 이 책에서 다룬 다른 나쁜 감정들의 잠재적 유익함에 대해서도 비슷한 주장을 할 수 있을 것이다. 남근선망은 페미니스트의 분노로 이어질 수 있고, 시간이 지나면 사회를 좀 더 평등하게 만드는 데 기여할 수도 있다. 슬픔은 통찰력으로 이어질 수 있고, 잠재적으로 내면의 깊이를 더해 줄 수 있다. 프로이트도 우울에 빠지기 쉬운 사람들이 흔치 않은 명료한 통찰력을 지니고 있다고 강조했다. 우리 중 다수는 직감적으로 나쁘게 느끼는 것에도 좋은 것이 있을 수 있다고 이해한다. 우리는 나쁜 감정들로부터 좋은 것이 나올 수 있다고 상상하도록 그 감정들을 재해석하는 방법을 안다.

고난은 때론 그저 고난일 뿐이다. 무의미한 고통, 의미 없는 불행,

무분별한 괴로움. 그러나 나는 나쁘게 느끼는 것이 우리 사회를 지배하는 실용주의 신조를 피하는 방법이 될 수 있다고 제안하고 싶다. 최소한 나쁜 감정들은 우리가 무엇을 하는지를 두 번 생각하게 만들며, 우리 일상의 속도를 늦추는 경향이 있다. 그 감정들은 삶에 일시정지 버튼을 누르도록 강요한다. 슬픔은 이러한 자기반영성의 명백한 예시다. 우울한 사람들은 마음속으로 자신이 한 선택과 취한 삶의 방향, 그리고 그 모든 것의 의미를 숙고하는 경향이 있다. 불안과 실망, 환멸을 느끼는 것은 이러한 감정들이 우리 삶의 기본적 요소를 검토하도록, 심지어 내가 살고 있는 삶이 정말로 내가 원하는 삶인지를 질문하도록 한다는 점에서 똑같은 영향을 줄 수 있다.

　내가 내 삶의 흐름을 못 따라가고 있다고 느낄 때, 우리는 우리가 한 선택들을 더 날카롭게 통찰할 수 있다. 내가 범주화한 우리 사회의 문화적 이데올로기의 네 기둥, 즉 좋은 성과와 높은 생산성, 지속적인 자기계발과 끊임없는 쾌활함에는 한 가지 공통점이 있다. 이 이데올로기들은 우리를 계속 움직이게 한다. "바쁘다"는 건 실용주의 사회에서 나타나는 삶의 현상이다. 게으름은 못마땅한 것이다. 그런데 나쁜 감정들은 우리로 하여금 게으름을 피우게 한다. 그것들은 우리가 반복적인 실망을 겪고도 계속 노력하게 만드는 잔혹한 낙관주의를 방해한다. 그러나 일상의 쳇바퀴에서 발을 뗐을 때 비로소 다른 대안이 보일 수 있다는 점에서 나쁜 감정들은 때로 좋은 것일 수 있다. 우리가 기회를 주면 가능할 수도 있는 다른 종류의 삶의 윤곽이 보일 수 있다. 부정적인 감정을 품으면 거의 자동적으로 그 불만을 초래한 삶의 양식을 부술 방법을 찾지 않는가.

나쁜 감정들을 존중하는 것은, 이런 감정에 민감하거나 트라우마를 입은 사람들은 삶에 좀 더 가볍게 접근하는 법을 아는 사람들처럼 세상을 살아가는 기술을 익히기 어렵다는 흔한 추정도 반박한다. 흔히 트라우마가 우리의 정서적 소양을 약화시켜 다시 트라우마를 겪을 가능성이 높다고 말한다. 나도 과거의 고통으로 관계의 불투명함을 참지 못하게 되었다고 고백했다. 그러나 이것도 관점에 따라 달리 볼 수 있다. 주저하는 남성(또는 여성)의 욕망과 가망 없는 협상을 벌이느라 시간을 허비하는 사람들을 볼 때마다 난 내 접근법이 그나마 덜 파괴적이라고 결론짓는다.

더 일반적으로 말해, 트라우마가 우리를 예외 없이 약화시킨다는 생각은 어려운 경험에서 생겨나는 명민함을 간과하는 근시안적인 평가이다. 트라우마는 우리를 취약하게, 그래서 삶의 시련을 이겨낼 수 없게 만들지 않는다. 그와 반대로 새로운 고난을 맞닥뜨리는 능력을 향상시킬 수도 있다. 역경에 맞닥뜨렸을 때 언제나 발랄했던 사람이 오히려 완전히 무너질 수 있고, 항상 비관적이던 사람이 더 영리하게 반응할 수도 있다.

때로 삶의 힘든 경험은 우리를 무너뜨린다. 그러나 그것은 결국 우리를 더 다차원적으로 만든다. 시간이 지나면 힘들었던 경험은 우리 존재에 깊이와 뉘앙스를 더하고, 행복과는 다른 인격을 더 깊이 형성한다. 나는 고통받은 사람들이 그렇지 않은 사람들보다 더 흥미로워 보이는 것은 우연이 아니라고 생각한다. 나쁜 감정들과 친숙한 사람은 당연히 타인의 고통에 더 잘 공감한다. 분명한 이유 없이 자주 슬픈 사람이라면, 비슷하게 우울한 사람에게 더 공감할 가능성이 크다.

　내가 고통받고 있는데 어떻게 다른 사람의 고통에 응답할 수 있을까. 심한 우울증에 시달리는 사람들은 그들 자신의 나쁜 감정에 체험을 소모당하기 때문에 다른 사람의 이야기에 귀 기울이는 것이 힘들 수 있다. 극심한 불안도 타인에 대한 관심을 가로막는다. 화가 난 사람들도 마찬가지다. 그렇지만 나쁜 감정들과 친근함은 타인의 나쁜 감정에 저절로 마음을 열게 한다. 비록 나와 똑같은 감정이 아닐지라도 그들의 고통에서 나의 고통을 발견하고 연민의 정이 생긴다. 평온한 삶으로 축복받은 사람들은 어려워하는 방식으로 자신을 열고 받아들일 수 있다.

　그래도 나쁘게 느끼는 것이 좋을 게 무엇인가? 나쁜 건 나쁜 게 아닌가? 나는 나쁜 감정들을 정치적 또는 개인적 전략으로 이상화하고 싶지는 않다. 나쁘게 느끼는 것이 존재적·윤리적으로 좋다고 암시하고 싶지도 않다. 비록 나쁜 감정들이 우리 사회를 지배하는 실용주의 신조의 해독제 역할을 할 수 있다고는 했지만, 그걸 애써 구해야 한다고 말하고 싶지는 않다. 나는 나쁜 감정이 현대인이 처한 삶의 교착 상태에 대한 해결책이라고 가치화하는 게 아니다.

　나쁜 감정들의 '생산성'을 변론하는 것은, 결국 우리 사회가 우리에게 요구하는 바로 그 실용적 정신에 다가서는 일이기에 단순하지 않다. 노력은 보상받고 어려움도 결국 이익이 될 거라는, 고난에조차 공리주의적으로 접근하는 실용주의 말이다. 아메리칸 드림 이념은 그것이 약속하는 번영에 앞서 차질과 실패가 선행한다는 걸 전제로 한다. 결국 나쁜 감정들을 고취하는 것은 내가 내내 비판한 바로 그 사고방식에 놀아나는 것일 수 있다.

# 삶이 어때야 할까
:

삶이 어때야 할까? 이것이 항상 나의 질문이었다. 나는 이전 책에서 그 답으로 니체를 제시했다.[1] 삶은 되어 가는 과정이어야 한다. 그럼 무엇이 되어야 할까? 되는 중이면 무엇이 되든 상관없는 것일까? 아니면 사람이 되어야만 하는 무언가가, 일생동안 연마할 어떤 종류의 주체적인 안식처가 있는 것인가?

그러면서 또 생각한다. 다른 삶을 찾기 전에 내가 지금 살고 있는 삶에서 무언가 놓치고 있는 건 아닐까? 어쩌면 우리에겐 두 개의 삶이 있는지 모른다. 우리가 살고 있는 삶과, 그렇게 살고 싶은 삶.[2] 이것이 내가 아직 살아 있다는 징후일까? 아니면 이 또한 우리가 잔혹한 낙관주의에 우리를 허비한다는 증거일까? 딱 잘라서 말하기 어렵다. 더 만족스러운 삶에 대한 환상이 쓸데없는 좌절인지, 아니면 되어 감의 전제 조건인지 판단하기란 어렵다. 나로 말할 것 같으면 개인적인 환상이 현재의 삶을 이루도록 도와주었다. 그럼 잔혹한 낙관주의란 것이 실제로는 그렇게 잔혹하지는 않은 것인가?

나는 신자유주의 이데올로기와 푸코식 생명관리정치를 주장하는 비평가들이 지금 우리가 마치 역사상 가장 억압적인 시대에 살고 있는 양 말한다고 생각한다. 푸코식 관점이 불러오는 가장 불운한 부작용은, 사람들이 현대 미국만큼 사람을 규제하는 곳이 없다고 생각하는 것이다. 난 이것이 사실이라고 믿지 않는다. 난 우리의 현재 사회가 노예제도와 차별이 만연했던 과거 사회보다, 비록 우리 사회가 그 유산을 다 극복하지 못했다고 할지라도, 더 억압적이라고 보지 않는다. 덧붙여서, 잔혹한 낙관주의가 우리의 번영을 방해할 수 있다는 벌랜트의 주장에 동의하면서도, 더 나은 미래와 더 나은 삶에 대한 우리의 환상이 꼭 나쁜 것만은 아니라는 여지를 두고 싶다. 미국에서 가난과 인종차별이라는 헤어나기 어려운 곤경에서 빠져나오려 애쓰는 개인들을 나무라는 데 아메리칸 드림을 들먹이는 건 얼마나 쉬운가.[3] 그들의 패배를 보장하도록 만들어진 제도에서 탈출하지 못한다고 개인들을 탓하는 것은 교활하다. 그러나 나의 개인적인 신화도 엄연한 사실이다.

나는 나의 성공 신화를 어느 정도의 자책과 누구나 다 나처럼 보상받는 것은 아니라는 이해 속에 조심스럽게 놓아두었다. 나 같은 보상에 접근할 수 있을 것처럼 보여도 그걸 완전히 신뢰해서도 안 된다. 보통은 환상을 추구하다가 내 안의 좋은 것은 모두 사라지고 라캉식 결여(거세)를 느끼게 되니까. 푸코식 접근법이 가진 또 다른 문제는, 그것이 기본적인 라캉식 이해를 경시한다는 것이다. 우리의 문화적 환경과 사회적 불평등은 인간 존재가 안고 있는 기본적인 문제들을 분명히 악화시킨다. 그러나 그렇더라도 이 문제들이 전적으로 생명관리정치적 조작에서 생겨난다고 주장하기는 어렵다. 거기에도 출구가 있을 것이고, 다른 사회라고 다르진 않을 것이기 때문이다.

비평가들이 우리가 처한 문제의 일부는 인간 조건의 불가피한 부분임을 인정하지 않고 그것이 오직 생명관리정치적 조작의 결과라고 주상할 때, 그늘의 담론은 적어도 모든 문제에 현실적인 해결책이 있다고 말하는 우리 사회의 실용주의에 수렴당할 위험성을 제기한 것이다. 나쁜 감정들이 인간 존재의 영역에 내재한다고 믿으면 이런 감정들은 치료가 불필요한 것이 되고, 이 감정들을 외적인 원인(사회적 환경)이 있는 사회 병리로 보기 시작하면 극복해야 할 문제가 된다. 일부 나쁜 감정들은 분명 극복될 수 있다. 그러나 그렇지 않은 것도 있다. 내 안의 라캉은 이를 받아들여야 한다고 말한다.

자기가 속했거나 참여한 제도를 맹렬히 규탄하는 데에 어떤 모순도 느끼지 못하는 사람들을 보면 마음에 들지 않는다. 특히 그 제도로부터 자동적으로 혜택을 받고 있는 경우에 그렇다. 본인이 그 혜택을 수용하고 있는 제도를 공격하는 것은 탐욕스러워 보인다. 그건 한 사람이 두 가지를 다 가져야 한다는 신념 아닌가. 내가 불평등이나 신자유주의, 생명관리정치를 비판하지 말아야 한다고 주장하는 것으로 느낀다면 이 책을 잘못 이해한 것이다. 그러면서도 우리의 실제 삶이 우리의 비평적 이상에 미치지 못하는 장면을 목격하면 마음이 복잡해진다.

몇 년 전에, 신자유주의 자본주의를 격렬하게 비판한 유명한 학자의 강연에 참석했다. 그런데 행사가 끝나고 어떤 학생이 말하길, 그 학자가 대학 측이 마련해 준 호텔이 마음에 들지 않는다고 불평하는 걸 들었다고 했다. 이 일화는 우리가 비판하는 것이 또한 우리가 즐기는 것일 때 생기는 비판의 역설을 요약한다.

우리가 비판하는 제도는 우리의 저항을 무효화할 만큼의 혜택을 우리에게 준다. 이성애가부장제가 일부 이성애 여성들에게 자기 대상화를 즐거운 것으로 만드는 방법을 찾은 것과 같은 방식으로, 생명관리정치적 지배는 그 지배를 우리에게 즐거운 것으로 만들어 버린다. 이런 의미에서 신자유주의와 생명관리정치를 비판하는 우리 모두는 우리가 맹렬히 비난하는 그 제도에 연루되어 있다. 그것은 우리의 순종적이고 근면한 참여에 대한 보상으로 세탁기, 신발, 시계, 컴퓨터, 비디오게임 등 각양각색의 물품들로 우리를 매수한다. 이런 보상이 항상 환상에 불과한 것은 아니다. 그 보상은 실제로 우리 삶을 더 안락하게, 더 수월하게, 더 매끄럽게, 더 즐겁게 만든다. 난 세탁기에 빨래를 던져 넣을 때, 난로로 물을 데워 손으로 비벼 빨던 시절을 떠올린다.

신자유주의 문화는 편리하기 때문에 저항하기가 힘들다. 특히 돈이 있는 사람들에겐 이보다 편리할 수가 없다. 그러나 돈이 없더라도 어느 정도까지는 이 편리함을 누릴 수 있다. 수도와 수세식 화장실, 난방장치, TV 채널, 패스트푸드 등 소비사회의 기본적인 편리함은 우리 사회의 극히 일부 계층을 제외하곤 거의 모든 사람들에게 전달된다. 소비자본주의의 편리함은 실재적이기 때문에 정치적 위무 효과가 분명히 있다. 매일 샤워를 할 수 있고, 텔레비전을 볼 수 있고, 싸구려 피자라도 주문할 수 있는 한, 난 사회적 변화를 주장하기보다 나의 작은 아파트에 만족할 것이다.

비평가들은 서양 자본주의의 천재성은 그 피지배층에게 그들의 고난에 대한 보상을 어느 정도 제공하는 것이라고 오래전부터 인식했다. 실제로 현실 삶이 고단한 사람들을 가장 위로해 주는 것은 현실 도피적 환상을 내리 틀어 대는 광범위한 엔터테인먼트 시스템이다. 하루를 마감하며 텔레비전을 켜는 것은 그날 한 노동의 단조로움과 어려움을 보상하고, 동시에 다음 날 다시 일하는 데 필요한 활력을 충전하는 방법이다. 이것이 우리 경제가 우리로부터, 가난한 사람이나 부유한 사람이나 할 것 없이 모든 사람들로부터 엄청난 양의 노동력을 추출하는 한 가지 방법이다. 너무 빨리 에너지를 소진하지 않으면서 재생시키는.

푸코 식으로 보면 이것은 당연히 즐거움을 훈련하는 문제이다. 사회적으로 용납되는, 상업적으로 수익성이 좋은 방법으로 즐기도록 가르치는 문제이다. 문제는 그 즐거움이 '진짜'처럼 느껴진다는 것이다. 그것이 없어지면, 갑자기 정전이라도 일어나면 우리는 어쩔 줄 모를 것이다. 수많은 점에서, 일시정지 버튼을 누르는 것보다 켜짐 버튼을 누르는 것이 더 쉽다. 우리의 나쁜 감정들을 대중 엔터테인먼트나 다른 소비문화 제품으로 덮어 버리는 것이 그걸로 삶의 윤곽을 되새기는 것보다 쉽다.

식자층의 비판적인 본능은 이러한 안주를 규탄하지만, 하루 저녁이라도 현실을 잊고자 하는 본능이 왜 나쁜지 모르겠다. 오히려 우리 대부분은 어떤 방법으로든 정기적으로 신경을 끌 수 있는 방법이 필요하고, 도피적 판타지는 어쩌면 가장 유순한 방법일지도 모른다.

지젝처럼 현 사회체제에 대한 완전한 거부(혁명)만이 변화를 일으킬 수 있다고 주장하는 사람들이 있다.[4] 줄리아 크리스테바 같은 사람들은 더 은밀한 저항을, 자기심문과 끊임없는 질문의 삶을 지지한다.[5] 난 둘 다 끌린다. 그러나 최근 몇 년 사이에 매기 넬슨 같은 비평가들의 얘기가 더 귀에 들어오기 시작했다. 사람들이 어떻게 살 것인지를 선택하는 방식에 일어나고 있는 작은 변화가 더 현실적인 것은 말할 것도 없고, 어떤 경우에는 (가끔은 남성우월주의적으로 들리는) 혁명만큼이나 반항적이며 정치적으로 급진적이라고 말이다.[6]

넬슨은 비록 퀴어와 트랜스젠더의 맥락에서 이야기하지만, 엄마/아빠/자녀의 3인조가 그녀의 글에서 특권적인 위치를 갖는다는 점을 고려할 때, 그녀는 결국 핵가족의 '선'을 재가치화하는 꽤 전통적인 주장을 하고 있는 셈이다. 동시에, 세상의 상태를 평등주의적 선상에서 재고하려는 가장 진심 어린 시도에서조차 보수주의의 망령을 피하기는 어렵게 느껴진다. 만약 혁명의 미사여구가 남성우월주의적으로 들린다면, 일부 나쁜 감정들에 대한 나의 주장은 좀 더 혁명적인 접근법을 찾는 사람들에겐 패배주의적으로 들릴 수 있다. 우리가 생각하는 방식을 거듭 개정하는 것이 세상을 서서히 개정한다는 크리스테바의 주장이 사실일지라도, 난 어쩔 수 없이 과도한 노동에 시달리는 사람들에게는 자신의 존재를 반복적으로 재평가하는 사치를 누릴 만한 정신적 공간 따윈 없다는 걸 안다.

게다가 그렇게 한다고 해서 그들의 삶이 구체적인 방법으로 개선되는 것도 아니다. 오히려 그들이 놓치고 있는 것들에 대해 더 나쁘게 느끼게 될 수도 있다. 육체적으로나 정신적으로 과도한 일을 하는 사람들에게 비평적 사색을 요구하는 것은 무리다. 그래서 이미 많은 것을 희생한 사람들에게 더 이상 희생을 요구하지 않으면서 조용한 혁명을 시작할 수 있는 출발점은, 삶을 어수선하게 만드는 과도함을 정리하고 삶을 간단하게 사는 것일지도 모른다.

잡동사니를 없애는 것. 이것이 이 책의 진짜 주제인지도 모르겠다. 소비문화는 우리를 제한해서가 아니라 즐거움을 확산시켜서 우리를 지배한다. 그것은 열심히 일하는 와중에도 이 즐거움에서 저 즐거움으로 갈아타기가 쉬운 체계로 우리를 끌어들인다. 어쩌면 소비문화가 예상하지 못한 유일한 점은, 삶이 즐거움의 포화 상태에 이르면 더 이상 어떤 것도 즐기지 못할 수 있다는 가능성일지 모른다. 선택할 것이 너무 많으면, 어떤 것에도 완전히 만족을 느낄 수 없다.

토드 맥고완도 비슷한 의견을 내놓았다. 상품과 서비스들이 증가할수록 우리가 언젠가 만족할 거라는 잔혹한 낙관주의를 지속시키기가 더 힘들어질 수 있다는 것이다. 만족에 이르는 다수의 경로를 탐험할수록 만족을 얻을 수 있다는 믿음은 점점 약해질 것이다.[7] 맥고완은 이 믿음의 상실에서 소비문화의 매력을 물리칠 방법을 본다. 만약 우리에게 제공되는 상품과 서비스들에 만족을 느끼기 어렵다는 걸 깨닫게 되면, 우리가 그것들을 거부하게 되지 않을까? 만약 모두가 줄이기로, 간소화된 삶을 살기로 결정한다면, 우리의 소비문화는 힘을 잃을 것이다.

부모님 댁을 방문해서 수건을 찾으러 엄마 벽장을 열 때마다 생각한다. 대체 엄마는 뭘 입을까. 의상 디자이너를 꿈꾸었던, 그리고 항상 사랑스럽게 보이도록 차려입는 엄마의 벽장에는 다섯 개 정도의 옷걸이와 좁은 선반 두어 개밖에 없다. 없어서 줄이는 습관은 내가 엄마에게 물려받은 유용한 유산들 중 하나이다. 내가 여행을 간 사이에 내 아파트를 빌려 쓴 친구가 나중에 이메일을 보냈다. "네 물건들은 다 어디 있는 거니?"

　나도 사람이 어때야 하는지 모른다. 그러나 자신의 존재(내)결여로 달아나는 방법으로 이런저런 것들을 쌓지 않는 사람들의 진가는 안다. 물건을 사는 걸로 존재의 공허함을 치유하려는 시도는 성공하기 어렵다. 우리 사회에 우울증이 유행하는 것도 이와 관련이 있을 것이다. 환경 면에서도 재앙을 가져오지 않는가. 결여를 인간 삶의 어쩔 수 없는 요소로 받아들이는 것, 그리고 일부 나쁜 감정들도 그런 걸로 받아들이는 것이 존재적으로뿐만 아니라 정치적으로도 의미 있는 이유이다.


# 망각의 효용
:

없애서 줄이는 행위의 가치를 알고 좋아하는 것은 인생에서 망각이 하는 크나큰 역할을 설명해 준다. 망각은 복잡한 머릿속을 정리하는 가장 좋은 방법이다. 그래서 어려운 것을 극복하는 최선의 방법은 그것을 잊어버리는 것이라는 니체의 주장은 언제나 매력적이다. 이 주장은 프로이트나 우리의 상담치료 문화에 비춰 볼 때 반직관적으로 들린다. 트라우마를 극복하려면 그것이 남긴 흔적들을 기억해 내어 서서히 헤쳐 나가야 한다고 하지 않는가. 니체가 말년에 미쳐 버린 것도 이 주장의 신빙성을 떨어뜨린다.

　하지만 어느 정도의 망각 없이는 현재의 행복도, 쾌활도, 행동도 없다고 했을 때 니체는 뭔가 중요한 것을 깨달았다고 생각한다. 니체에게 망각은 일종의 휴식을 의미했다.[8] 활력이 느껴지는 삶의 형태를 다시 만들어 갈 수 있도록 정서적 삶에 질서를 부여하는 문짝에 달린 스프링 같은 역할을 하는. 그리하여 망각은 현재를 창의적이고 의미 있는 활동 공간으로 경험하게 한다.

니체는 우리 안에 너무 많은 기억들이 붐비면 불안해서 잠을 이룰 수 없고, 안절부절못하느라 너무 지쳐서 어떤 의미 있는 활동도 하지 못하는 무기력에 빠진다고 했다. 마치 불면증 환자처럼. 헛된 부산함이다.[9] 그런데 이 와중에 기억의 과잉은 우리를 마비시키고 굴욕감을 주며 쓸데없이 부지런하다. 기억이 너무 많을 때, 특히 고통스러운 기억이 넘쳐날 때에는 정신이 투명해질 공간이 없다. 어떤 결정물도 생성하지 못할 정도로 우리의 활동은 분산되고 흩어진다.

니체는 고통스러운 기억을 잊지 못하는 사람은 어떤 음식물도 처리하지 못하는 소화불량 환자인 반면에, 망각을 잘하는 사람은 건강한 위의 소유자라고 말한다.[10] 니체 특유의 수사학적 표현에 따르면, 망각할 수 없는 영혼이 "눈을 찡그리고 본다"면, 망각할 수 있는 영혼은 "속을 깊이 파고드는 해충을 단 한 번의 어깻짓으로 떨쳐 낸다."[11]

상처 입은 경험을 대수롭지 않게 여기는 능력을 가치화하는 것은 니체를 한심한 서구 자본가처럼 보이게 한다. 고통스러워하는 것은 나약함의 표시다, 피해자는 한심하다, 그만 징징대라, 넘어지면 스스로 일어나서 다시 앞으로 가라. 게다가 니체가 강조하는 창조성, 즉 이루어야 할 것을 이루는 활동에 대한 비전은 이 책에서 내내 비판한 신자유주의 신조처럼 들린다.

그러나 니체가 옹호한 행복과 활력은 현대 사회를 지배하는 무한 긍정 신조와 다르다. 니체의 행복론은 불행론의 뒷면이기 때문이다. 니체에게는 항상 가벼움과 중력, 삶의 표면 위로 미끄러지는 능력과 삶의 심연을 들여다보려는 의지가 한 동전의 양면이었다.

라캉주의 철학자 알렌카 주판치치Alenka Zupančič는 망각에 대한 니체의 이상은 고통을 부인하는 것이 아니라 고통이 자기 존재를 정의하도록 놓아두지 않는 것이라고 짚어 냈다. 그것은 트라우마를 입은 사람이 피해자의 역할을 거부하고, 그 피해가 자신의 상처로 정의되는 걸 거부하는 방법이다.[12] 망각은 트라우마를 입은 사람이 그 고통을 자신의 기본적인 자기이해와 분리시키도록 도와준다. 트라우마를 자신의 밖에 있는 것으로, 본인에게 일어난 일이지만 본인의 정체성과 동일하지 않음을 지정해 준다.

이렇게 보면 처음에는 양립할 수 없을 것 같았던 프로이트와 니체의 생각, 즉 상담치료법과 망각법이 그렇게 양립 불가능한 것으로 느껴지지 않는다. 결국 상담치료의 목적도 상처의 외부화이기 때문이다. 상담치료는 환자와 환자의 트라우마 사이에 거리가 생기도록, 트라우마가 더 즉각적으로 느껴지지 않도록, 트라우마와 환자의 자아감이 덜 비슷해 보이도록 단어의 망토를 짠다.

프로이트와 니체의 명백한 차이는, 이 트라우마를 외부화하는 방법이다. 프로이트는 트라우마에 집착하느라 엉겨 있는 고통스러운 정동들을 서서히 해소시킬 방법은 상담치료밖에 없다고 보는 반면, 니체는 고통의 표현을 이성으로 눌러 억제하는 극기를 거부한다. 프로이트 모델에서는 트라우마와 환자 사이에 거리를 만들어 주면서도 정동으로 타오르는 말이 핵심이지만, 니체 모델에서는 트라우마 경험을 배제하려는 의지, 트라우마에 의식을 지배당하지 않겠다는 일종의 결심이 중요하다. 물론 이 '결심'은 심각한 트라우마 앞에서는 무력할 수 있다. 하지만 어떤 경우에는 이 결심이 상처 입은 사람들이 상처의 한가운데가 아니라 '옆쪽' 혹은 '바로 옆'에 살 수 있도록 도와준다.

오늘날 트라우마 논의의 흐름은 두 갈래이다. 우선은 그 '안에' 머무는 것이다. 잊지 못하고 회상하고 꺼내 보는 패턴을 반복하며 마비된다. 그렇지 않고 '초월'하는 것이 있다. 헤쳐 나가 극복하여 결국 그것이 삶의 흐름과 통합되는 영역으로 나아가는 것이다. 물론 대부분의 임상의와 트라우마 이론가들은 트라우마를 헤쳐 나가는 것은 지속적이고 열린 과정이며, 절대로 명확한 '맺음'이 없음을 안다. 실제로 다수의 트라우마 생존자들은 트라우마 '안'에 머물거나 그것을 '초월'하기보다 결국 그 근처에 있게 된다.

나는 망각에 관한 니체의 진술이 이런 내용 같다. 잊는다고, 결심한다고 해서 트라우마는 쉬이 사라지지 않는다. 니체가 이를 몰랐을까. 아마 니체는 어지럽게 소용돌이치는 고통 안에 살지 말고 그 옆에 사는 법을 배우는 것이 최선이라고 말하고 싶었을 것이다. 과거를 바꿀 수 없다면, 가능한 한 거기서 멀리 떨어져 있으라. 그래서 나는 니체의 망각론이 단순히 강한 의지의 극기주의를 찬미한다고 생각하지 않는다. 오히려 니체는 창의성의 전제 조건 중 하나를 서술한 것이다. 새로운 생명의 싹이 뿌리내릴 수 있도록 과거의 흔적들을 지우라.

니체는 창의성에는 어떤 종류의 한계, 어느 정도의 절제가, "지정된 지평선"이 필요하다고 믿었다.[13] 지나친 자극에 부서지지 않고, 활동할 수 있는 지각의 지평선을 그릴 수 있는 사람이 번창할 것이라고 생각했다. 망각은 그런 지평선을 그릴 수 있는, 새로운 것이 탄생할 공간을 만드는 하나의 방법이다. 너무 많은 방향에 이끌리다 보면, 너무 많은 회상과 과거의 불만에 민감해지면, 정신의 긴장은 풀리지 않는다. 그런 면에서 망각은 삶의 혼란을 제거하고 새로운 것을 쳐다볼 공간을 만든다. 그래서 니체는 망각이 현재를 살기 위한 전제 조건이라고 한 것이다.

마지막 장에서 살펴본 대인 관계의 모호함 속에 머무는 것을 거부하는 것도 일종의 망각이다. 그런 모호함은 과도한 기억처럼 정신의 용량만 차지한 채 정신적·감정적으로 우리를 짓누른다. 관계의 모호함은 고통스러운 기억처럼 우리가 현재를 사는 것을 효과적으로 방해한다. 우리는 자원을 소비하는 방식으로 기억을 되살린다. 나는 그렇게 낭비할 자원이 부족하다. 그래서 나는 나한테 짐만 되는 불투명한 대인 관계를 끊고, 그냥 정직하고 솔직해서 소중한 관계에 집중하려 한다.

망각은 새로운 열정이 피어날 공간도 열어 준다. 상실에 대한 애도는 새로운 만남이 성사됐을 때 비로소 끝난다. 꼭 사람이 아니어도 된다. 새로운 관심사만큼 복잡한 감정을 처분하는 데 효과적인 건 없다. 새로움의 빛은 동전 앞뒤면의 경계를 지우고 사라지게 한다. 다시금 흐릿함보다는 투명성이 도움이 되는 순간이다.

# 더들리 하우스 화장실

:

투명성, 정돈, 줄이기, 흐릿함의 제거.

내 주장을 글로 써 보니 이것들이 다 나의 개인적 신조가 되어 버린 미니멀리즘의 여러 형태임을 알겠다. 충실한 포스트구조주의 학자가 되기는 글렀다. 애당초 아포리아, 수수께끼, 불투명함, 모호함, 독자의 목을 졸라 죽이는 구문론은 나에게 맞지 않았다. 집이나 관계처럼 생각이나 표현도 단순한 게 좋다.

그래, 인정하자. 나는 라캉을 사랑한다. 하지만 그의 불가해함까지 사랑하긴 어렵다. 그건 완전히 이해할 수도 없고 그편이 차라리 상쾌하다. 페니스 농담을 포함해서 라캉은 재미있는 농담들을 많이 했다. 불가해함에 대해 내가 했던 말에 단서를 달자면, 그것은 그것이 감추는 아이디어들이 진정으로 힘이 있을 때 매력적이다. 별 볼 일 없는 아이디어들을 떠받치기 위해 계산적으로 이용됐을 땐 별로다.

요즘 나의 글친구는 늘 옆을 지켜 주는 바다이다. 아침 일찍 태양이 항구를 가로질러 건물들을 기어오르는 모습을 보는 게 좋다. 쨍쨍한 날, 태양빛을 받은 바다는 10억 개의 다이아몬드처럼 반짝인다. 내가 제일 좋아하는 안개 낀 날 풍경은 인상주의 그림처럼 부드러워진다. 그러다 일몰이 되면 하늘은 강렬한 붉은색에서 금빛 노란색으로 변한다. 오늘처럼 맑은 밤에는(지금은 오전 3시 45분이다) 숭고함과 친근함이 뒤얽힌 모습으로 달이 항구 위에 떠 있다. 노트북에서 눈을 들 때마다 달과 바다에 반사된 빛이 보인다. 이 장면에서는 빠질 게 없다.

몇 년 전에 이곳을 방문한 친구는 이렇게 외쳤다. "이곳은 견딜 수가 없어. 너무 아름다워." 나는 "미친 소리 하지 마"라고 해야 될 것 같아서 그렇게 했다. 하지만 나는 그 말이 무슨 뜻인지 알았다. 이렇게 좋은 것은 지속될 수 없다. 이 단순한 이유로 이 경치의 아름다움은 늘 죽음을 떠올리게 한다. 이 아름다운 곳에 살았던 때보다 더 죽음을 생각했던 적이 있던가. 이곳에서 나는 이 책에 쓴 내용을 매우 구체적으로 깨달았다. 상실의 가능성은 모든 이익 주변에 맴돌고, 결핍의 가능성은 모든 만족의 가장자리를 갉아먹으며, 공허함 없는 충만함은 없고, 슬픔 없는 행복도 없으며, 불안 없이는 조화가 없다는 걸 말이다.

달이 검은 하늘을 조용히 가로지르는 동안, 내 앞에 존재한 많은 사람들이 느꼈듯, 여인의 침실에서 목걸이를 훔쳐 나가는 도둑처럼 인생이 나를 스쳐 지나가는 것 같다. 예전에는 거울을 보면 내 앞에 모든 것이 있었고, 모든 것이 그저 시작 단계였다. 그런데 어느 날 모든 것이 내 뒤에 있는 것처럼 보였다. 하버드 더들리 하우스(하버드의 예술과학대학원 강의동 이름) 화장실에 있는 거울을 봤을 때, 나머지 화장실과 마찬가지로 그 거울은 28년 전 내가 처음 립스틱을 바를 때와 똑같아 보였다. 변한 것은 나였다. 뼈의 구조와 머리카락은 같았지만, 나를 돌아보는 얼굴은 이상하게 무섭게 살짝 데친 것처럼 느껴졌다.

나의 학위논문위원회 위원이었고 포스트구조주의의 절정에서 영혼을 재창조하겠다는 나의 미친 결정을 옹호했던 스페트라나 보임Svetlana Boym이 최근에 죽었다.[14] 그녀는 '인용 부호의 죽음Death in Quotation Marks'이라는 유명한 책을 썼다.[15] 그러고 나서 죽었다. 더 이상 인용 부호는 없었다. 포스트모던 아이러니의 종말이다. 나의 학위논문위원회의 또 다른 위원이던 바버라 존슨Barbara Johnson은 몇 년 전에 죽었다. 발음되지 못한 채 남겨진 너무 많은 것의 종말(바버라 존슨이 그랬다. 최고의 수수께끼 같은 기표, 진정한 데리다주의자, 천 명을 반하게 했던, 내가 사랑했지만 해체주의자가 되지 않으면서 실망시켰던 그녀).[16]

이 놀라운 여자들은 죽을 당시 지금의 나보다 나이가 많지 않았다. 더들리 하우스 화장실에 서니, 최근에 동료가 한 말이 떠올랐다. "학계는 너를 죽일 거야, 특히 여자라서." 학계는 콩고의 코발트 광산이 아니다. 그럼에도 화장실은 모든 것이 똑같아 보이는데, 이 화장실을 이용했을 두 명의 유능한 여성은 더 이상 없다는 것이 묘하게 느껴졌다.

나는 종종 바위나 책, 탁자와 같은 무생물들에 분함을 느낀다. 왜냐하면 그것들은 나처럼 죽지 않으니까. 어렸을 때에도 밀밭 옆의 커다란 바위를 보며 그 바위보다 훨씬 더 고생하고 더 열심히 산 우리 부모님이 바위보다 못한 게 무엇인가 생각하며 억울했다. 심지어 내가 성장한 집도 부모님보다 더 천천히 늙어 가고 있다. 더들리 하우스 화장실에 서서, 나는 무상함을 다룬 프로이트의 에세이를 떠올렸다. 프로이트는 우리가 인생이 순간적이라는 것을 알기 때문에 인생을 더 소중히 여긴다고 했다.[17] 그 말이 사실이라는 걸 알기 때문에 우울은 결코 멀리 있지 않다. 그것은 나를 부드럽게 잡아당긴다. 창문 밖에 있는 달에 매달린다.

# 옛 슬픔을 밀어내는 새 열정

:

어떤 사람들에게 우울은 정치적으로 아련한 정서이다.[18] 포기하도록 요구받은 것에 충실할 수 있는 방법이다. 또 어떤 이들에게는 정치적 수동성과 무대책의 서식지다. 자기몰두와 타인과 동떨어진 공간, 즉 잃어진 대상과 이상이 새롭게 발견되거나 구축될 수 있는 것보다 가치가 있다고 환상하는 문제적인 집착.[19] 또 다른 이에게는 창의성과 상상력의 활동 토대.[20] 우울은 맥락과 순간에 따라 이 모든 것이 될 수 있다. 나는 인생이란, 우울을 명백히 이길 기대는 없더라도 반복적으로 무효화하는 과정이라고 생각한다. 내게는 글을 쓰는 것이 여러 가지 면에서 삶을 사는 것이다.

기억이 너무 많을 때에는 글쓰기가 힘들다. 상실의 고치 속에 갇혀 있는 우울한 사람들이 글 쓰는 영역에 들어가는 걸 어렵게 느끼는 이유이다. 동시에 글쓰기는 우울에 대한 생각을 회피하게 하거나 적어도 덜 느끼게 한다. 글쓰기는 고통스러운 기억을 물리칠 정도로 집중하게 한다. 적어도 나는 그렇다. 글을 쓸 때, 과거는 의식 속에서 멀어진다. 나의 이야기를 글로 쓰지 않는 이상, 과거로부터 잠시 벗어나게 된다. 비록 무슨 일이 일어났는지 말 그대로 '잊'는 않지만, 내 일에 몰두하느라 내가 했던 일은 옆으로 떨어져 나간다. 글을 쓰는 것은 나의 망각이다. 새로운 열정은 옛 슬픔을 삶의 가장자리로 밀어낸다고 한 니체의 말은 옳다.

글쓰기는 우리를 불안하고 슬프게 하는 과거 기억에 묶여 있던 에

너지를 써 버리는 수단이 될 수 있다. 그래서 우리 사회의 성과 원칙과 나의 관계는 복잡하다. 나는 과거에 머무는, 그래서 끊임없이 그것에 패배당하는 대신에 강박적인 생산성을 선택했기 때문이다. 나는 이런 나를 변호하고자 헤르베르트 마르쿠제Herbert Marcuse의 주장을 끌어 댈 수도 있다. 노동의 창의적 형태는 성과 원칙과 다르게 작용한다고, 즉 글쓰기와 같은 분야에서의 높은 생산성은 다른 분야의 생산성과 달리 그렇게 억압적이지 않다고.[21] 하지만 난 이 구분이 타당한지 확신할 수 없다.

나에게 책을 너무 많이 쓴다고, 좀 느긋해지라고 하는 사람들의 말이 맞다. 과도한 글쓰기는 일종의 병이자 대응기제이다. 그러나 이 '병'이 내가 할 수 있는 최선이라면? 우리 사회의 성과 원칙은 우리에게 계속 생산적이어야 한다고 권하지만, 균형 잡힌 삶을 살아야 한다는 다른 사회적 이상은 과도한 생산성은 전혀 생산적이지 않은 것만큼이나 문제라고 말한다. 이 두 이데올로기 모두 억압적일 수 있다. 이미 지친 사람들에게서 노동을 끌어내는 것도 압제적이지만, 분별 있는 삶의 이름으로 '과한' 열정을 축소시키라는 요구도 마찬가지다.

이 책의 초고를 다 쓴 다음 날 밤, 끔찍한 악몽을 꾸었다. 나는 부모님 집에 있었다. 새벽 2시였다. 나는 원래 그 시간에 일어나 글을 쓰는 습관이 있지만, 내 꿈이 꾸며 낸 장면은 완전히 비현실적이었다. 나는 싱크대와 전자레인지 사이에 있는 조리대에 노트북을 펼치고 있었고, 불면증을 앓는 엄마는 몇 분마다 나를 방해했다. 내가 엄마에게 잠자리에 들라고 했지만, 엄마는 전자레인지를 쓰겠다며 나를 혼자 내버려 두지 않았다. 설상가상으로 나보다 다섯 살 어린 남동생까지 등장해 싱크대에서 셔츠를 빨겠다고 했다. 내가 절망에 빠질 때까지 두 사람은 나를 성가시게 했다. 그들은 나의 글쓰기를 막으려고 했다. 마침내, 아빠가 항상 그랬듯이 일을 마치고 집에 돌아오셨다. 아빠는 무슨 일이냐고 물었다. 내가 울음을 터뜨리자, 아빠는 흙 묻은 손으로 내 얼굴을 감싸고 나를 끌어당겨 안아 주었다.

이런 일은 실제로 일어나지 않을 것이다. 아빠는 절대로 나를 안아 주지 않을 것이고, 엄마는 나를 성가시게 하지 않을 것이고, 남동생은 셔츠 한 장도 빨아 본 적이 없다. 이 꿈이 기억에 남는 건 내가 글을 쓸 수 없었을 때 느낀 공포 때문이다. 그리고 언제나 내 감정을 찢어 놓곤 하는 아빠가 나를 구해 주었다는 점이다. 사실 아빠가 나를 구한 건 꿈속이 처음이 아니다. 첫 번째 경험은 내가 건초 운반차에서 트럭 바퀴 옆으로 떨어졌을 때 그가 직관적으로 트랙터의 브레이크를 당긴 것이다. 아빠는 내가 떨어지는 모습을 보지도 듣지도 못하는 상황에서 뭔가 잘못됐다는 걸 알았다. 두 번째 경험은 내가 독사에게 물렸을 때 나를 병원에 재빨리 데려다 준 일이다. 지금까지도 왜 하필 그날 아빠가 집에 계셨는지 모르겠다. 분명한 건, 꼬불꼬불한 그 시골길을 어느 누구보다도 잘 알았던 아빠가 어떤 응급차보다도 빨리 운전했다는 것이다.

아빠는 학위 막바지에 너무 많은 일을 하느라 논문을 완성하지 못하고 있던 내게 2천 달러를 보내 주셨다. 그때도 아빠는 내 목숨을 구했다. 당시 아빠에게 그런 돈이 있을 리 없다. 분명 빚을 냈을 것이다. 흥미로운 건, 아빠의 도움으로 내가 글을 썼다는 것이다. 9년 동안 끙끙대던 논문을 6주 만에 다 썼다. 꿈속에서처럼, 아빠는 내가 글을 쓸 수 있게 해 주셨다.

어제 부모님과 전화 통화를 했다. 동생이 매트리스 문제로 전화를 드리라고 했다. 아빠는 8월에 내가 올 때를 대비해서 새로 산 침대에 어떤 매트리스를 놓는 게 좋을지 물었다. 미국식? 스칸디나비아식? 미국식이 더 푹신해요. "좋아. 그럼, 미국식."

지난 여름 부모님 댁에 방문했을 때, 거의 50년 만에 처음으로 아빠의 어떤 잔소리도 듣지 않고 열흘간을 보냈다. 집을 나서면서 아빠와 악수를 하며 정말 좋은 열흘이었다고 했다. 옆에서 엄마가 말했다. "아빠가 정말 노력하고 있다." "나도 알아요." 그리고 그때 이후로 아빠가 다락방 옆에 있는 그 방을, 절대로 아빠가 들어온 적이 없던 그 방을 완전히 개조하고 있다는 얘기를 들었다. 그 방에 미국식 매트리스가 놓일 것이다.

이제 생각해 보니, 그렇게 추운 방이었지만 거기에 숨어 흐느껴 울 때에도 방은 예쁘게 장식되어 있었던 것 같다. 나는 초록색 벽지가 싫었지만, 초록색을 좋아하는 빨간 머리였던 엄마가 왜 초록색 벽지를 선택했는지는 늘 이해했다. 그리고 가구는 10대 소녀에게는 최고의 가구였다. 그들은 정성을 다해 내 방을 꾸몄다. 당시 내 눈에는 들어오지 않았지만, 늘 반짝였던 오크나무 표면에 비춰졌을 정성. 아빠는 이번에도 오크 침대를 샀다고 했다. "요즘에는 이런 걸 찾기 힘들다." 이번에는 그 정성이 보인다. 그리고 8월에 집에 가면 초록색이지만 벽지가 아름답다고 꼭 얘기할 것이다. 하지만 벽지는 파란색일 것 같다. 지금은 엄마도 내가 엄마를 아는 것처럼 나를 아니까. 나만 아빠를 모를 뿐.

두 달 뒤, 나는 그 신비로운 호수 옆에 앉아 아빠가 준비한 요리를 먹으며 물어볼 것이다. 그 호수에 빠져 죽은 아빠의 형제에 대해, 전쟁에서 죽은 형제에 대해, 전쟁에서 살아남았지만 마을을 한 번도 떠나지 않은 형제에 대해, 결핵으로 죽은 아빠의 여동생에 대해, 한 번도 본 적 없는 할아버지에 대해, 할머니에 대해, 내가 고향을 떠나 연락이 끊긴 기간에 세상을 떠난 파보 삼촌에 대해, 밀밭을 가로질러 뛰어갔던 아빠의 다른 여동생에 대해, 몇 년 전 사우나 옆 언덕에서 토박이 동네 형이 죽은 채 발견됐을 때 기분이 어땠는지, 70년 전 마을 풍경에 대해, 뒷마당에 철의 장막이 쳐졌을 때 어떤 기분이었는지, 소년이었을 때 어디서 잤는지….

그러나 절대 묻지 않을 것도 있다. 이제 남은 인생이 얼마 없다는 걸 언제 알았는지, 그걸 깨달았을 때 어떤 기분이었는지, 지금은 그걸 잊어버리고 사는지. 내가 정말 궁금한 건, 아빠에게 주어진 그 고난의 삶에서 어떻게 오크 침대와 미국식 매트리스로, 그 흐뭇한 미소로 올 수 있었는지다. 그런 삶을 살았으면서 어떻게 아직도 웃을 수 있는지.

p. s. 그 방은 파란색이었다.

강의실에서 처음으로 만났던 루티.

나는 항상 맨 앞에 앉았지만, 그녀의 펜은 내 눈에 들어오지 않았다. 강의를 할 때마다 자신만의 '휴대용 남근'을 손에 꼭 쥐고 있었다는 사실은 이 책에서 그녀가 고백하지 않았더라면 끝까지 몰랐을 것이다. 그만큼 그녀의 아우라는 특별하고 강렬했다. 어느 남자 교수도 따라가지 못할 만큼의 카리스마와 열정으로 보통은 멍 때리고 있는 스무 살짜리들이 실제로 공감하고 고민하도록 비판이론을 가르쳤다.

당시 나는 신자유주의의 독실한 신자였다. 죽어도 A학점을 얻어야 된다며 토론토대학에 내 영혼을 바치고 있었다. 하지만 나는 원하는 성과를 이루지 못하고 있었고, 사회를 벗어나 어디로든 도망갈 생각뿐이었다. 성공하지 못하면 내 삶의 의미도, 내 존재의 가치도 있을 수 없다고 진심으로 믿었다. 외로움과 불행밖에 허락되지 않는 이 정해진 시나리오에서 루티는 나에게 탈출구를 보여 준 은인이다.

나쁜 감정투성이로 나는 늘 루티의 사무실을 찾아가 온갖 하소연과 의문을 털어놓았다. 눈물과 콧물 섞인 뒤죽박죽의 문장들을 어떻게 듣고 이해했는지. 신기하게도 그녀는 성과와 생산성을 냉정히 평가하는 대학기관의 권위자인데도 나의 지질한 연약함을 비난하지 않았다.

"그럴 수 있다."

처음으로 내가 느끼는 나쁜 감정에 대해 수치심이나 정죄의 감정을 느끼지 않았다. 충분히 분하고 억울하고 절망을 느낄 수 있다고 인정하자, 내 마음은 가벼워졌다. 그러자 나 자신과 인생의 의미, 가치를 새롭게 생각할 용기가 생겼다.

이 책을 통해 루티는 다음과 같은 질문은 던진다. 지금 마음이 행복한가? 사실은 많이 속상한가? 나쁜 감정bad feeling(s)을 느낀다는 것은, 다르게 말하자면 속상하다feel bad는 뜻이다. 만약 현재 속이 상하다면 그 이유는 무엇인가? 그것은 루티가 지적한 대로 인간으로서 우리가 모두 느끼는 라캉의 존재론적 결여 때문일 수도 있고, 아니면 사회적으로 문화적인 이념들을 순진하게 믿고 따른 '피할 수 있었던' 결과일 수도 있다.

이 책을 번역하면서 내가 추구하고 욕망하는 바를 새롭게 생각할 자유를, 내 삶을 내 의지대로 이끌어 가는 나의 행위성agency 문제를 새삼 고민하게 되었다. 물론 이 자유를 되찾고 누리는 과정은 결코 쉽지 않다. 우리가 비판적으로 대면해야 할 현실은 그렇게 만만하지 않기 때문이다. 어쩌면 많이 불편하고 힘들 것이다.

푸코의 생명관리정치 관점에서 보면, 우리는 놀이터로 장식된 감옥에서 소꿉놀이를 하고 있다. 내 인생인데도, 인생이라는 세트장 안에서 내 의사와 무관하게 짜인 시나리오가 정해 준 역할을 충실하게 연기하고 있다. 우리의 행복과 성취감을 위해 존재한다고 하는 온갖 상품과 엔터테인먼트는, 사실 자본주의 시장의 이익에 복무하는 가치관과 집단적 신화, 이념을 충실히 소비하도록 우리를 유혹한다.

좋은 대학을 나와 좋은 직장을 얻고 좋은 집에서 나와 같은 신자유주의 신자와 동맹 관계를 맺어 번식하라. 이렇게 우리는 성실히 성과를 내고 생산적으로 행동하도록 길러지고, 그렇게 살라고 자식들을 가르친다. 그리고 어느덧 아무리 아프고 힘들어도 나쁜 감정들은 억누르고 긍정적으로 생각하려고 분투한다. 내가 바뀌면, 나를 계발하면, 더 노력하면 분명히 내 삶도 나아질 거야.

이 책에서 루티가 전하는 첫 번째 메시지는 "솔직해지자"는 것이다. 지치고 속상할 때에는 그렇다고 인정하자는 것이다. 그렇지 않다고, 노력하면 좋아질 거라는 잔혹한 낙관주의에 더 이상 매달리지 말고 지금 내가 좇는 행복 시나리오가 정말로 나를 행복하게 할지 따져 보라는 것이다. 그렇지 않다면, 시나리오대로 살아도 행복해지지 않는다면, 그걸 과감히 버릴 수 있을까? 놀랍게도 우리에게는 그런 자유가 있다.

우리는 지금 어떤 행복 시나리오에 우리의 삶을 맞추고 있는가? 어떤 고정관념에 의존하고 있는가? 어떤 관계를 맺고, 어떻게 타인과 교감하고 있는가? 친밀한 관계에서 어떤 감정을 느끼고, 어떠한 감정노동을 감수하고 있는가? 루티는 묻는다.

남자친구가 포르노를 소비하고 여자 파트너의 성적 욕망과 요구를 무시하는 것이 정상으로 취급되는 연애문화가 됐든, 사랑이나 친밀함도 결국 실용주의적인 성과와 결혼제도로 합리화되는 사회적 관습이 됐든, 여자는 아무리 성공하더라도 예쁘고 날씬해야 한다는 고정관념이 됐든, 우리에게는 선택할 자유가 있다. 시나리오가 정해준 역할을 충실하게 살아갈 것인지, 아니면 반항할 것인지; 타인을 나와 같은 복잡하고 섬세한 존재로 이해하려 노력할 것인지, 아니면 편리하고 익숙한 고정관념에 의존할 것인지; 어느 쪽을 선택할지에 따라 우리가 느낄 감정도 달라질 것이다. 루티는 적어도 욕망만은 나의 것이도록 자유롭게 해주길 권한다.

## 머리말

[1] Sigmund Freud, "Three Essays on the Theory of Sexuality "(1905), in *The Standard Edition of the Complete Psychological Works of Sigmund Freud*, ed. James Strachey (London: Hogarth Press, 1956 – 1974), 194 – 195. See also the following texts by Freud, all published in the *Standard Edition*: "The Dissolution of the Oedipus Complex"(1924); "Some Psychical Consequences of the Anatomical Difference between the Sexes"(1925); and *New Introductory Lectures on Psychoanalysis*(1933).

[2] 학부생을 위한 영화이론 입문서에도 이렇게 썼다. *Feminist Film Theory and "Pretty Woman"*(New York: Bloomsbury Press, 2016).

[3] Jacques Lacan, "The Signification of the Phallus," in *Écrits: The First Complete Edition in English*, trans. Bruce Fink (New York: Norton, 2007). See also *The Seminar of Jacques Lacan, Book XX: On Feminine Sexuality, the Limits of Love and Knowledge*, trans. Bruce Fink (New York: Norton, 1999).

[4] 남근선망이 여성에게 자연스럽지 않다는 W. R. D. Fairbairn의 주장에 라캉은 다음과 같이 답했다. "누가 그게 자연스럽다고 했나? 물론 그것은 상징적이다. 남근이 가치를 갖는 남성 중심적 관점과 상징적 질서에 여성이 속해 있는 한 말이다." (*The Seminar of Jacques Lacan, Book II: The Ego in Freud's Theory and in the Technique of Psychoanalysis*, trans. Sylvana Tomaselli [New York: Norton, 1991], 272).

## 0장 서론 … 좋은 삶? 그게 뭔데?

[1] Jean-Paul Sartre, *Being and Nothingness: A Phenomenological Essay on Ontology*, trans. Hazel E. Barnes (New York: Washington Square Press, 1992). 라캉은 여러 차례의 세미나와 논문집(*Écrits*, referenced in note #3.) 전체에서 여러 차례

'결여'에 대해 이야기한다.

2 See Friedrich Nietzsche, *The Genealogy of Morals*, trans. Walter Kaufmann (New York: Vintage, 1989).

3 이 주장의 가장 유명한 출처는 Max Horkheimer and Theodor Adorno, *Dialectic of Enlightenment*, trans. Edmund Jephcott (Stanford: Stanford University Press, 2007). 이 책은 1944년에 처음 출간됐다.

4 신자유주의의 대표적인 출처는 Michel Foucault's *The Birth of Biopolitics: Lectures at the Collège de France, 1978–1979*, trans. Graham Burchell (New York: Palgrave Macmillan, 2008). 나는 본서 전체에 푸코의 아이디어를 배치할 것이다. 더 최신 분석은 Lisa Duggan, *The Twilight of Equality? Neoliberalism, Cultural Politics, and the Attack on Democracy* (Boston: Beacon Press, 2003) and Wendy Brown, *Edgework: Critical Essays on Knowledge and Politics* (Princeton, NJ: Princeton University Press, 2005).

5 정동 이론은 Sara Ahmed, Lauren Berlant, Ann Cvetkovich, Sianne Ngai 등의 비평가들과 관련된 비교적 최신 이론이다. 나의 책에는 이들의 주장이 매우 중요한 영향을 미치며 모두 등장한다. 정신분석 이론처럼, 정동 이론은 내장과 신체적 발현까지 포함한 인간의 감정에 집중한다. affects, 영향을 미치다. 그래서 "affect theory"란 명칭이 붙었다. 그리고 정신분석처럼 정동 이론도 인간이 외부에서 상처받는 다양한 방식과 트라우마를 연구한다. 다만, 정동 이론은 사회적 불평등과 빈곤, 성차별, 인종차별, 동성애 혐오 등에 기인한 트라우마 유형에 초점을 맞춤으로써 정신분석보다 트라우마를 더 명백하게 정치화하는 경향이 있다. 하지만 현대 정신분석도 종종 이러한 외상화에 초점을 두기 때문에 정신분석과 정동 이론이 명확히 구분되는 것은 아니다. 많은 비평가들처럼 나 역시 두 가지 접근법이 모두 도움이 된다고 생각한다.

6 Paul Preciado, *Testo Junkie: Sex, Drugs, and Biopolitics in the Pharmacopornographic Era*, trans. Bruce Benderson (New York: The Feminist Press, 2013); Maggie Nelson, *The Argonauts* (New York: Graywolf Press, 2015); Diane Enns, *Love in the Dark: Philosophy by Another Name* (New York: Columbia University Press,

2016).

7   Preciado, *Testo Junkie*, 347.

8   Micah McCrary, "Riding the Blinds," *Los Angeles Review of Books* (April 26, 2015).

9   Nelson, *The Argonauts*, 60.

10  Roland Barthes, "The Death of the Author," *Image, Music, Text*, trans. Stephen Heath (New York: Fontana Press, 1977); Michel Foucault, "What Is an Author?," *Language, Counter-memory, Practice: Selected Essays and Interviews*, trans. Donald F. Bouchard (Ithaca, NY: Cornell University Press, 1977); Philip Sayers, "Communication: Maggie Nelson and the Literary Text as Letter" (unpublished dissertation chapter, University of Toronto, 2016).

11  예를 들어 Roland Barthes's *A Lover's Discourse: Fragments*, trans. Richard Howard (New York: Hill & Wang, 1977); *Roland Barthes by Roland Barthes*, trans. Richard Howard (New York: Farrar, Straus, & Giroux, 1977); and *Mourning Diary*, trans. Richard Howard (New York: Hill & Wang, 2012).

12  이 주체에 관해선 Nancy Miller, *Getting Personal: Feminist Occasions and Other Autobiographical Acts* (New York: Routledge, 1991).

13  Luce Irigaray, *To Be Two*, trans. Monique M. Rhodes and Marco F. Cocito-Monoc (New York: Routledge, 2001), 9–10.

14  David Eng은 정동적인 역사와 사실에 기반한 역사를 구분한다. *The Feeling of Kinship: Queer Liberalism and the Racialization of Intimacy* (Durham, NC: Duke University Press, 2010).

15  핵심이 되는 사상가들은 Sara Ahmed, Kimberly Juanita Brown, Anne Cheng, Ta-Nehisi Coates, Angela Davis, Nadia Ellis, David Eng, Paul Gilroy, Saidiya Hartman, bell hooks, Fred Moten, José Muñoz, Sianne Ngai, Jasbir Puar, Claudia Rankine, Darieck Scott, Jared Sexton, Hortense Spillers, Frank Wilderson. 물론 이는 불완전한 목록이다.

16  Lauren Berlant, *Cruel Optimism* (Durham, NC: Duke University Press, 2011).

17 일부 독자들은 내 강의 계획서를 엿보고 싶을지도 모르겠다. Teresa Brennan, *The Transmission of Affect* (New York: Columbia University Press, 2004); Kathleen Stewart, *Ordinary Affects* (Durham, NC: Duke University Press, 2007); Sianne Ngai, *Ugly Feelings* (Cambridge, MA: Harvard University Press, 2007); Anne Anlin Cheng, *The Melancholy of Race: Psychoanalysis, Assimilation, and Hidden Grief* (Oxford: Oxford University Press, 2001); Heather Love, *Feeling Backward: Loss and the Politics of Queer History* (Cambridge, MA: Harvard University Press, 2009); Sara Ahmed, *The Promise of Happiness* (Durham, NC: Duke University Press, 2010); Lauren Berlant, *Cruel Optimism* (Durham, NC: Duke University Press, 2011); Jack Halberstam, *The Queer Art of Failure* (Durham, NC: Duke University Press, 2011); Ann Cvetkovich, *Depression: A Public Feeling* (Durham, NC: Duke University Press, 2012); Ta-Nehisi Coates, *Between the World and Me* (New York: Spiegel & Grau, 2015); and Jessica Valenti, *Sex Object: A Memoir* (New York: Dey Street Books, 2017).

18 *The Seminar of Jacques Lacan, Book VII: The Ethics of Psychoanalysis*, trans. Dennis Porter (New York: Norton, 1992), 299–300.

19 주디스 버틀러는 다수의 윤리학 연구에서 이와 관련한 주장을 펼친다. 하나만 제시하자면, *Giving an Account of Oneself* (New York: Fordham University Press, 2005).

20 프랑스 이론을 끌어들인 초기의 영미 이론은 페미니즘 영화이론이다. 이 분야의 핵심 사상가들은 Joan Copjec, Teresa de Lauretis, Mary Ann Doane, Ann Kaplan, Laura Mulvey, and Kaja Silverman. 이 이름에 덧붙여 다음과 같은 페미니즘 이론가들을 언급하고 싶다. Judith Butler, Jane Gallop, Alice Jardine, and Naomi Schor. 물론 일부에 불과하다.

21 Mari Ruti, *The Case for Falling in Love: Why We Can't Master the Madness of Love—and Why That's the Best Part* (Naperville, IL: Source-books Casablanca, 2011).

22 이 책은 나의 최근 학술서들에 가장 많이 등장하는 책이다. *The Age of Scientific Sexism: How Evolutionary Psychology Promotes Gender Profiling and Fans the*

*Battle of the Sexes* (New York: Bloomsbury Press, 2015); *Feminist Film Theory and "Pretty Woman"* (New York: Bloomsbury Press, 2016); and *The Ethics of Opting Out: Queer Theory's Defiant Subjects* (New York: Columbia University Press, 2017).

[23] 특히 *The Summons of Love*를 보라.

[24] Mari Ruti, *The Singularity of Being: Lacan and the Immortal Within* (New York: Fordham University Press, 2012) and *Between Levinas and Lacan: Self, Other, Ethics* (New York: Bloomsbury Press, 2015). 그러나 이 책들은 특히나 학술적이기 때문에 학문적 관심이 없다면 건너뛰시라.

[25] *Between Levinas and Lacan.*

## 1장 ··· 실용주의의 신조

[1] Michel Foucault, *The Birth of Biopolitics: Lectures at the Collège de France, 1978–1979*, trans. Graham Burchell (New York: Palgrave Macmillan, 2008), 63.

[2] Todd McGowan, *Capitalism and Desire: The Psychic Cost of Free Markets* (New York: Columbia University Press, 2016).

[3] 긍정적인 사고에 대한 이 진술은 더 고찰해 볼 필요가 있다. Mari Ruti, *The Ethics of Opting Out: Queer Theory's Defiant Subjects* (New York: Columbia University Press, 2017).

[4] Barbara Ehrenreich, *Bright-Sided: How Positive Thinking Is Undermining America* (New York: Picar, 2009), 8.

[5] Sara Ahmed, *The Promise of Happiness* (Durham, NC: Duke University Press, 2010), 91.

[6] Friedrich Nietzsche, *The Gay Science*, trans. Walter Kaufmann (New York: Vintage, 1974), 223.

[7] Eve Sedgwick, *A Dialogue on Love* (Boston: Beacon Press, 2000), 142.

[8] Margaret Crastnopol, *Micro-trauma: A Psychoanalytic Understanding of Cumulative Psychic Injury* (New York: Routledge, 2015), 22–23.

[9] *Ibid.*, 192.

그렇지 않다

10  이 주장이 더 강하게 제시되는 건 아마도 Ann Cvetkovich in *Depression: A Public Feeling* (Durham, NC: Duke University Press, 2012).

11  Lauren Berlant, *Cruel Optimism* (Durham, NC: Duke University Press, 2011).

12  *Ibid.*, 114.

13  *Ibid.*, 116 – 117.

14  Brock Hessel, "Queers, Plain Crackpots, and Fallen Women" (unpublished term paper, University of Toronto, 2016).

## 2장 ··· 친밀성의 합리화

1  나도 다음 책에서 좀 더 학술적인 방식으로 이 주체를 논했다. *The Age of Scientific Sexism: How Evolutionary Psychology Promotes Gender Profiling and Fans the Battle of the Sexes* (New York: Bloomsbury Press, 2015) and *The Ethics of Opting Out: Queer Theory's Defiant Subjects* (New York: Columbia University Press, 2017).

2  Michel Foucault, *The Birth of Biopolitics: Lectures at the Collège de France, 1978–1979*, trans. Graham Burchell (New York: Palgrave Macmillan, 2008), 245.

3  특히 McGowan's *Capitalism and Desire: The Psychic Cost of Free Markets* (New York: Columbia University Press, 2018)의 8장을 보라.

4  많은 퀴어 이론에서 부분적으로 진짜 그러하다. 이 분야의 고전은 Michael Warner's *The Trouble with Normal: Sex, Politics, and the Ethics of Queer Life* (New York: Free Press, 1999). 좀 더 최근 논의는 Tim Dean's *Unlimited Intimacy: Reflections on the Subculture of Barebacking* (Chicago: University of Chicago Press, 2009).

5  McGowan, *Capitalism and Desire*, 171.

6  Alain Badiou, *Ethics: An Essay on the Understanding of Evil*, trans. Peter Hallward (London: Verso, 2001) and Mari Ruti, *The Summons of Love* (New York: Columbia University Press, 2011). 이 주제에 관한 바디우의 최신작은 *In Praise of Love*, trans. Peter Bush (New York: New Press, 2012).

7 이 아이디어는 니체로까지 거슬러 올라간다. 20세기부터 치면 두 개의 이 정표를 호명할 수 있다. Louis Althusser, "Ideology and Ideological State Apparatuses," *Lenin and Philosophy*, trans. Ben Brewster (New York: Monthly Review Press, 1971) and Roland Barthes, *Mythologies*, trans. Annette Lavers (New York: Hill and Wang, 1972).

8 Hilary Neroni, *Feminist Film Theory and "Cléo from 5 to 9"* (New York: Bloomsbury Press, 2016).

9 Taylor Swift의 2014년 앨범 *1989*의 수록곡 "Blank Space"의 가사.

10 푸코가 이렇게 주장했다. *The History of Sexuality*, vol. 1, trans. Robert Hurley (New York: Vintage, 1980). 또한, 광범위한 영향을 끼친 버틀러의 책 *Gender Trouble: Feminism and the Subversion of Identity* (New York: Routledge, 1990).

11 관련한 텍스트로 굳이 세 개만 꼽자면, Butler's contributions to Judith Butler, Ernesto Laclau, and Slavoj Žižek, *Contingency, Hegemony, Universality* (London: Verso, 2000); Heather Love, *Feeling Backward: Loss and the Politics of Queer History* (Cambridge, MA: Harvard University Press, 2007); Jack Halberstam, *The Queer Art of Failure* (Durham, NC: Duke University Press, 2011).

12 Kath Weston, *Families We Choose: Lesbians, Gays, Kinship* (New York: Columbia University Press, 1997).

13 Laura Kipnis, *Against Love: A Polemic* (New York: Vintage, 2003), 18.

14 Kate Bolick, *Spinster: Making a Life of One's Own* (New York: Crown Publishers, 2015).

15 이 일화를 Adrian Cocking와 공동작업한 책에서 얘기했다. "When Love Is Not All We Want: Queers, Singles, and the Therapeutic Cult of Relationality," in *Critical Psychotherapy, Psychoanalysis, and Counselling: Implications for Practice*, ed. Del Loewenthal (London: Routledge, 2015).

## 3장 ··· 성별에 대한 집착

1 많은 페미니스트들이 이 문제에 대한 관심을 촉구했다. 예를 들어, Jasbir Puar, *Terrorist Assemblages: Homonationalism in Queer Times* (Durham, NC: Duke University Press, 2007) and Lila Abu-Lughod, *Do Muslim Women Need Saving?* (Cambridge, MA: Harvard University Press, 2013).

2 이 문제에 대한 분석은 Jack Halberstam, *Female Masculinity* (Durham, NC: Duke University Press, 1998).

3 나는 다음 책의 첫 부분에서도 이 목록을 재생한 바 있다. *The Age of Scientific Sexism: How Evolutionary Psychology Promotes Gender Profiling and Fans the Battle of the Sexes* (New York: Bloomsbury Press, 2015). 일반적으로 말해, *The Age of Scientific Sexism*은 이 장에서 다루는 주제를 더 깊숙이 살핀다.

4 John Gray, *Men Are from Mars, Women Are from Venus: The Classic Guide to Understanding the Opposite Sex* (New York: HarperCollins, 1992).

5 Toni Morrison은 *The Bluest Eye* (New York: Knopf, 1993)에서 이 곤경을 잘 보여 준다.

6 Hanna Rosin, *The End of Men: And the Rise of Women* (New York: Riverhead Books, 2013).

## 4장 ··· 이성애가부장제의 재발명

1 이 장의 전반부는 내가 쓴 학부생용 영화이론 입문서의 주장을 재해석한다. *Feminist Film Theory and "Pretty Woman"* (New York: Bloomsbury Press, 2016).

2 Michelle Lazar, "The Right to Be Beautiful: Postfeminist Identity and Consumer Beauty Advertising," in *New Femininities: Postfeminism, Neoliberalism, and Subjectivity*, ed. Rosalind Gill and Christina Scharff (London: Palgrave Macmillan, 2013). Gill과 Scharff의 책에는 관련한 논문들이 담겨 있다.

3 Laura Mulvey, "Visual Pleasure and Narrative Cinema," in *Feminist Film Theory: A Reader*, ed. Sue Thornham (New York: New York University Press, 1999). Mulvey 논문의 최초 출처는 *Screen* 16, no. 3 (1975): 6-18.

[4] 이 현상에 대한 탁월한 분석은 Susan Douglas, *The Rise of Enlightened Sexism: How Pop Culture Took Us from Girl Power to Girls Gone Wild* (New York: St. Martin's Griffin, 2010).

[5] Joan Riviere, "Womanliness as a Masquerade," in *Psychoanalysis and Female Sexuality*, ed. Hendrik Ruitenbeek (New Haven, CT: College and University Press, 1966). Riviere 논문의 최초 출처는 *International Journal of Psychoanalysis* 10 (1929): 3 – 13.

[6] Margeaux Feldman's blog: https://floralmanifesto.com.

[7] 이 주제에 대한 통찰력 있는 분석은 Ann Kaplan, "Is the Gaze Male?," in *Feminism and Film*, ed. Ann Kaplan (Oxford: Oxford University Press, 2000).

[8] Elaine Scarry, *On Beauty and Being Just* (Princeton: Princeton University Press, 2001). 관련한 라캉주의 분석은 Joan Copjec, *Read My Desire: Lacan Against the Historicists* (New York: Verso, 2015).

[9] Simone de Beauvoir, *The Second Sex*, trans. Constance Borde and Sheila Malovany-Chevallier (New York: Alfred A. Knopf, 2010). 이 텍스트는 1949년에 처음 출간됐다.

[10] Douglas, *The Rise of Enlightened Sexism*, 10.

[11] *Ibid.*

[12] *Ibid.*, 13.

[13] Ariel Levy, *Female Chauvinist Pigs: Women and the Rise of Raunch Culture* (New York: Free Press, 2006), 92.

[14] 이를 명료하게 제시한 Kathryn Klingle에게 감사한다.

[15] 이 문제를 생각하도록 도와준 제자 Indiana Seresin에게 감사한다.

[16] Catherine MacKinnon, *Only Words* (Cambridge, MA: Harvard University Press, 1993).

[17] "친섹스Pro-sex" 페미니즘은 퀴어 이론과 거의 동시에 등장하여, Gayle Rubin, Janet Halley, (더 넓게는) Judith Butler 같은 저명한 퀴어 이론가들이 이 범주에 속한다고 주장한다.

[18] Paul Preciado, *Testo Junkie: Sex, Drugs, and Biopolitics in the Pharma-copornographic*

*Era*, trans. Bruce Benderson (New York: The Feminist Press, 2013), 49.

[19] *Ibid.*, 274; 289.

## 5장 ⋯ 욕망의 특정성

[1] 예를 들어, Hannah Arendt, *The Human Condition* (Chicago: University of Chicago Press, 1958) and Jean-Paul Sartre, *Existentialism Is a Humanism*, trans. Carol Macomber (New Haven, CT: Yale University Press, 2007).

[2] 이 갈등은 나의 첫 책이 된 논문에서부터 시작됐다. *Reinventing the Soul: Posthumanist Theory and Psychic Life* (New York: Other Press, 2006).

[3] Homi Bhabha, Hélène Cixous, Jacques Derrida, Luce Irigaray, Gayatri Spivak 등등의 초기 비평가들이 이런 주장을 폈다.

[4] 동물 연구와 객체지향 존재론 학자들을 언급하는 것이다.

[5] Michel Foucault, *The Care of the Self: Volume Three of the History of Sexuality*, Robert Hurley (New York: Pantheon, 1986).

[6] 예를 들어, "The Subversion of the Subject and the Dialectic of Desire in the Freudian Unconscious," *Écrits: The First Complete Edition in English*, trans. Bruce Fink (New York: Norton, 2007).

[7] Sigmund Freud, *Civilization and Its Discontents*, trans. James Strachey (New York: Norton, 1989).

[8] Sigmund Freud, "Mourning and Melancholia," *The Standard Edition of the Complete Psychological Works of Sigmund Freud*, Volume XIV, trans. James Strachey (London: Hogarth Press, 1957): 239-260. 이 글은 1917년에 처음 발표됐다.

[9] Freud, "Mourning and Melancholia," 246.

[10] Plato, *The Symposium* (New York: Penguin, 2003).

[11] 다음 책의 마지막 장을 보라. *The Seminar of Jacques Lacan, Book XI: The Four Fundamental Concepts of Psychoanalysis*, trans. Alan Sheridan (New York: Norton, 1981).

[12] David Henry Hwang, *M. Butterfly* (New York: Plume, 1988).

[13] 이 과정에 대한 좀 더 깊숙한 분석은 Mari Ruti, *Feminist Film Theory and "Pretty Woman"* (New York: Bloomsbury Press, 2016).

[14] Todd McGowan, *Capitalism and Desire: The Psychic Cost of Free Markets* (New York: Columbia University Press, 2016), 180.

[15] 나는 Barthes의 주장을 조금 수정했다. *A Lover's Discourse: Fragments*, trans. Richard Howard (New York: Hill & Wang, 1977).

[16] 예를 들어, Judith Butler, *The Psychic Life of Power: Theories in Subjection* (Stanford: Stanford University Press, 1997).

[17] Mari Ruti, *The Singularity of Being: Lacan and the Immortal Within* (New York: Fordham University Press, 2012).

[18] 나는 이 주제를 다음 두 책에서 다루었다. in *The Singularity of Being* and in *The Ethics of Opting Out: Defiance and Affect in Queer Theory* (New York: Columbia University Press, 2016).

[19] 내 제자 Julia Cooper가 논문에서 이렇게 주장했다. *Melancholy Utopia: Loss and Fantasy in Contemporary American Literature and Film* (unpublished dissertation, University of Toronto, 2016).

## 6장 … 불안의 시대

[1] Gary Greenberg, *Manufacturing Depression: The Secret History of a Modern Disease* (New York: Simon & Schuster, 2010).

[2] 나는 다음 책에서 이렇게 주장했다. *The Call of Character: Living a Life Worth Living* (New York: Columbia University Press, 2013).

[3] Charles E. Rosenberg, *Our Present Complaint: American Medicine, Then and Now* (Baltimore: Johns Hopkins University Press, 2007), 67.

[4] Gilles Deleuze and Felix Guattari, *Anti-Oedipus: Capitalism and Schizophrenia*, trans. Robert Hurley (New York: Penguin, 2009).

[5] 이 경향의 예외는 소위 '라캉법'에 대한 나의 분석일 것이다. *Between Levinas and Lacan: Self, Other, Ethics* (New York: Bloomsbury Press, 2015) and *The Ethics of Opting Out: Queer Theory's Defiant Subjects* (New York: Columbia University

Press, 2017).

6   Hannah Arendt, *The Life of the Mind* (New York: Harcourt, 1978). 자아 파괴의 이상은 Leo Bersani, Lee Edelman, Lynne Huffer와 같은 일부 기묘한 이론가들의 연구에서 발견할 수 있다. Slavoj Žižek도 때로 이 방향으로 기울기도 한다.

7   *The Seminar of Jacques Lacan, Book III: The Psychoses*, trans. Russell Grigg (New York: Norton, 1993).

8   라캉 이론에 익숙한 사람들은 라캉이 종종 이 단어를 대문자로 사용한다는 것을 안다. 이 경우 라틴어는 출생 시 삽입되는 집단적인 사회질서(소위 '상징질서')와 동의어이다. 다른 집단과 대인 관계의 구별은 모호할 수 있으며 이 책의 범위를 벗어난다.

9   수수께끼 같은 기표에 대한 논의는 *The Seminar of Jacques Lacan, Book XI: The Four Fundamental Concepts of Psychoanalysis*, trans. Alan Sheridan (New York: Norton, 1981). 거세에 대한 분석과 사마귀에 대한 언급은 *The Seminar of Jacques Lacan: Book X: Anxiety*, trans. A. R. Price (New York: Polity Press, 2014). 후자의 세미나가 이 장의 영감이 되었으며, 라캉에 대한 이후의 모든 언급은 여기서 나왔다.

10   Lacan, *The Seminar of Jacques Lacan: Book X: Anxiety*, 167 – 169; 263 – 264.

11   *Ibid.*, 264.

12   *Ibid.*, 169.

13   *Ibid.*, 269.

14   *Ibid.*, 264.

15   *Ibid.*, 168.

16   라캉은 여전히 이성애가부장제를 변호했다는 비난을 받지만, 나는 불안을 다룬 라캉의 글을 읽어 보라고 권한다.

17   Lacan, *The Seminar of Jacques Lacan: Book X: Anxiety*, 53.

18   *Ibid.*, 22.

19   *Ibid.*, 53 – 54.

20   *Ibid.*, 120. 여기서 라캉은 그의 '거울단계' 개념을 정교화한다.

[21] *Ibid.*, 80.

[22] Slavoj Žižek, Eric L. Santner, Kenneth Reinhard에 대한 지젝의 공헌은 *The Neighbor: Three Inquiries in Political Theology* (Chicago: University of Chicago Press, 2005). Alenka Zupančič 역시 이 주제에 대한 예리한 논평을 제공한다. *The Shortest Shadow: Nietzsche's Philosophy of the Two* (Cambridge, MA: MIT Press, 2003).

[23] 라캉이 수수께끼 같은 기표를 논했지만, 이 개념을 완성시킨 것은 Jean Laplanche이다. 예를 들어, Laplanche's *Essays on Otherness*, ed. John Fletcher (New York: Routledge, 1999).

[24] 내가 좋아하는 Adorno의 텍스트는 *Minima Moralia: Reflections from Damaged Life*, trans. E. F. N. Jephcott (New York: Verso, 2006).

25 Levinas의 작업에 대한 최고의 해설서는 그의 논문 선집이다. *Entre Nous: Thinking-of-the-Other*, trans. Michael B. Smith and Barbara Harshav (New York: Columbia University Press, 1998).

[26] Simone de Beauvoir, *The Ethics of Ambiguity* (New York: Citadel Press, 1948).

[27] Jacques Derrida, *The Gift of Death*, trans. David Wills (Chicago: University of Chicago Press, 1995) and *On Cosmopolitanism and Forgiveness*, trans. Mark Dooley and Michael Hughes (New York: Routledge, 2001).

[28] Judith Butler, *Giving an Account of Oneself* (New York: Fordham University Press, 2005).

29. 나는 이 개념을 다시금 상세히 다루었다. *Between Levinas and Lacan and The Ethics of Opting Out.*

[30] Lacan, *The Seminar of Jacques Lacan: Book X: Anxiety*, 130.

## 결론 ⋯ 그래, 인정하자

[1] Sheila Heti, *How Should a Person Be?* (New York: Picador, 2012).

[2] Adam Phillips, *Missing Out: In Praise of the Unlived Life* (New York: Picador, 2013).

[3] Jared Sexton과 Frank Wilderson 같은 아프로페시미스트Afropessimist들은

이에 대해 나와 의견이 다를 수 있다.

4  Slavoj Žižek은 종종 이를 강력히 주장하지만, 아마도 이 입장의 가장 강력한 표현은 Lee Edelman, *No Future: Queer Theory and the Death Drive* (Durham, NC: Duke University Press, 2004).

5  Julia Kristeva는 후기 일부 저작에서 이런 견해를 지지한다. 특히 *Intimate Revolt: The Powers and Limits of Psychoanalysis*, trans. Jeanine Herman (New York: Columbia University Press, 2002).

6  Maggie Nelson, *The Argonauts* (New York: Gray Wolf Press, 2015), 27.

7  Todd McGowan, *Desire and Capitalism: The Psychic Cost of Free Markets* (New York: Columbia University Press, 2016).

8  Friedrich Nietzsche, *Between Good and Evil*, trans. Walter Kaufmann (New York: Vintage, 1989), 58.

9  Friedrich Nietzsche, *Unfashionable Observations*, trans. Richard T. Gray (Stanford, CA: Stanford University Press, 1995), 89.

10  Friedrich Nietzsche, *The Genealogy of Morals*, trans. Walter Kaufmann (New York: Vintage, 1989), 58.

11  *Ibid.*, 38.

12  Alenka Zupančič, *The Shortest Shadow: Nietzsche's Philosophy of the Two* (Cambridge, MA: MIT Press, 2003), 57.

13  Friedrich Nietzsche, *The Gay Science*, trans. Walter Kaufmann (New York: Vintage, 1974), 58.

14  5장의 2번 주석에서 언급했듯이, 이 갈등은 내 첫 책에서부터 표출되었다. *Reinventing the Soul: Posthumanist Theory and Psychic Life* (New York: Other Press, 2006).

15  Svetlana Boym, *Death in Quotation Marks: Cultural Myths of the Modern Poet* (Cambridge, MA: Harvard University Press, 1991).

16  Barbara Johnson의 가장 영향력 있는 논문들은 *The Barbara Johnson Reader: The Surprise of Otherness* (Durham, NC: Duke University Press, 2014). 바버라 존슨은 Jacque Derrida의 *Dissemination* (Chicago: University of Chicago

Press, 1983)을 영어로 번역했을 뿐만 아니라, 문학비평과 문학이론 분야에서 다수의 저명한 책을 썼다.

17  이 짧은 논문은 여기서 보시라. http://www.freuds-requiem.com/ transience.html.

18  예를 들어, David Eng, *The Feeling of Kinship: Queer Liberalism and the Racialization of Intimacy* (Durham, NC: Duke University Press, 2010).

19  예를 들어, Wendy Brown's critique of left melancholia in *Edgework: Critical Essays on Knowledge and Politics* (Princeton, NJ: Princeton University Press, 2005).

20  예를 들어, Julia Kristeva, *Black Sun: Depression and Melancholia*, trans. Leon Roudiez (New York: Columbia University Press, 1989).

21  Herbert Marcuse, *Eros and Civilization: A Philosophical Inquiry into Freud* (Boston: Beacon Press, 1974).

# 남근선망과 내 안의 나쁜 감정들

2018년 12월 15일 초판 1쇄 발행

지은이 | 마리 루티
옮긴이 | 정소망
펴낸이 | 노경인 · 김주영


펴낸곳 | 도서출판 앨피
출판등록 | 2004년 11월 23일 제2011-000087호
주소 | 우)07275 서울시 영등포구 영등포로 5길 19(37-1 동아프라임밸리) 1202-1호
전화 | 02-336-2776   팩스 | 0505-115-0525
전자우편 | lpbook12@naver.com


ISBN 979-11-87430-48-3